Dr. Stefan Bandel, Brigitte Wallstabe-Watermann,
Dr. Gisela Baur, Antonie Klotz, Hans G. Linder

Immobilien verschenken und vererben

Stiftung Warentest

Inhaltsverzeichnis

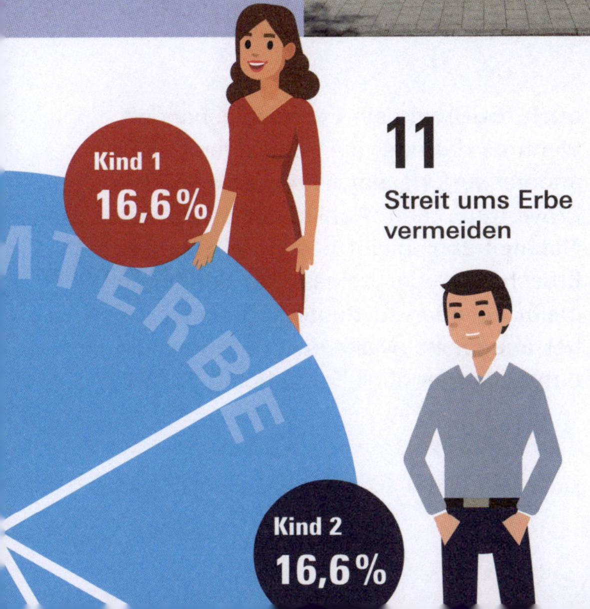
Kind 1
16,6 %
Kind 2
16,6 %

Was wollen Sie wissen?

Sie nennen eine oder mehrere Immobilien Ihr Eigen – und machen sich Gedanken darüber, wie Sie Ihr(e) Objekt(e) am besten weitergeben. Besser schon zu Ihren Lebzeiten oder wenn Sie dereinst mal nicht mehr sind? In diesem Buch finden Sie alle wichtigen Antworten zum Thema Verschenken und Vererben von Immobilien im Privatvermögen. Ein paar besonders drängende Fragen bekommen Sie hier bereits in Kürze beantwortet.

Erbt mein Partner auf jeden Fall, wenn ich sterbe?

Vorsicht, so pauschal trifft das nicht zu. Verheiratete und Verpartnerte haben zwar ein gesetzliches Erbrecht, aber sie erben selten das gesamte Vermögen allein. Und Unverheiratete gehen komplett leer aus, selbst wenn sie schon Jahrzehnte zusammenleben. Wer nicht Ehegatte oder eingetragener Lebenspartner ist, wird laut dem Bürgerlichen Gesetzbuch (BGB) wie ein Fremder behandelt, wenn es der oder die Verstorbene nicht anders verfügt hat. Ein gemeinsamer Erbvertrag kann Abhilfe schaffen. Ein Nachteil aber bleibt bestehen: Das von Erbschaftssteuer freigestellte Vermögen bleibt so oder so deutlich geringer als bei Ehegatten. Mehr dazu erfahren Sie unter „Partner ohne Trauschein“, S. 121.

Nach dem Gesetz erben mein Ehepartner und meine Kinder – das ist genau, was ich will. Muss ich trotzdem etwas tun?

Das kommt darauf an. Gerade wenn Sie eine Immobilie vererben wollen, kann die gesetzliche Regelung zu echten Problemen und Streit führen. Denn nach dem BGB erben alle gemeinsam alles. Das heißt, die Immobilie gehört nach Ihrem Tod all Ihren Erben gemeinsam – und was damit geschieht, müssen daher auch alle gemeinsam entscheiden. Werden sie sich untereinander nicht einig, droht vielleicht sogar eine Zwangsversteigerung. Selbst wenn alle Erben guten Willens sind, kann ein Verkauf anstehen: Denn Immobilien sind häufig der wesentliche Teil des Erbes. Um jedem seinen Anteil zu geben, muss das Haus oder die Wohnung dann zu Geld gemacht werden. Wer das nicht möchte, kann gegensteuern. Mehr dazu siehe „Was will ich erreichen?“, S. 25.

Ich will mein Haus per Testament vererben. Muss ich dann auf jeden Fall zum Notar?

Nein, nicht zwingend. Ob eine Immobilie zu Ihrem Nachlass zählt oder nicht, ist egal – Sie können Ihr Testament auch ganz allein aufsetzen, ohne dass es ein Notar beurkunden muss. Es kann allerdings ein Risiko bergen, sich nicht von Fachleuten wie einem Notar oder Fachanwalt für Erbrecht beraten zu lassen. Das Testament könnte zum einen formal ungültig sein, zum anderen könnte es inhaltlich falsch, unklar oder unpassend abgefasst sein – oder womöglich Folgen haben, die Sie nicht bedacht haben. Mit einem notariellen Testament lässt sich so etwas vermeiden (siehe „Testament oder Erbvertrag?“, S. 97).

Ich bin auf die Einkünfte aus meiner Immobilie angewiesen. Daher kommt eine Schenkung für mich nicht infrage, oder?

Auch wenn Sie Ihre Immobilie bereits zu Lebzeiten verschenken, können Sie unter Umständen damit immer noch Einkünfte erzielen. Möglich wird das zum Beispiel mit der Vereinbarung eines Nießbrauchs. Dieser etwas altertümlich anmutende Begriff bedeutet, dass Sie den Gebrauch Ihres Hauses weiterhin „genießen" können – dazu zählen beispielsweise die Einkünfte aus einer vermieteten Immobilie, die Sie verschenken. Der Nießbrauch kann bis zu Ihrem Lebensende oder auch nur auf eine bestimmte Zeit festgesetzt werden.

Regelungen in einem Erbvertrag kann man allein nicht mehr ändern, sind Erbverträge daher nicht riskant?

Das kann man so nicht sagen. Für jede einzelne Regelung im Erbvertrag kann festgelegt werden, ob sie vertraglich bindend ist, das heißt einseitig nicht mehr geändert werden kann, oder nicht. Es kann auch eine eingeschränkte Änderbarkeit vereinbart werden, etwa im Kreis der gemeinsamen Abkömmlinge, nicht aber zugunsten Dritter. Ein Erbvertrag ist formal schon dann gegeben, wenn nur eine einzige Regelung erbvertraglich bindend ist, alle anderen Regelungen aber einseitig und jederzeit frei widerruflich sind. So kann zum Beispiel erbvertraglich bindend dem Ehepartner ein Wohnrecht und der Hausrat vermacht werden, während die gesamte sonstige Vermögensverteilung durch verschiedene vertragliche Regelungen frei widerrufen werden kann. Selbst für vertraglich bindende Verfügungen kann zu Lebzeiten der Beteiligten ein Rücktrittsvorbehalt vereinbart werden. Man muss nur wissen, wie viel Bindung man will und dies dann im Vertrag entsprechend regeln.

Ist es nicht besser, meine Immobilie(n) noch zu Lebzeiten zu verschenken, um Steuern zu sparen?

Das lässt sich pauschal nicht beantworten und ist unter anderem abhängig von der Höhe und Zusammensetzung Ihres gesamten Vermögens und der Anzahl Ihrer Erben. Bei Schenkungen erneuern sich die Freibeträge zwar alle zehn Jahre, aber niemand weiß zum Glück, wie lange man lebt und wie oft man das ausnutzen kann. Man muss auch berücksichtigen, dass man für seinen Lebensabend Vermögen übrig haben sollte, von dem man zehren kann. Im Todesfall wird Erbschaftssteuer erst fällig, wenn Ihre Erben die steuerlichen Freibeträge ausschöpfen. In süddeutschen Großstädten mag das allerdings schon bei einer vermieteten Eigentumswohnung, die an einen Erben übergeht, der Fall sein. Diese Frage will daher gut durchdacht sein. Das selbst bewohnte Familienheim kann zum Beispiel unter gewissen Voraussetzungen unabhängig von seinem Wert steuerfrei vererbt werden (siehe „Steuern vermeiden", S. 129).

Darf ich mein Testament am Computer tippen und dann unterschreiben?

Das ist ein Formfehler, der das Testament unwirksam werden lässt! Die Folge: Es würden die gesetzlichen Erbregelungen gelten, von denen Sie mit Ihrem Testament ja gerade abweichen wollten. Um Gültigkeit zu erlangen, muss ein selbst verfasster letzter Wille von Anfang bis Ende handschriftlich abgefasst sein und am Ende mit Ort, Datum und Ihrer Unterschrift versehen sein; mehrere Seiten gehören durchnummeriert (siehe „Das rechtssichere Testament", S. 92).

Die passende Lösung für Sie

Ein Patentrezept, wie Sie Ihre Immobilie am schlauesten verschenken oder vererben, gibt es nicht. Denn nicht nur die Zahl der Bedachten und der Wert der Immobilie sind wichtig, sondern vor allem, was Sie wollen. Nehmen Sie sich daher Zeit, um Ihre Ziele genau zu definieren.

Wovon sprechen wir? Geht es darum, das Familienheim für kommende Generationen zu erhalten? Oder wollen Sie eine vermietete Immobilie samt Einkünften als Geschenk übertragen und das möglichst steuersparend? Wollen Sie Ihr Vermögen jetzt schon gerecht verteilen und so später Streit zwischen Ihren Kindern vermeiden? Oder soll jemand – aus welchem Grund auch immer bevorzugt werden?

Motive, über die Regelung des eigenen Nachlasses nachzudenken, gibt es viele – genau wie das deutsche Recht eine Vielzahl von Lösungsmöglichkeiten bietet. Einige sind einfach, manche hochkomplex. Dieser Ratgeber hilft Ihnen dabei, Ihre Gedanken zu ordnen und Lösungswege zu finden.

Um den besten Weg für Ihre Situation umzusetzen, werden Sie höchstwahrscheinlich juristischen Beistand brauchen. Es ist wichtig, dass Sie dann nicht unvorbereitet mit komplizierten Regelungen konfrontiert werden und die richtigen Fragen stellen können. Oft ist der Notar in Immobilienfragen die richtige Adresse. Den müssen Sie in vielen Fällen, etwa bei jeder Schenkung,

HÄTTEN SIE'S GEWUSST?

Auf gut 11 Milliarden Euro beliefen sich die Festsetzungen von Erbschafts- und Schenkungssteuer im Jahr 2022. Insgesamt haben die Finanzämter Erbschaften und Schenkungen im Wert von 101,4 Milliarden Euro der Steuer unterworfen.

Bei knapp **40 Prozent** der steuerlich relevanten Übertragungen ging es 2022 übrigens um Grundvermögen.

Dabei ist zu berücksichtigen, dass nur ein Bruchteil aller Erbschaften und Schenkungen besteuert wird, da die meisten Übertragungen unterhalb der Freibeträge liegen. Sie tauchen daher nicht in der Statistik auf. Experten schätzen die Summe aller Übertragungen pro Jahr auf **400 Milliarden Euro**.

Quellen: Statistisches Bundesamt; DIW

ohnehin einbinden. Bei einigen anderen Anliegen ist es zwar nicht vorgeschrieben, aber sinnvoll. Etwa wenn Sie ein Testament schreiben wollen. Denn so stellen Sie sicher, dass es juristisch wasserdicht ist und Ihr letzter Wille später einmal tatsächlich gilt.

Wer welche Immobilie wann und unter welchen Bedingungen erhält, das können Fachleute wie gute Notare oder Fachanwälte für Erbrecht für Sie im Rahmen der gesetzlichen Möglichkeiten gestalten – egal ob Sie über eine Übertragung zu Lebzeiten oder erst nach Ihrem Tod nachdenken. Eines kann sie oder er aber sicher nicht: Erraten, was Sie am Ende erreichen wollen.

Ganz wichtig ist daher im ersten Schritt, dass Sie sich mit Ihren Wünschen, aber auch mit den Vorstellungen der anderen Beteiligten beschäftigen, bevor Sie sich mit den verschiedenen Möglichkeiten der Übertragung auseinandersetzen. Machen Sie sich ausgiebig Gedanken über das gewünschte Ergebnis, nicht aber über den Weg dorthin, denn als „Lotsen" stehen Ihnen Fachleute für Erbrecht zur Seite.

Im Idealfall erarbeiten Sie in Ruhe eine einvernehmliche Lösung mit allen Betroffenen. Das ist vielleicht nicht einfach, doch eines ist klar: Nichts zu tun, ist in den meisten Fällen die schlechteste Lösung. Denn wenn Sie keine anderen Regelungen erlassen, gilt auch für Immobilien die gesetzliche Erbfolge. Die kann für viele Probleme sorgen – und daher zu unerwünschten Ergebnissen führen.

Wer erhält meine Immobilie, wenn ich nichts tue?

Das Bürgerliche Gesetzbuch schreibt genau vor, wer das Vermögen bekommt, wenn Erblasser nichts festlegen. Manches scheint gut geregelt. Aber Nichtstun birgt große Tücken.

Mehr als jeder zweite Erbfall in Deutschland wird ohne Verfügung der verstorbenen Person abgewickelt – dann greifen die gesetzlichen Vorschriften des Bürgerlichen Gesetzbuchs (BGB). Prinzipiell folgt das BGB dem gesunden Menschenverstand. Die meisten Menschen haben mehrere Angehörige, und das BGB geht davon aus, dass sie auch nach ihrem Tod vor allem die Kernfamilie versorgt haben wollen, also zuallererst Ehepartner oder eingetragenen Partner und die eigenen Nachkommen.

Das entspricht oft dem, was Erblasser wollen, aber eben nicht immer: Auch wenn es keine eigenen Kinder gibt, erbt ein Ehepartner oder eine -partnerin zum Beispiel nicht unbedingt alles. Und wenn Sie weder verheiratet sind noch in einer eingetragenen Partnerschaft leben, hat Ihr Lebensgefährte gar keinen Anspruch, selbst wenn die Lebensgemeinschaft seit Jahrzehnten bestanden hat. Daher ist es wichtig, dass Sie zunächst herausfinden, ob die gesetzliche Erbfolge in Ihrer Situation Ihren Wünschen entsprechen würde. Nach dem BGB werden die Erben schrittweise bestimmt.

Die Ansprüche von Partnern

Zunächst werden die Ansprüche von Ehepartner und Partnern einer eingetragenen Lebenspartnerschaft abgedeckt. Dabei ist es egal, ob eine Lebenspartnerschaft seit Herbst 2017 in eine „Ehe für alle" umgewandelt wurde oder nicht. Denn Lebenspartnerschaften sind seit 2005 sowohl rechtlich als auch steuerlich den Ehen gleichgestellt. Sie bekommen genau wie die Ehepartner nach dem Ehegattenerbrecht einen erheblichen Anteil des Vermögens.

Doch schon hier wird es hoch kompliziert. Denn der Anteil, den der Partner oder die Partnerin im Erbfall erhält, hängt zum einen vom Güterstand ab, also davon, ob Sie einen Ehevertrag abgeschlossen haben oder nicht. Zum anderen auch davon, welche und wie viele andere Erben existieren. Grundsätzlich gilt aber:

- **Mindestens ein Viertel** des Vermögens bekommen die Partner immer. Wenn Verstorbene keine Kinder haben, ist es mindestens die Hälfte.
- **Zirka 90 Prozent** der Ehepaare schließen keinen Ehevertrag ab. Sie leben

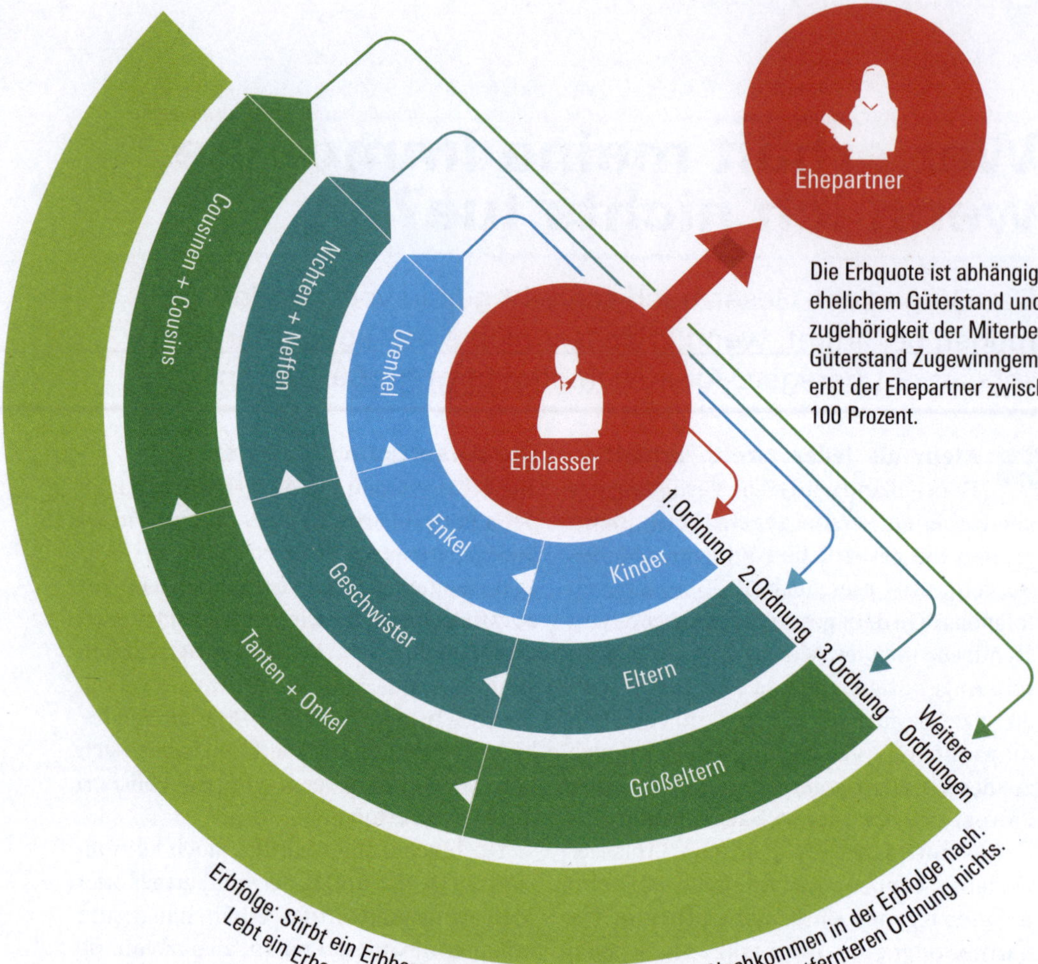

Die Erbquote ist abhängig von ehelichem Güterstand und Ordnungszugehörigkeit der Miterben. Bei Güterstand Zugewinngemeinschaft erbt der Ehepartner zwischen 50 und 100 Prozent.

Erbfolge: Stirbt ein Erbberechtigter, rücken seine nächsten Nachkommen in der Erbfolge nach. Lebt ein Erbe einer näheren Ordnung, erben Verwandte aus einer entfernteren Ordnung nichts.

Geordnet erben

Beispiel: Ein Ehemann und Vater stirbt. Seine Ehefrau erbt mit Tochter und Sohn. Das Kind der Tochter erbt nichts. Aber: Lebt die Tochter beim Tod ihres Vaters nicht mehr, rückt die Enkelin in ihre Erbposition auf. Dann erben Ehefrau, Sohn und Enkelin.

Was Ehegatten und eingetragene Lebenspartner erben

Güterstand	neben Erben 1. Ordnung (Kinder, Enkel)	neben Erben 2. Ordnung (Eltern, Geschwister)	neben Erben 3. Ordnung (Großeltern)	neben Erben weiterer Ordnungen
Zugewinngemeinschaft	1/2	3/4	3/4*)	1/1
Gütertrennung	1/2 bei einem Kind 1/3 bei zwei Kindern 1/4 bei drei und mehr Kindern	1/2	1/2*)	1/1

*) Ist ein Großelternteil verstorben, erbt der überlebende Ehegatte anstelle seiner Abkömmlinge auch dessen Teil. Sind keine Abkömmlinge vorhanden, geht der Anteil an die anderen Großelternteile.

dann im Güterstand der Zugewinngemeinschaft. In diesem Fall bekommen die Partner zu ihrem Anteil ein weiteres Viertel als „pauschalen Zugewinnausgleich" dazu. Zur Gütertrennung siehe Tabelle „Was Ehegatten und eingetragene Lebenspartner erben ", oben.

- **Nur wenn es keine Kinder,** Enkel, Eltern, Geschwister, Großeltern, Onkel, Tanten oder irgendwelche Nachkommen von diesen Verwandten gibt, fällt das komplette Vermögen an den Partner.

Ehegatten, die mit der verstorbenen Person in einem Haushalt gelebt haben, haben in der Regel zudem Anspruch auf den „Voraus". Daher dürfen sie nicht nur ihre Hochzeitsgeschenke behalten. Auch alle Haushaltsgegenstände, Bücher, Teppiche und Möbel, die das Paar bisher gemeinsam in seinem Haushalt genutzt hat, gehen an den überlebenden Ehepartner und werden nicht Teil des Gesamterbes. Das gilt zum Beispiel auch für ein gemeinsam genutztes Auto. Ausgenommen sind nur die Gegenstände, die Verstorbene ganz alleine genutzt haben, zum Beispiel Schmuck oder eine teure Kameraausrüstung.

In der Regel dürfen Partner den kompletten Hausstand behalten, je nach Lebensstil vor dem Erbfall auch wertvolle Teppiche oder Gemälde – außer sie sind der einzige Vermögensgegenstand im Erbe der Verstorbenen. Der „Voraus" wird bei der Berechnung der Ansprüche von Partnern auf das übrige Erbe nicht angerechnet, das heißt, er ist ein zusätzliches Erbe des Partners.

Die Ansprüche von Verwandten

Alles, was nicht an einen Partner geht, wird an die Verwandtschaft der Verstorbenen verteilt. Wer da am Zug ist, wird nach Verwandtschaftsgrad entschieden. Entsprechend teilt das BGB die Angehörigen in verschiedene „Ordnungen" ein.

- **1. Ordnung:** Eigene Kinder sind Erben erster Ordnung, und wenn es die gibt, sind alle anderen aus dem Familienclan von der Erbfolge ausgeschlossen. Als Kinder gelten alle ehelichen, unehelichen

Wer würde mich beerben?

Haben Sie einen Ehepartner oder leben Sie in einer eingetragenen Partnerschaft?

Nein	**Erben der 1. bis 5. Ordnung** 100 %			
Ja, und Sie haben eigene Kinder Je nach Güterstand und ggf. Anzahl der Kinder	**Partner** von 25 %	bis 50 %	**Erben der 1. Ordnung:** 50 % bis 75 %	
Ja, und Sie haben keine eigenen Kinder Je nach Güterstand	**Partner**	von 50 %	bis 75 %	**Erben der 2. bzw. 3. Ordnung** 25 % bis 50 %
Ja, und Sie haben keine eigenen Verwandten bis zur 3. Ordnung	**Partner** 100 %			

und adoptierten Kinder der Verstorbenen. Sie sind immer absolut gleichberechtigt, wenn Erblasser nichts anderes verfügt haben.

Ist jemand aus der Erbordnung bereits verstorben, übernehmen dessen Nachkommen automatisch seinen Platz. Ist zum Beispiel ein Kind bereits tot, hat aber selber zwei Kinder hinterlassen, dann rücken diese Enkel zu gleichen Teilen an dessen Stelle in die erste Ordnung auf und verdrängen alle anderen mit niedrigeren Ordnungsnummern aus der Erbfolge. Dasselbe gilt für alle anderen Ordnungen. Ist der Bruder oder die Schwester des Erblassers erbberechtigt und bereits verstorben, geht dieser Anteil an seine oder ihre Kinder, also an Neffen oder Nichten.

- **2. Ordnung:** Nur wenn es keine eigenen Kinder gibt, kommen andere Verwandte zum Zug. Auch hier hat das BGB eine Reihenfolge festgelegt. Zuerst wären die Eltern (Erben zweiter Ordnung) an der Reihe. Wenn sie bereits verstorben sind, deren Nachkommen, wobei für jeden Elternteil dessen jeweilige Nachkommen an seine Stelle treten.
- **3. und weitere Ordnungen:** Gibt es die nicht, dann sind Großeltern (Erben dritter Ordnung) beziehungsweise deren Nachkommen an der Reihe. Und

wenn auch die nicht existieren, dann kommen noch die Urgroßeltern beziehungsweise deren Abkömmlinge zum Zug (Erben vierter Ordnung). Anschließend die Abkömmlinge noch entfernterer Voreltern (Erben fünfter oder noch höherer Ordnung). Nach deutschem Recht kann auch der entfernteste Verwandte noch erben, wenn es keine näheren Verwandten gibt.

Ist gar kein leiblicher Verwandter zu ermitteln und kein Partner vorhanden, fällt das Erbe an den Staat.

→ Der Nächste ist an der Reihe

Nach der gesetzlichen Erbfolge sind zum Beispiel die Enkel anstatt des bereits verstorbenen Kindes erbberechtigt. Auch wenn etwa ein lebendes Kind das Erbe ausschlägt, sind automatisch dessen Kinder an der Reihe. Ausschlagen kann daher sinnvoll sein, wenn der Berechtigte das Erbe nicht braucht und direkt an seine Kinder weitergeben will, denn steuerlich gilt das nicht als Schenkung des eigentlich Erbberechtigten.

Die gesetzliche Erbfolge und der Ordnungsrang der Erben entscheiden also über die Erbansprüche der Angehörigen. Sie bestimmen aber noch mehr. Sie sind die Grundlage für die Höhe der Besteuerung des Erbes und der sogenannten Pflichtteile.

Im Steuerrecht gilt: Je enger die verwandtschaftliche Beziehung zwischen Erben und Erblassern, desto höher die Freibeträge und desto niedriger die Erbschaftssteuersätze auf höhere Summen (siehe „Mehr vom Erbe erhalten“, S. 130). Auch der Pflichtteil, den nahe Verwandte einklagen können, wenn die Verstorbenen sie ausdrücklich enterbt haben, orientiert sich an der gesetzlichen Erbfolge (siehe „Wer hat Anspruch auf einen Pflichtteil?“, S. 20).

Alles für alle

Vielleicht denken Sie jetzt, die gesetzliche Erbfolge ist genau für Sie gemacht? Denn Sie leben zum Beispiel in einer Ehe oder eingetragenen Partnerschaft mit zwei Kindern. In einer Zugewinngemeinschaft würde also die eine Hälfte Ihres Vermögens an Ihren Partner oder die Partnerin gehen, jeweils ein Viertel an die Kinder. Und das entspricht ja ziemlich genau dem, was Sie sich vorstellen. Klingt doch gut, meinen Sie? Ist es aber oft nicht. Denn Erben nach dem BGB heißt auch: Was bisher den Verstorbenen gehörte, gehört nun allen Erben zusammen, und das können viele Personen aus unterschiedlichen Generationen sein – mit unterschiedlichen Interessen und Bedürfnissen.

Alle Erben gemeinsam treten nämlich das Gesamterbe an. Dazu gehört alles, von der wertvollen Skulptur aus dem Büro der verstorbenen Person, die alle immer besonders schön fanden, über deren Fotosammlung oder Armbanduhr bis hin zu Geldbeständen auf Konten und natürlich auch alle Immobilien – das gesamte Eigentum eben. Mit enthalten sind aber auch alle Bankschulden und andere Verbindlichkeiten.

Und jedem einzelnen Erben gehört nun entsprechend seines Erbanteils ein Stückchen von jedem einzelnen Gegenstand und logischerweise auch von jeder Immobilie.

Weil nun aber jedem ein Teil von allem gehört, kann niemand mehr alleine handeln. Gibt es mehr als einen Erben, entsteht also automatisch eine Erbengemeinschaft. Die muss gemeinsam und einvernehmlich alle Angelegenheiten erledigen.

Vom Verkauf der Skulptur über die Verwendung der Armbanduhr bis hin zur Neuvermietung der Wohnung oder der Rückzahlung eines Darlehens: Theoretisch braucht die Erbengemeinschaft für jeden Schritt die Unterschrift oder zumindest das Einverständnis jedes einzelnen Erben. Und alle müssen sich darüber einig werden, wie sie das Gesamterbe auflösen, also konkret festlegen, wer welchen Teil vom Erbe bekommt. Das klingt leichter als es ist, denn noch einmal: Diese Erbauseinandersetzung findet nach einem Trauerfall statt, der alle belastet und nicht unbedingt rationaler handeln lässt. Schießt nur einer quer, sind Probleme und Streit programmiert.

Das wird in Ihrer Familie nicht passieren, glauben Sie? Nun, bis Sie zum Erblasser werden, geht hoffentlich noch viel Zeit ins Land und man weiß nie, was das Leben so bringt. Was ist, wenn ein Mitglied der Erbengemeinschaft ein Kind aus einer anderen Beziehung ist? Sorgeberechtigt ist dann meist dessen anderer Elternteil, der mit Ihrem jetzigen Partner vielleicht in tief verwurzelter Feindschaft verbunden ist.

Glauben Sie wirklich, dass die Erbengemeinschaft, in der dann beide vertreten sind, harmonisch und einvernehmlich die Dinge regeln wird? Oder eines Ihrer Kinder hat einen Partner, der ganz neue Vorstellungen von Gerechtigkeit in die Familie trägt, die mit denen der anderen Kinder komplett über Kreuz liegen? Oder ein Erbe ist vielleicht hoch verschuldet, und Gläubiger wollen Zugriff auf seinen Erbteil. Oder, oder. Problematisch oder zumindest kompliziert wird es meist, wenn ein Mitglied der Erbengemeinschaft

- **geschäftsunfähig** ist, etwa wegen einer Erkrankung,
- **minderjährig** ist,
- **schwer erreichbar** ist, weil es zum Beispiel einen Wohnsitz im Ausland hat,
- **verschuldet** ist,
- oder auch nur **entscheidungsschwach** oder **streitsüchtig**.

Sind Minderjährige Mitglied in der Erbengemeinschaft, wird es in Sachen Immobilien schnell umständlich. Denn er oder sie hat alle Rechte und Pflichten aus dem Erbe, kann sie aber bis zum 18. Lebensjahr nicht selbst ausüben. Bis dahin handeln die Eltern oder ein Vormund für die jungen Erben. Das heißt, ihnen gehört zwar das Vermögen

Streit ums Haus ist programmiert

Gibt es mehrere Erben, erben sie alles gemeinsam: das Haus, Bargeld, die Uhr, den Schrank. Ein Haus lässt sich nicht einfach aufteilen. Stellt sich nur einer der Erben quer, droht eine Zwangsversteigerung.

Gut zu wissen

Für bäuerliche Höfe gelten je nach Bundesland unter Umständen besondere und regional verschiedene Spezial-Erbvorschriften, insbesondere die Regelungen der Höfeordnung. Ziel dieser Regeln war und ist es, die landwirtschaftlichen Anwesen als Ganzes zu erhalten und an einen Erben weiterzugeben. Andere haben zwar Ausgleichsansprüche, die je nach Bundesland zum Teil niedriger sind als nach dem BGB, werden aber nicht zum Miterben des Hofes. Der Hofeigentümer und Erblasser kann durch Testament oder auf andere Weise den Hofnachfolger bestimmen, er kann auch dafür sorgen, dass die Höfeordnung nicht zur Anwendung kommt. Wer einen Bauernhof übertragen möchte, sollte sich auf jeden Fall kompetent beraten lassen.

samt Immobilienanteilen, verwaltet wird es aber von anderen – zum Beispiel den Eltern oder einem Elternteil.

Die sind per Gesetz verpflichtet, ihre Aufgabe zum Nutzen ihres Schützlings zu erfüllen. Konkret heißt das, dass sie Bargeld anlegen müssen, nichts aus dem Erbe verschenken dürfen und bei allen „wesentlichen Rechtsgeschäften" eine Genehmigung des Familiengerichtes einholen müssen.

Zu diesen „wesentlichen Rechtsgeschäften" zählt auch jede Verfügung über Immobilien, also zum Beispiel der Verkauf. Wenn der Erbe oder die Erbin Teil einer Erbengemeinschaft ist, die den Verkauf einer Immobilie anstrebt, muss also erst einmal das Familiengericht gefragt werden. Das ist nicht unmöglich, aber in der Regel zeitaufwendig.

Und mehr noch: Die Eltern oder der Vormund können das Kind zudem nicht bei Angelegenheiten vertreten, bei denen sie selbst beteiligt sind. Nachdem die Eltern aber selber oft Teil der Erbengemeinschaft sind, betrifft das dann die gesamte Erbauseinandersetzung. Will man also das Erbe aufteilen, muss vom Gericht ein Nachlasspfleger für das Kind bestellt werden, der alleine im Interesse des Kindes handelt.

„Im schlimmsten Fall gipfelt der Konflikt in einer Zwangsversteigerung.

Generell gilt: Einfache Lösungen in einer Erbengemeinschaft gibt es nur für teilbare Vermögensgegenstände wie ein Bankkonto. Alle unteilbaren Dinge werden aufwendiger. Das betrifft nicht nur die Skulptur und die Armbanduhr, sondern vor allem auch Immobilien. Im schlimmsten Fall gipfelt der Konflikt in einer Zwangsversteigerung.

Interessenskonflikte

Angenommen, ein Mitglied der Erbengemeinschaft möchte ein Einfamilienhaus gern selber nutzen. Ein andere Person will es aber lieber abreißen und als Bauunternehmerin ein Mehrfamilienhaus auf dem Grundstück errichten. Eine Dritte will das Ganze möglichst schnell verkaufen. Kommt es zu keiner einvernehmlichen Lösung, kann jedes Mitglied der Erbengemeinschaft die Erbauseinandersetzung – also die Teilung des Nachlasses – verlangen.

Teilbar ist eine Immobilie aber nur, wenn sie in Geld umgewandelt wird. Jeder Erbe hat das Recht, hierfür die Zwangsversteigerung zu beantragen und wird damit in der Regel Erfolg haben. Wirtschaftlich ist das für alle ein Fiasko, denn eine Zwangsversteigerung bringt meist einen weit niedrigeren Erlös als ein freier Verkauf.

Die gesetzliche Erbfolge ist also nur dann eine gute Lösung, wenn es aller Wahrscheinlichkeit nach zu keinerlei Interessenkonflikten und Kämpfen in der Erbengemeinschaft kommt. Das kann der Fall sein, wenn mehrere kooperationswillige volljährige Personen sich ein Erbe teilen. Vor allem, wenn niemand besondere Interessen an etwas hat.

Ganz sicher können Sie sich aber nur dann sein, wenn es nur einen Erben oder eine Erbin gibt, beispielsweise weil

- **Sie einen gesetzlichen** Alleinerben haben. Also wenn Sie zum Beispiel keinen Partner haben und genau einen nahen Verwandten, der nach Erbfolge alles erben wird – zum Beispiel als verwitwete Person mit einem Kind.
- **Sie einen Partner haben,** aber keine anderen Erben bis zur dritten Ordnung, also keine eigenen Nachkommen, keine Eltern mehr, keine Geschwister oder deren Nachkommen, keine Großeltern, Tanten, Onkel, Neffen, Nichten oder deren Abkömmlinge. Dann wird Ihr Ehepartner Ihr Alleinerbe.

In allen anderen Fällen spricht für eine Erbengemeinschaft und damit für das Nichtstun eigentlich nur ein einziger Gedanke: Damit behandeln Sie Ihre Erben tatsächlich absolut gleich, jede und jeder hat dieselbe Einflussmöglichkeit auf das weitere Geschehen. Und wenn alle rational und vernünftig vorgehen, kann das gut laufen.

Das ist dann relativ wahrscheinlich, wenn es mehrere gleichberechtigte Miterben gibt und wenn die Probleme, die sich aus einer Erbengemeinschaft ergeben können, nicht so schwer wiegen. Zum Beispiel, wenn eine unverheiratete oder verwitwete Person alles an ihre Kinder oder mehrere Geschwister oder die Eltern vererbt.

Aber vielleicht wäre es allen lieber, Sie würden die Dinge vorab regeln und es erst gar nicht darauf ankommen lassen? In vielen Fällen stellt sich die familiäre Situation nämlich komplizierter dar – oder die gesetzlichen Erben sind einfach nicht die Wunscherben.

Wer hat Anspruch auf einen Pflichtteil?

Ganz frei können Sie Ihr Vermögen mit einem Testament oder einer Schenkung nicht verteilen. Ehegatten und nahe Verwandte haben Anspruch auf einen Pflichtteil.

Wollen Sie jemanden besonders bedenken oder verhindern, dass ein ungeliebter Verwandter Zugriff auf Ihre Immobilie bekommt? Dann kommen Sie an einem Testament oder einer Schenkung nicht vorbei. Denn solange Sie nichts tun, gilt immer die gesetzliche Erbfolge. Doch selbst, wenn Sie ein Testament schreiben, müssen Sie gut rechnen. Denn das Erbrecht stellt Angehörige unter besonderen Schutz – nahe Verwandte oder Ihren Ehegatten können Sie nach dem Gesetz schlicht nicht komplett enterben. Ihnen steht ein Pflichtteil zu.

→ Mindestbeteiligung

Der Pflichtteil ist eine gesetzlich vorgeschriebene Mindestbeteiligung am Nachlass, die nahen Verwandten zusteht, wenn Verstorbene sie per Testament oder Erbvertrag von der Erbfolge ausgeschlossen haben. Der gilt auch, wenn einer von mehreren Erben „über Gebühr" im Nachlass bedacht wird und die anderen weniger als ihren Pflichtteil erhalten würden. Sie haben dann womöglich einen Anspruch auf einen Zusatzpflichtteil gegen besonders bedachte Erben.

Wer ist pflichtteilsberechtigt?

Anspruch auf den Pflichtteil haben Abkömmlinge des Erblassers, also Kinder, Enkel und Urenkel. Auch die Eltern der verstorbenen Person sind pflichtteilsberechtigt. Wie bereits bei der Erbfolge schließt die Existenz naher Verwandter die Pflichtteilsrechte entfernterer Verwandter aus. Ist ein Kind Erbe, können Enkel, Urenkel oder die Eltern keinen Pflichtteil fordern.

Ferner haben enterbte Ehegatten oder Lebenspartner einen Anspruch auf einen Pflichtteil. Dessen Höhe hängt vom Güterstand zum Todeszeitpunkt ab. Bei Zugewinngemeinschaft (also dem gesetzlichen Güterstand, wenn nichts anderes bestimmt wurde) dürfen Enterbte den genau ausgerechneten Zugewinnausgleich sowie einen kleinen Pflichtteil fordern, der sich aus der Hälfte des gesetzlichen Erbteils errechnet. Der pauschalierte Zugewinnausgleich

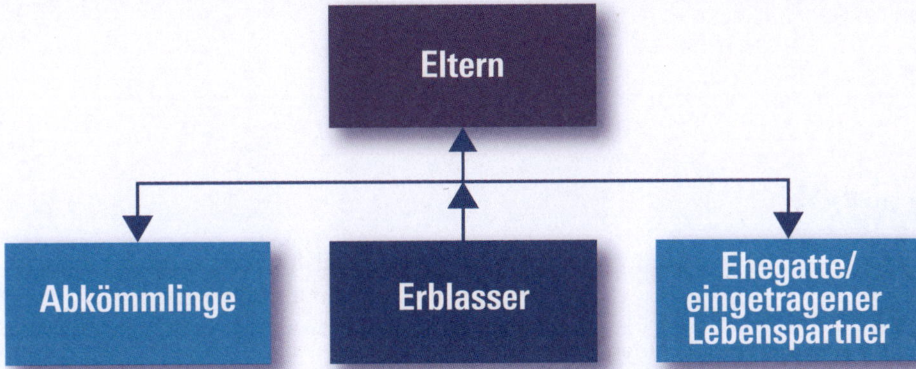

Wem steht ein Pflichtteil zu?

Anspruch auf den Pflichtteil haben enterbte Abkömmlinge des Erblassers, eventuell auch seine Eltern, wenn es keine Kinder gibt. Auch dem enterbten Ehegatten oder Lebenspartner steht ein Pflichtteil zu.

in Höhe von einem Viertel des Nachlasses kommt in diesem Fall nicht zum Tragen.

Man unterscheidet zwischen Pflichtteilsanspruch, Zusatzpflichtteil und Pflichtteilsergänzungsanspruch. Pflichtteilsansprüche bestehen, wenn die oben genannten Personen nicht im Testament bedacht sind. Ein „Zusatzpflichtteil" kann unter Umständen Erben zustehen, die im Testament weniger bedacht wurden, als ihnen nach dem Pflichtteilsrecht zustehen würde. Ein „Pflichtteilsergänzungsanspruch" (Paragraf 2325 BGB) hingegen kommt bei Schenkungen in Betracht: Haben Erblasser vor ihrem Tod eine Schenkung gemacht, so können Pflichtteilsberechtigte als Ergänzung des Pflichtteils den Betrag verlangen, um den sich der Pflichtteil erhöht, wenn der verschenkte Gegenstand dem Nachlass hinzugerechnet wird (siehe „Schenkung und Pflichtteil", S. 57).

Geschwistern, Großeltern und anderen weiter entfernten Verwandten steht ebenso wenig wie nichtehelichen Lebenspartnern ein Pflichtteil zu. Sofern die verstorbene Person sie in ihrem Testament nicht bedacht oder sogar ausdrücklich enterbt hat, gehen sie leer aus.

Auch Ex-Ehegatten haben keinen Anspruch auf einen Pflichtteil. Sie können aber gegebenenfalls von den Erben die Weiterzahlung von Unterhalt bis zur Höhe des (fiktiven) Pflichtteils verlangen. Gleiches gilt für in Trennung lebende Ehegatten, selbst wenn die Scheidung noch nicht rechtskräftig ist; liegen die Voraussetzungen für eine Scheidung vor, reicht es, wenn die Scheidung eingereicht wurde und beide Partner damit einverstanden waren.

Gut zu wissen: Pflichtteilsansprüche verjähren grundsätzlich nach drei Jahren mit Ablauf des Kalenderjahres, in dem der Erbfall eingetreten ist. Pflichtteilsberechtigte müssen Kenntnis davon haben, dass sie im Testament nicht bedacht wurden. Wissen sie hingegen nichts von dem Erbfall, etwa weil sie schon seit Jahren im Ausland leben und keinen Kontakt mehr hatten, dann greift 30 Jahre nach dem Erbfall die kenntnisunabhängige Verjährung.

Pflichtteilsberechtigte haben gegenüber den Erben einen Auskunftsanspruch – sie

Gut zu wissen

Es gibt Alternativen. Um den Streit über die Verwendung einer Immobilie zu verhindern und einer Person die Verfügungsmacht darüber zu geben, müssen Sie nicht unbedingt alle anderen auf ihren Pflichtteil herabsetzen. Es gibt verschiedene Möglichkeiten, jemanden in einem Testament eine Immobilie zuzuschreiben, etwa durch eine Teilungsanordnung, ein Vorausvermächtnis („Wunscherben einsetzen, den Nachlass aufteilen", S. 101) oder „Testamentsvollstreckung", S. 106.

müssen darüber informiert werden, was alles zum Nachlass gehört. Sie haben also Anspruch auf ein Verzeichnis der Nachlassgegenstände und -schulden sowie über Schenkungen, die der Erblasser getätigt hat, soweit diese einen Pflichtteilsergänzungsanspruch begründen können.

Pflichtteil senken oder entziehen?

Zu erreichen, dass Pflichtteilsberechtigte nichts oder nur sehr wenig bekommen, ist nicht einfach. Im Prinzip gibt es drei Wege:

1. **Sie dürfen bei Ihrem Tod** nichts hinterlassen, sprich müssen Ihr Vermögen vorher an die anderen verteilen. Und das rechtzeitig, denn jede Schenkung gilt als Teil des Erbes, solange sie noch nicht mehr als zehn Jahre her ist.
2. **Die Berechtigten** verzichten auf ihren Pflichtteil.
3. **Sie erreichen** einen Entzug des Pflichtteils. Das kommt allerdings nur in extremen Ausnahmefällen in Betracht.

Streit mit dem schwarzen Schaf der Familie oder eine zerrüttete Ehe reichen nicht aus, um Kind oder Ehepartner nicht nur zu enterben, sondern auch den Pflichtteil zu entziehen. Er kann nur ausnahmsweise entzogen oder beschränkt werden, wenn Pflichtteilsberechtigte etwa eine schwere Straftat begangen haben – zum Beispiel, wenn sie dem Erblasser nach dem Leben trachten oder wegen einer vorsätzlichen Straftat zu einer Freiheitsstrafe von mindestens einem Jahr ohne Bewährung verurteilt wurden. Ein solcher Pflichtteilsentzug muss aber im Testament oder im Erbvertrag extra verfügt und begründet werden. Verwandte, bei denen das möglich ist, wünscht sich keiner.

Neigt ein Kind zum Beispiel zur Verschwendungssucht oder ist es überschuldet, können Eltern das Vermögen für spätere Generationen sichern, indem sie den Pflichtteil zwar nicht streichen oder vermindern, wohl aber dessen Verwendung beschränken. Dazu können sie die gesetzlichen Erben der Pflichtteilsberechtigten zu Nacherben oder Nachvermächtnisnehmern ihres Kindes einsetzen, das dann den Pflichtteil nicht nach Belieben verprassen, wohl aber noch Früchte daraus ziehen kann. Zudem können sie für den Pflichtteil dieses Kindes Testamentsvollstreckung anordnen.

Den Pflichtteil berechnen

Der Pflichtteil entspricht immer der Hälfte des jeweiligen gesetzlichen Erbteils. Ein enterbter Ehegatte, der nach Güterstand Anspruch auf die Hälfte des Vermögens hätte, kann beispielsweise einen Pflichtteil von einem Viertel einfordern.

Kein Recht an der Immobilie

Eine enterbte Person wird aber nie Mitglied der Erbengemeinschaft, der Pflichtteil ist lediglich ein Anspruch auf eine Geldzahlung. Das ist ein Vorteil, weil die Enterbten kein Eigentumsrecht an der Immobilie haben. Sie können bei der weiteren Verwendung der Immobilie also nicht mitreden, auch nicht direkt auf den Verkauf dringen oder gar eine Zwangsversteigerung veranlassen.

Jemanden zu enterben ist daher nur selten ein Ausdruck eines tiefen Zerwürfnisses in der Familie, sondern meist eine rationale Entscheidung – oft mit dem Einverständnis aller Beteiligten. Ein häufiger Fall ist die Enterbung der eigenen Kinder zugunsten des Ehepartners. So ist sichergestellt, dass der Partner die alleinige Verfügungsmacht über das gemeinsame Wohnhaus oder die Wohnung behält, ohne umständliche Erbauseinandersetzung und lästige Notartermine.

Den Partner als Erben einzusetzen, kann sinnvoll sein. Sie stellen so sicher, dass er sein Leben auch dann im gemeinsamen Zuhause verbringen kann, wenn Sie zuerst sterben sollten. Und die Ansprüche anderer Erben aus ihrem jeweiligen Pflichtteil sind oft niedriger als gedacht. Das zeigt das Beispiel auf Seite 24. Auch wenn die gegenseitige Versorgung des Partners wohl das häufigste Argument dafür ist, die gesetzliche Erbfolge außer Kraft zu setzen, gibt es auch andere Fälle, in denen das sinnvoll ist. Eine Patchworkfamilie zum Beispiel (siehe „Patchworkfamilien", S. 123).

Wann ist der Pflichtteil fällig?

Grundsätzlich ist der Pflichtteil beim Tod des Erblassers sofort fällig. Falls das zu einer unbilligen Härte gegenüber dem Erben führt, kann die Zahlung allerdings gestundet werden – etwa, wenn der Erbe gezwungen wäre, das Familienheim zu verkaufen, um Pflichtteilsansprüche sofort zu erfüllen. **Beispiel:** Jürgen und Karin leben in Zugewinngemeinschaft; ihr gehört das Familienheim im Wert von 800 000 Euro. Bevor Karin stirbt, setzt sie ihren Mann zum Alleinerben ein. Den beiden Kindern steht jeweils ein Pflichtteil in Höhe von 100 000 Euro zu (ein Achtel des Erbes). Hat Jürgen kein sonstiges Vermögen und auch keine Möglichkeit, die Auszahlung ganz oder teilweise zu finanzieren, läuft er Gefahr, das Familienheim zu verlieren und veräußern zu müssen, um die Pflichtteile auszahlen zu können. Er könnte die Stundung verlangen, muss aber im Erfolgsfall den Pflichtteil der

Was passiert, wenn Sie den Partner zum Alleinerben einsetzen – ein Beispiel

Ein Paar lebt in Zugewinngemeinschaft im gemeinsamen Haus. Stirbt einer von beiden, wären neben dem Partner noch zwei gemeinsame Kinder erbberechtigt. Außer dem Haus im Wert von rund 400 000 Euro gibt es noch anderes Vermögen im Wert von circa 100 000 Euro.

Vermögensverhältnisse vor dem Erbfall

	Haus (Wert 400 000 Euro)	**Sonstiges Vermögen** (Wert 100 000 Euro)
Partner 1	½ (200 000 Euro)	½ (50 000 Euro)
Partner 2	½ (200 000 Euro)	½ (50 000 Euro)

Vermögensverhältnisse bei gesetzlicher Erbfolge

	Haus (Wert 400 000 Euro)	**Sonstiges Vermögen** (Wert 100 000 Euro)
Partner 2	½ + ¼ aus der Erbfolge (300 000 Euro)	½ + ¼ aus der Erbfolge (75 000 Euro)
Kind 1	⅛ (50 000 Euro)	⅛ (12 500 Euro)
Kind 2	⅛ (50 000 Euro)	⅛ (12 500 Euro)

Die Hälfte der Immobilie gehört jetzt der Erbengemeinschaft. Bestehen beide Kinder auf Auszahlung ihres Erbes von insgesamt 125 000 Euro, kann der überlebende Partner das Haus nicht halten. Soll es ihm allein zugeschrieben werden, müssen alle zum Notar.

Vermögensverhältnisse, wenn der Partner zum Alleinerben eingesetzt wird

	Haus (Wert 400 000 Euro)	**Sonstiges Vermögen** (Wert 100 000 Euro)
Partner 2	Alleinerbe	Alleinerbe

Bedienen muss der Partner allerdings den Geldanspruch aus den Pflichtteilen der Kinder.

Kind 1	1/16 (25 000 Euro)	1/16 (6 250 Euro)
Kind 2	1/16 (25 000 Euro)	1/16 (6 250 Euro)

Die Geldansprüche beider Kinder summieren sich auf 62 500 Euro und wären aus dem sonstigen Vermögen bezahlbar, der überlebende Partner kann zudem alleine entscheiden, was mit der Immobilie passiert.

Kinder absichern, zum Beispiel durch Eintragung eines Grundpfandrechts. Hätte er dagegen noch sonstiges Vermögen, aus dem er die Pflichtteile begleichen könnte, wäre er gezwungen, es für diesen Zweck zu verwenden. Er muss sich auch um eine Finanzierung bemühen.

Dazu ein weiteres Beispiel: Bernd ist Witwer und vererbt ein Mietshaus im Wert von 1 Million Euro an seine zwei Kinder Lisa und Johannes; jedem Kind stünde die Hälfte des Erbes zu. Hätte Bernd dagegen Johannes enterbt, hätte er einen Pflichtteilsanspruch von 250 000 Euro, der sich gegen Lisa richtet. Hat Bernd keine weiteren Regelungen getroffen und kann Lisa den Pflichtteilsanspruch nicht aus eigenem Vermögen begleichen, ist die Gefahr groß, dass sie das Mietshaus verkaufen muss. In diesem Fall sind kaum Umstände denkbar, die es ihr erlauben würden, eine Stundung zu verlangen. Denn schließlich lässt sich auch ohne ein Mietshaus gut leben; eine Möglichkeit wäre auch, das Mietshaus zu beleihen.

Was will ich erreichen?

Überlegen Sie in Ruhe, was Sie wollen. Nur so werden Sie die richtige Lösung für sich und alle anderen Beteiligten finden.

Sie wollen die gesetzliche Erbfolge vermeiden, weil Sie Ihren Nachlass anders verteilen möchten? Oder auch einfach nur potenziellem Streit in einer Erbengemeinschaft vorbeugen? Oder ist Ihnen sowieso klar, wer was bekommt, und es geht Ihnen vor allem um einen Weg, der zwar steuergünstig ist, Ihnen aber die Kontrolle bis zum Lebensende überlässt?

Die Motive, eine Immobilie vorab zu verschenken oder nach dem Tod jemandem zuzuschreiben, sind so vielfältig wie das Leben selber – ebenso wie die Gestaltungsmöglichkeiten, den Übertrag zu regeln. Wenn Sie sich über Ihre Ziele schon im Klaren sind, können Sie sich direkt mit den Gestaltungsmöglichkeiten beschäftigen (siehe „Vererben oder verschenken?“, S. 35). Wenn Sie sich noch nicht damit auseinandergesetzt haben, wer was bekommen soll, sollten Sie zunächst einmal herausfinden, was Ihnen wichtig ist.

Ich will Streit vermeiden

Der Gedanke, Ihre Kinder und andere Erben könnten sich über die Verteilung Ihres

Nachlasses entzweien, macht Sie krank? Dann versuchen Sie, frühzeitig im Einvernehmen den Erbfall durchzuspielen.

Nicht immer werden Sie garantiert jeden Streit vermeiden können, denn egal was Sie entscheiden: es kann von einem Mitglied der Familie als ungerecht empfunden werden. Doch zumindest macht eine klare und juristisch wasserdichte Regelung jede Auseinandersetzung unter den Erben sinnlos, denn das Vermögen ist nun einmal bereits verteilt. Genau das verhindert daher häufig Streit. Drei Schritte können dabei für Klarheit sorgen:

→ Schritt 1: Gerechte Anteile festlegen

Legen Sie erst einmal fest, was Sie selbst als gerecht empfinden würden. Klingt einfach, ist es aber ganz und gar nicht, denn Gerechtigkeit ist ein relativer Begriff. Und je nachdem welche der Auffassungen Sie als richtig empfinden, kann die Verteilung Ihrer Immobilien ganz anders ausfallen.

Im Prinzip gibt es drei wichtige Gerechtigkeitsbegriffe, die auch bei der Verteilung des Erbes eine zentrale Rolle spielen. Finden Sie heraus, welcher dieser Begriffe in Ihrer Situation am besten passt und Ihren Vorstellungen entspricht.

- **Gleichbehandlung:** Wenn es etwas zu verteilen gibt, soll jedes Familienmitglied denselben Wert erhalten. Gibt es nach der Ernte zum Beispiel 500 Äpfel, bekommt jeder den gleichen Anteil.
- **Ausgleich:** Die Gleichbehandlung kann mit einem Ausgleich für vergangene Leistungen erweitert werden. Wer ein paar Wochen vorher bei der Johannisbeerernte mehr bekommen hat, bekommt diesmal weniger.
- **Nach Leistung:** Der, der dafür gearbeitet hat, wird belohnt. Hier wird die Apfelernte also nur unter denen verteilt, die mitgeholfen haben, am besten noch gestaffelt nach Arbeitseinsatz.
- **Nach Bedürfnis:** Der, der etwas am dringendsten braucht, bekommt am meisten. Die Äpfel gehen an die kranken und schwachen Familienmitglieder.

Beispiel: Sie haben drei Kinder und keine weiteren Erben. Der Älteste, nennen wir ihn Markus, wohnt bei Ihnen im Viertel, und ohne ihn wären Sie verloren. Er kauft für Sie ein, hält das Haus in Schuss und bringt Sie zum Arzt.

Der Mittleren, Lara, haben sie ein Studium finanziert, und jetzt hat sie einen guten Job, ja sogar richtig Karriere gemacht. Sie verstehen sich gut, sehen sich aber kaum. Die Jüngste, Martina, hat es hart getroffen. Sie ist sehr jung und schlecht versorgt mit drei Kindern verwitwet.

Welchem von Ihren Kindern würden Sie Ihr Erbe geben? Je nachdem welches Prinzip Sie anwenden, erhalten Sie unterschiedliche Ergebnisse:

- **Gleichbehandlung:** Jedem ein Drittel
- **Gleichbehandlung mit Ausgleich:** Ausgleich für Laras Studium, vom Rest jedem ein Drittel
- **Nach Leistung:** Alles an Markus
- **Nach Bedürftigkeit:** Alles an Martina

Nichts davon kommt Ihnen richtig gerecht vor? Wie so oft ist der richtige Weg vermutlich ein Mittelweg. Was ist Ihnen wichtig? Soll vor allem Markus belohnt oder Martina versorgt werden? Und soll ein Ausgleich für die vergangenen Leistungen an Lara gefunden werden? Dann streben Sie entsprechende Anteile an, die Sie als gerecht empfinden. Zum Beispiel jeweils 40 Prozent für Markus und Martina und 20 Prozent für Lara.

→ Schritt 2: Vermögen aufteilen

Die Immobilien sind in der Regel ein wichtiger, wenn nicht sogar der wichtigste Teil eines Nachlasses. Wenn Sie eine Staffelung Ihres Erbes anstreben, kann es schwierig werden, wenn Sie nur Ihr Haus oder Ihre Wohnung zu verteilen haben. Denn wenn Sie die Immobilie einem Erben zuschreiben oder vorab schenken, müssten Sie den anderen etwas anderes geben können. Gerade in Ballungsräumen sind Haus, Grund oder Wohnung aber inzwischen oft so teuer, dass sie weit mehr als 50 Prozent der Erbmasse ausmachen werden.

Wollen Sie an Ihrer Aufteilung festhalten, bleibt häufig nur der Weg, die Immobilie zu veräußern. Aber auch dabei kann es Streit geben: um den richtigen Makler, darüber, ein Angebot anzunehmen oder abzulehnen oder wer sich überhaupt um den Verkauf kümmert. Legen Sie das Vorgehen – am besten im Gespräch mit Ihren Angehörigen – möglichst genau fest, um Streit zu vermeiden. In solch einem Gespräch können Sie zudem andere Wege zur Verwertung der Immobilie ausloten. Wer weiß, vielleicht ist eines Ihrer Kinder willens und finanziell in der Lage, die anderen auszuzahlen, wenn es Ihr Haus behalten kann?

→ Schritt 3: Flexibilität beachten

Vermutlich haben Sie die Absicht, eine ganze Weile weiter zu leben. Daher kann sich vieles noch ändern. Was, wenn Ihre verwitwete Tochter Martina im Lotto gewinnt und plötzlich keinerlei Geldsorgen mehr hat? Wenn die Karrieretochter Lara nach einem Unfall ihren Job verliert? Oder Ihr Sohn Markus, der sich immer um alles gekümmert hat, seiner Traumfrau nach Thailand folgt und nichts mehr von sich hören lässt?

Bei einer Schenkung zu Lebzeiten legen Sie die Verteilung sehr frühzeitig fest, obwohl Sie auch hier Bedingungen für die Rückabwicklung einbauen können. Ähnliches gilt für einen Erbvertrag. Ein Testament dage-

Gut zu wissen

Nicht nur die Frage wer was und wie viel aus dem Erbe bekommt, kann ein Grund zum Streit sein. Die Abwicklung eines Erbes kann zudem sehr arbeitsintensiv werden. Auch hier gilt: Klären Sie möglichst frühzeitig, wer welche Aufgaben übernehmen würde. Ein Wertpapierdepot ist schnell abgewickelt, bei einer selbst genutzten Immobilie sieht es vielleicht schon ganz anders aus, wenn sie geräumt, eventuell renoviert und verkauft werden soll. Und das oft weit entfernt vom aktuellen Wohnort der Erben. Besprechen Sie mit den Beteiligten, wer welche Aufgaben übernehmen könnte. Und legen Sie im Zweifelsfall fest, dass sie professionelle Hilfe in Anspruch nehmen sollen.

gen sollten Sie zwar nicht ständig neu schreiben. Hier ist die Änderung aber möglich, wenn Sie es alleine verfasst haben und keine anderen vertraglichen Verpflichtungen eingegangen sind.

Ich will jemanden ausschließen oder bevorzugen

Der Partner, die Kinder oder doch lieber eine Nichte? Wen Sie als Erben oder Begünstigten einer Schenkung einsetzen wollen, hängt von vielen Faktoren und Ihrer persönlichen Situation ab. Und ist ganz alleine Ihre Sache. Allerdings sollten Sie durchrechnen, was die Zuschreibung Ihres Hauses oder Ihrer Wohnung für die Erben oder Beschenkten bedeutet. Denn Sie wollen wahrscheinlich, dass er oder sie es dann auch halten kann. Rechnen Sie mit ein, dass andere Erben vielleicht Ansprüche auf ihren Pflichtteil geltend machen. Und je weiter entfernt die verwandtschaftlichen Beziehungen sind, desto eher wird Erbschafts- oder Schenkungssteuer fällig.

Vielleicht werden Sie feststellen, dass Sie an einer Schenkung kaum vorbeikommen werden, um Ihre Immobilie in die Hand einer ganz bestimmten Person zu geben – doch auch die muss gut gestaltet sein, wenn Sie auf diesem Wege den Pflichtteil anderer verringern wollen.

Rechnen Sie in jedem Fall durch, welchen Pflichtteilsansprüchen und Erbschaftssteuerzahlungen Ihr potenzieller Erbe oder der Begünstigte Ihrer Schenkung gegenüberstehen könnte. Dass die sehr hoch ausfallen, ist umso wahrscheinlicher,

- **desto höher der Wert** Ihrer Immobilie ist,
- **desto kleiner die Zahl** der Erben oder Beschenkten ist,
- **desto mehr Erben es gibt**, die Anspruch auf einen Pflichtteil haben,
- **desto weiter entfernt** die verwandtschaftliche Beziehung ist.

Und Vorsicht: Eine Schenkung mindert den Pflichtteil nicht immer, auch wenn Sie mehr als zehn Jahre zurückliegt. Behält der Schenker alle Rechte für sich, können auch ältere Schenkungen bei der Berechnung von Pflichtteilen berücksichtigt werden. Lassen Sie sich also unbedingt juristisch beraten, welche Rechte Sie dem Beschenkten einräumen sollten, damit aus der Schenkung auch nach vielen Jahren kein Pflichtteilsergänzungsanspruch entsteht.

Ich will das Familienheim erhalten

Nichts in Ihrem Besitz ist oder war Ihnen so wichtig wie Ihr Zuhause. Sie haben hier vielleicht schon Ihre Kindheit verbracht, weil es seit Generationen im Besitz Ihrer Familie ist, oder Sie haben es selber errichtet – Stück für Stück von Grund auf gebaut, gemalert, angebaut, renoviert, den Garten angelegt. Und vor allem haben Sie hier viele glückliche und ein paar unglückliche Tage Ihres Lebens verbracht.

Dass dieses Zuhause weiter in Besitz Ihrer Familie bleibt, ist Ihnen ungemein wichtig, und eines Ihrer Kinder würde die Tradition gerne weiterführen. Doch Sie haben ein Problem: Sie wollen gerecht sein, aber rein rechnerisch können Sie das nicht. Das Haus oder die Wohnung sind nun mal der Löwenanteil Ihres Erbes, und der oder die Begünstigte wird den anderen keinen Ausgleich geben können. Was also tun?

Sie werden eine Entscheidung zwischen dem Erhalt des Hauses und der Gerechtigkeit treffen müssen. Gewinnt Ihr Familienheim, sollten Sie diese Entscheidung, je nach finanzieller Lage und den Summen, um die es geht, eher früher als später umsetzen. Denn wollen Sie es einer bestimmten Person zuschreiben, müsste die in der Lage sein, den anderen ihren Pflichtteil auszahlen zu können. Das lässt sich nur durch eine frühzeitige Schenkung verhindern.

Vielleicht können alle Ihre Entscheidung für das Haus besser akzeptieren, wenn Sie sich für eine Schenkung entscheiden, die Sie an Bedingungen für den Begünstigten knüpfen – seien es finanzielle Leistungen wie eine Rente, die ja letztendlich das Erbe für alle anderen erhöht, oder Leistungen wie eine Pflegevereinbarung. Zudem sollten Sie festlegen, dass der Begünstigte keine weiteren Ansprüche geltend machen kann.

→ Frühzeitig reden und zuhören

Je früher Sie alle Beteiligten in die Entscheidung und Gestaltung einbeziehen, desto eher werden sie es akzeptieren. Reden Sie also. Hören Sie zu. Und unterschätzen Sie nicht, wie schnell sich jemand ungerecht behandelt fühlen kann. Letztendlich sind es zwar Ihre Wünsche, die zählen. Doch es gibt vielleicht Wichtigeres als Ihren Willen nach Ihrem Tod. Eine Garantie für einen harmonischen Ablauf ist dieses Vorgehen zwar nicht, aber es erhöht die Chancen.

Ich will Erbschaftssteuer sparen

Um die Erbschaftssteuer machen Sie sich eigentlich keine Gedanken? Denn viel mehr als Ihr Zuhause haben Sie nicht zu vererben. Und hat die Politik nicht immer versprochen, dass das Familienheim steuerfrei weitergegeben werden kann? Machen Sie sich keine Illusionen, sondern rechnen Sie lieber genau nach. Denn die Bedingungen dafür, dass das Häuschen tatsächlich nicht versteuert werden muss, sind streng.

- **Die verstorbene Person** muss die Immobilie vor ihrem Tod bewohnt haben. Ausnahmen gibt es nur, wenn sie schuldlos daran gehindert war, zum Beispiel weil sie die letzten Jahre in einem Pflegeheim verbracht hat.
- **Es muss sich um** den Hauptwohnsitz der verstorbenen Person handeln. Zweitwohnungen oder Ferienimmobilien gelten nicht als Familienheim.
- **Der Partner oder das Kind** müssen die Immobilie mindestens zehn Jahre selber bewohnen. Ziehen sie vorher aus, wird die Steuer fällig.
- **Für Kinder gilt zudem:** Das Objekt darf höchstens 200 Quadratmeter Wohnfläche haben, ist die Immobilie größer, wird sie anteilig in die Berechnung der Erbschaftssteuer einbezogen.
- **Eltern, Geschwister** oder entferntere Verwandte werden nicht begünstigt.

Mehr Infos und Details dazu siehe „Steuern vermeiden“, S. 129.

Kann oder will der Erbe das Haus oder die Wohnung nicht selber bewohnen, kann es schnell eng werden. Denn gerade in den Großstädten sind Haus und Grund derartig teuer geworden, dass Ihre Erben selbst mit nur einer Immobilie schneller über die Freibeträge rutschen können als Sie denken – je nachdem, wie viele sich Ihren Nachlass einmal teilen werden. Denn Immobilien werden zum Verkehrswert besteuert, und die Freibeträge wurden seit dem Jahr 2009 nicht mehr erhöht. In ländlichen Gegenden hat man dagegen vielleicht – noch – kein Problem.

Vielleicht lässt sich Ihre Immobilie in übertragbare Teile aufteilen?

Lassen Sie Haus oder Wohnung im Zweifelsfall schätzen, wenn der Wert der Immobilie Ihre potenziellen Erben nahe an eine Erbschaftssteuerzahlung bringen könnte. Je nach Verwandtschaftsgrad gelten verschieden hohe Freibeträge.

Die Erbschaftssteuer kann man verringern oder vermeiden, indem man Teile des Erbes frühzeitig vorab verschenkt. Hier gelten grundsätzlich dieselben Freibeträge und Steuersätze wie beim Vererben (Näheres siehe „Mehr vom Erbe erhalten“, S. 130). Schenkungen haben aber einen großen Vorteil: Ihre Kinder und Enkel können den

Freibetrag mehrmals nutzen, wenn die Schenkungen in Abständen von mindestens zehn Jahren erfolgen.

Wer ein größeres Vermögen besitzt und diese Regelung ausnutzen will, sollte also so bald wie möglich damit anfangen – auch weil keiner weiß, wie lange die Erbschafts- und Schenkungssteuerregelungen bestehen bleiben. Oder wie weit der Wert der Immobilie noch steigt.

Vielleicht lässt sich Ihre Immobilie in übertragbare Teile aufteilen? Grundstücke lassen sich im Prinzip durch Vermessung teilen. Nur in Niedersachsen oder Nordrhein-Westfalen brauchen Sie dafür eine Genehmigung, die aber nur mit guten Rechtsgründen abgelehnt werden kann. Wenn Sie zum Beispiel ein Haus auf einem großen Grundstück haben, können Sie den Garten abtrennen und vorab verschenken – im Zweifel verbunden mit einem Nutzungsrecht für Sie, damit sichergestellt ist, dass Sie auf jeden Fall weiter freien Zugang zu Ihrem Apfelbaum haben. Das mindert dann den Wert des verbliebenen Erbes und spart so später Erbschaftssteuer.

Ich will mein Einkommen mindern

Schenkungen und Erbschaften unterliegen vielleicht der Schenkungs- und Erbschaftssteuer, aber nur in Sonderfällen, etwa bei betrieblichem Vermögen oder Spekulationsgeschäften, der Einkommenssteuer. Aber aufgepasst: Alle Erträge aus vermieteten Immobilien sind einkommenssteuerpflichtig, und zwar bei demjenigen, der die Einnahmen erzielt. Das muss nicht unbedingt der Eigentümer sein.

Sie können zum Beispiel eine Immobilie verschenken und die Mieteinnahme mit einer entsprechenden Regelung – dem Nießbrauch – dennoch behalten (siehe „Nießbrauch und Wohnrecht", S. 68).

Wenn Sie allerdings keine Ausgaben – etwa durch die Zinsen einer entsprechenden Hypothek – gegenrechnen können, kann viel Geld an den Fiskus fließen. Je nach Höhe Ihres persönlichen Steuersatzes geht bis zur Hälfte der Miete an den Staat. Bei jemandem, der die Immobilie ohnehin einmal bekommen soll, kann das hingegen ganz anders aussehen.

Beispiel: Sie haben eine Wohnung, für die Sie eine einkommenssteuerpflichtige Miete von 1000 Euro im Monat einnehmen. Inklusive Kirchensteuer und Solidaritätszuschlag zahlen Sie gut 50 Prozent Steuern auf Ihr Einkommen. Von der Miete bleiben Ihnen also nicht einmal 500 Euro.

Ein anderes Mitglied der Familie – beispielsweise ein Kind – hat dagegen kein eigenes Einkommen. Es könnte die 1000 Euro also behalten, weil es mit nur dieser Einnahme unter dem persönlichen Freibetrag der Einkommensteuer bleibt.

Eine Schenkung der Immobilie kann damit immer dann interessant sein, wenn der Einkommenssteuersatz der beschenkten Person auf Dauer deutlich niedriger ist als Ihr eigener.

→ Nießbrauch überlegen

Soll nur das Einkommen, nicht aber das Eigentum verlagert werden, kommt auch ein Nießbrauch für das Kind in Betracht. Sie können ihn auch befristet oder kündbar einräumen. Mit dem Nießbrauch gehen die Mieteinnahmen automatisch auf das Kind über, obwohl Ihnen die Immobilie weiterhin gehört.

Auch andere Gründe können Sie dazu bringen, sich selbst ein niedrigeres Einkommen oder Vermögen zu wünschen. Beispielsweise wenn Sie in ein Pflegeheim müssen und Angst davor haben, dass die Kosten dafür Ihr Erbe komplett auffressen werden. Denn Anspruch auf Unterstützung durch die Allgemeinheit – sprich den Staat – hat jemand ausschließlich dann, wenn er selber nicht mehr in der Lage ist, die Kosten aus seinem Einkommen oder aus seinem Vermögen zu decken.

Doch auch die Erben haften mit der Erbschaft für den Ersatz von Sozialleistungen, die in den letzten zehn Jahren vor dem Todesfall erbracht wurden. Wer das vermeiden will, sollte über eine frühzeitige Schenkung von Vermögen und Verlagerung von Einkommen nachdenken.

Rückforderungen einer Schenkung durch den Staat sind immer dann möglich, wenn der Schenker wegen Bedürftigkeit auf Sozialhilfe angewiesen ist. Ausgeschlossen sind sie allerdings,

- **wenn der Schenker** seine Bedürftigkeit vorsätzlich oder grob fahrlässig herbeigeführt hat, also zum Beispiel sein sonstiges Vermögen einfach verjubelt hat,
- **wenn die beschenkte Person** bei Berücksichtigung ihrer sonstigen Verpflichtungen außerstande ist, das Geschenk herauszugeben,
- **wenn das Geschenk** mindestens zehn Jahre vor Eintritt der Bedürftigkeit gemacht wurde.

Ich will, dass der Begünstigte staatliche Leistungen weiter erhält

Nicht nur das eigene Einkommen sollten Sie in die Überlegungen bei einer Schenkung einbeziehen, auch das der begünstigten Person spielt eine große Rolle. Falls etwa Ihr Kind regelmäßige staatliche Leistungen erhält. Die sind oft davon abhängig, ob es eigenes Vermögen hat oder nicht. Schenken Sie ihm eine Immobilie, kann das zuständige Amt die Zahlung von Sozialhilfe oder Bafög infrage stellen. Denn Ihr Kind könnte das Haus oder die Wohnung veräußern und vom Erlös leben. Am Ende haben Sie dann keine Immobilie mehr und der Beschenkte vielleicht auch nicht – und das wollten Sie mit Sicherheit nicht erreichen.

Besonders wichtig ist das im Fall eines behinderten Kindes, dessen Pflege und Betreuung besonders kostenintensiv ist und das eventuell nie in der Lage sein wird, seinen eigenen Lebensunterhalt zu bestreiten. Um hier den Zugriff des Staates auf ein geerbtes Vermögen zu verhindern, brauchen Sie auf jeden Fall juristischen Beistand (siehe „Lösungen für besondere Fälle“, S. 125).

Denken Sie bei jeder Schenkung in puncto staatliche Leistungen daran, dass die Zeit hier die Gegebenheiten verändern kann. Wenn Ihr Kind jetzt noch einen guten Job hat, muss das nicht für immer so sein. Auch hier können vertragliche Regelungen das Familienvermögen schützen.

Ich will gut versorgt sein

Eigentlich würden Sie Ihren Erben gerne möglichst bald Ihre Immobilie übertragen. Aber wenn Sie Ihre Immobilie zu Lebzeiten durch Schenkung weggeben würden, hätten Sie schnell Probleme, Ihren Lebensstandard zu halten. Das ist für viele mit Immobilien-Eigentum ein sehr realistisches Dilemma. Ihr Vermögen durch die Immobilie ist zwar hoch, Ihr laufendes Einkommen ist aber nur mäßig bis mittelmäßig, und beim aktuellen Mietniveau könnten Sie damit wohl kaum etwas Angemessenes anmieten. Ganz abgesehen davon, dass Sie vielleicht vieles wollen, aber nicht Ihr Zuhause verlassen?

Alles Probleme, die auch mit einer Schenkung lösbar sind, denn Sie können Ihre Großzügigkeit mit Bedingungen verknüpfen, die Ihre Versorgung sicherstellen. Sie können sich zum Beispiel ein Wohnrecht nach einer Schenkung einräumen lassen. Damit ist gewährleistet, dass Sie die gesamte oder Teile der Immobilie den Rest Ihres Lebens selber nutzen können. Oder ein Nießbrauch, der Ihnen darüber hinaus die Möglichkeit lässt, das Haus oder die Wohnung zu vermieten und das eingenommene Geld anderweitig zu verwenden.

Wege zur Regelung gibt es aber nicht nur, wenn Sie in der Wohnung bleiben wollen. Auch wenn Sie auf mehr Einkommen oder andere Hilfe angewiesen sind, können Sie Regelungen treffen – selbst zusätzlich zu einem Wohnrecht. Vieles ist möglich, sofern der Empfänger damit einverstanden ist. Sie können für die Zuwendung der Immobilie eine Rentenzahlung vereinbaren oder die Versorgung im Pflegefall oder andere Leistungen für Ihr persönliches Auskommen. Überlegen Sie, was Ihnen am besten weiterhilft, und handeln Sie mit dem Beschenkten oder Erben die genauen Konditionen aus (siehe „Nießbrauch und Wohnrecht“, S. 68 und „Geld oder Pflege“, S. 76) – mit dem Rat von versierten Fachleuten natürlich.

Ich will den Stab weitergeben

Die Eigentümerversammlungen für Ihre Wohnung rauben Ihnen den letzten Nerv. Sie ziehen sich über Stunden, und es gibt ein paar Kandidaten in Ihrer Gemeinschaft, die ständig mit kostenintensiven Ideen anrücken. Deshalb ist es keine gute Idee zu schwänzen. Oder Sie sind es leid, schon wieder einer Handwerksfirma hinterherzutelefonieren, weil die Dachrinne verstopft ist. Immobilien machen Arbeit, egal ob Sie selber darin wohnen oder sie vermietet haben und stundenlang Nebenkosten abrechnen

HÄTTEN SIE'S GEWUSST?

Wenn Sie planen, die Immobilie einem Erben zuzusprechen und das mit Geldvermögen für andere auszugleichen, sollten Sie einkalkulieren, dass Sie später möglicherweise Pflege benötigen.

Nach aktuellen Erhebungen zahlen Pflegebedürftige oder deren Angehörige trotz Pflegeversicherung im Schnitt **über 2 400 Euro im Monat** aus eigener Tasche bei vollstationärer Pflege. Von Bundesland zu Bundesland gibt es große Unterschiede.

Die durchschnittliche Pflegedauer derjenigen, die mit über 60 Jahren Pflege benötigen, liegt bei etwa 4,4 Jahren. Da kommen schnell mehr als **100 000 Euro** zusammen, die privat zu schultern sind.

müssen. Vielleicht ist es einfach an der Zeit, diese Arbeit und die Verantwortung an die nächste Generation weiterzugeben?

Oder Sie haben einen Nachkommen, der eine Familie gründet oder ein Unternehmen. Und den Sie gerne unterstützen wollen. Oder Sie wollen jemandem einfach nur eine Freude machen und das Leben leichter. Eine Schenkung kann auch von den ganz persönlichen Lebensumständen des Schenkers oder Beschenkten ausgelöst werden, vollkommen unabhängig von allen Argumenten rund um die Erbschaftssteuer oder gesetzliche Erbfolge.

Bevor Sie aber zum Notar laufen und einen Schenkungsvertrag unterschreiben, sollten Sie die rechtlichen und steuerlichen Folgen durchdenken, etwa die für die anderen Erben und für Ihre eigene Versorgung. Und vorsichtshalber so viel Handlungsspielraum wie möglich behalten – mit Rückfallklauseln oder Rechten an der Immobilie. Denn wieder gilt: Bis Sie zum Erblasser werden, kann noch viel Wasser den Rhein hinunterfließen und sich vieles ändern.

Ich will die Kontrolle behalten

Das ist kein seltener Fall: Alles spricht dafür, eine Immobilie möglichst bald zu verschenken. Der Begünstigte kann es gut brauchen und steuerlich wäre das in diesem Fall wirklich attraktiv. Sie wären auch ohne Ihr Haus oder Ihre Wohnung gut versorgt oder leben ohnehin inzwischen kaum mehr dort, sondern meistens in Ihrem Domizil im sonnigen Süden. Dennoch zögern Sie die Entscheidung ständig heraus. Denn der Gedanke daran verursacht ein mulmiges Gefühl in Ihrem Bauch. Und das ist verständlich: Die Immobilie ist vielleicht Ihre finanzielle Lebensleistung, und darüber wollen Sie die Kontrolle behalten. Nicht zuletzt, weil Sie eben genug Lebenserfahrung haben, um zu wissen, dass sich Lebensumstände und vor allem Menschen ändern können.

Sie können sich daher dafür entscheiden, Ihr Vermögen erst nach Ihrem Tod abzugeben – müssen das aber nicht. Denn das deutsche Recht hat einige Möglichkeiten vorgesehen, den Handlungsspielraum eines Beschenkten einzuschränken und Ihnen die Kontrolle zu lassen.

Eine Immobilie, auf die ein Nießbrauch eingetragen ist, ist beispielsweise so gut wie unverkäuflich. Oder Sie machen es noch konkreter und bauen ein Rückfallrecht in Ihre Schenkung ein. Dafür gibt es viele Möglichkeiten. Vielleicht fühlen Sie sich mit einer davon wohl.

Vererben oder verschenken?

Wenn Sie wissen, was Sie erreichen wollen, ist es Zeit, sich mit den möglichen Wegen dorthin auseinanderzusetzen. Die reichen von Nichtstun bis hin zu einem ausgeklügelten Konzept.

Manchmal gibt es Ziele, die den Weg ganz klar vorgeben – auch beim Thema Vermögensübergang. Wenn Sie zum Beispiel ausschließlich darauf aus sind, Erbschaftssteuer zu vermeiden, weil Sie ein größeres Vermögen weitergeben wollen. Dann ist die Handlungsmaxime klar: So schnell wie möglich Teile oder den ganzen Immobilienbesitz verschenken und ausreizen, was die Freibeträge hergeben.

Oft sind Ziele aber über verschiedene Wege erreichbar. Sie wollen bis zum letzten Tag Ihres Lebens die Kontrolle darüber haben, was mit Ihrer Immobilie geschieht? Dann spricht vieles für eine Übertragung nach dem Tod – entweder indem Sie gar nichts tun oder ein Testament verfassen. Allerdings können Sie auch eine Schenkung so gestalten, dass die begünstigte Person so lange Sie leben kaum Handlungsspielraum hat und sogar Verfügungen greifen, die über Ihren Tod hinaus gelten.

Die Übertragung einer Immobilie nach dem Tod ist aber nicht nur der Weg, mit dem Sie sich die maximale Handlungsfreiheit erhalten, sofern Sie sich nicht für einen Erbvertrag entscheiden. Er ist wenig aufwendig, und Sie können alleine festlegen, was Sie tun wollen. Alleine entscheiden können Sie sich im Prinzip auch für eine bedingungsfreie Schenkung. Zwar kann ein Begünstigter ablehnen, aber das könnte ein Erbe auch.

Für eine Schenkung, bei der Sie vielleicht ein Wohnrecht, eine Rente oder andere Gegenleistungen erhalten wollen, müssen Sie sich mit dem oder der Beschenkten allerdings einig werden. Und es wird vielleicht noch ein bisschen aufwendiger: Oft wird die Gestaltung eines Testaments durch eine Schenkung noch dringlicher. Wenn Sie etwa die Zuwendung gegenüber dem einen für alle anderen Erben berücksichtigt und ausgeglichen haben wollen. Oder im Gegenteil, die Schenkung auch davon motiviert war, jemanden aus der Erbfolge möglichst weit auszuschließen. Lassen Sie sich nicht abschrecken. Mit guter juristischer Hilfe ist das alles nicht sonderlich schwer.

Welche Form der Übertragung am besten wäre, hängt von einigen Faktoren ab:

- **Wer soll** begünstigt werden?
- **Wie viel Kontrolle** wollen Sie behalten?
- **Wollen Sie die Immobilie** oder die Miete daraus selber weiter nutzen?
- **Brauchen Sie andere Leistungen,** etwa Geld oder Pflegeleistungen?
- **Wollen Sie Steuern vermeiden** oder mindern?

Ein Konflikt entsteht vermeintlich oder tatsächlich manchmal dann, wenn mehrere Ziele eine Rolle spielen, die gleichzeitig verfolgt werden. Vielleicht ist Ihnen Steuern sparen wichtig, aber Sie wollen alle Verfügungsgewalt behalten – auch die, das Objekt jederzeit zu verkaufen. Oder die Flexibilität, später noch zu entscheiden, wer Ihre Immobilie einmal bekommen soll. Oder Sie wollen Ihre Kinder gleichbehandeln, aber gleichzeitig das Familienheim erhalten und haben einfach kein weiteres Vermögen zum Ausgleich. Hier müssen Sie gegebenenfalls entscheiden, welches Ziel Ihnen wichtiger ist, und Kompromisse eingehen.

Schenken oder vererben? In der Folge finden Sie alle Handlungsoptionen. Wir haben sie danach geordnet, wie viel Handlungsspielraum Sie mit einer Lösung aus der Hand geben. Prüfen Sie, was am besten zu Ihrer Situation passt.

Nichts tun

Sie haben genau einen Erben, wollen flexibel bleiben oder haben andere Gründe, warum Ihnen die gesetzliche Erbfolge sinnvoll erscheint? Dann brauchen Sie tatsächlich einfach gar nichts zu machen. Die Immobilie bleibt in Ihrem Eigentum, Sie können sie bewohnen, vermieten oder verkaufen – was immer Sie wollen. Bis zum letzten Lebenstag halten Sie sich zudem alle anderen Optionen offen.

Nach Ihrem Tod geht das Haus oder die Wohnung – wie auch Ihr gesamtes anderes

Vermögen – dann auf Ihre(n) gesetzlichen Erben über. Gibt es nur einen gesetzlichen Erben, erwirbt dieser automatisch alles allein und der Fall ist einfach. Gibt es mehrere, erben diese gemeinsam gemäß ihrer gesetzlichen Anteile – und bilden dann eine Erbengemeinschaft. Für alle Verfügungen müssen die Mitglieder der Erbengemeinschaft nun gemeinsam handeln. Für eine Umschreibung von Immobilien auf die Erbengemeinschaft ist ein Erbschein erforderlich, für eine Umschreibung auf einen Erben im Rahmen der Erbauseinandersetzung müssen alle zum Notar.

Privatschriftliches Testament

Auch vergleichsweise einfach zu realisieren ist ein eigenhändiges Testament, das Sie jederzeit ohne Notar oder Anwalt schreiben und selber aufbewahren können. Für ein solches Testament fallen keine Kosten an, und Sie bleiben flexibel. Sie können es jederzeit widerrufen, abändern, neu schreiben oder vernichten. Auch behalten Sie die vollen Eigentumsrechte an Ihrer Immobilie.

Sie können eine oder mehrere Personen als Erben einsetzen. In dem Testament können Sie aber auch nur Ihre Immobilie durch ein Vermächtnis einer oder mehreren Personen zuschreiben (mehr zum Vermächtnis „Immobilien vererben“, S. 91). Um als Eigentümer im Grundbuch eingetragen zu werden, brauchen Erben – genau wie bei der gesetzlichen Erbfolge – einen Erbschein, für die Übertragung auf Vermächtnisnehmer ist zusätzlich noch eine notarielle Urkunde (die sogenannte Auflassung) und die Eintragung im Grundbuch erforderlich.

→ Formvorschriften beachten

Wenn Sie sich für ein privatschriftliches Testament entscheiden: Beachten Sie unbedingt die Formvorgaben für eine solches Dokument, damit es auch gültig ist (siehe „Das rechtssichere Testament“, S. 92).

Notarielles Testament

Auch mit einem Testament, das Sie in einem Notariat unterschreiben, bleiben Sie Eigentümer Ihrer Immobilie und flexibel, denn auch solch ein Testament können Sie jederzeit (auch privatschriftlich, also ohne Notar) widerrufen oder abändern. Allerdings fallen für die notarielle Beurkundung und die vorgeschriebene amtliche Registrierung (überschaubare) Kosten und Aufwand an. Dafür können Sie sich beraten lassen und haben die Sicherheit, dass Ihr letzter Wille juristisch korrekt formuliert ist und tatsächlich beachtet werden muss.

Haben Sie die Erbfolge nicht später privatschriftlich geändert, genügen nach dem Todesfall für die Eintragung eines eingesetzten Erben ins Grundbuch in der Regel das notarielle Testament und die gerichtliche Niederschrift zur Testamentseröffnung. Etwas komplizierter wird es, wenn Sie Ihre Immobilie im Wege eines Vermächtnisses

Gut zu wissen

Rechtssicherheit für Erben schaffen. Auch ein Erbvertrag kann zum Beispiel Erblasser nicht daran hindern, ihre Immobilie zu veräußern und ihr Erbe zu verjubeln. Sicherheit für die Erben schaffen kann da beispielsweise eine Übertragung des Eigentums, die aufschiebend auf den Tod des Erblassers befristet ist. Hier behalten Erblasser die Kontrolle, denn im Grundbuch sind sie weiter als Eigentümer eingetragen. Das Objekt belasten oder verkaufen können sie allerdings nur mit Zustimmung ihres Vertragspartners, wenn für diesen eine Vormerkung im Grundbuch steht.

weitergegeben haben. Dann muss Ihr Erbe sie mit einer notariellen Urkunde an den Vermächtnisnehmer übertragen.

Gemeinsames Testament oder Erbvertrag

Eine Regelung, die sich insbesondere in Form des „Berliner Testaments“ großer Beliebtheit erfreut: Zwei Personen, meist Ehepartner, setzen sich gegenseitig als Erben ein. Ein gemeinsames Testament können nur Ehepartner sowohl privatschriftlich als auch beim Notar verfassen, der Erbvertrag steht jedem offen, muss aber notariell beurkundet werden. Bis zum Tod bleibt die Immobilie im Eigentum des Erblassers, nach dem Tod gelten dieselben Abläufe wie bei einem normalen Testament. Der Überlebende ist dann Erbe, zu seiner Eintragung im Grundbuch braucht er wiederum einen Erbschein oder ein notarielles Testament beziehungsweise den Erbvertrag mit Eröffnungsniederschrift.

Chance und Risiko dieser Form ist aber die Bindung, die hierdurch entstehen kann – oft ohne dass man sich dessen bewusst ist. Wollen Sie später etwas ändern, etwa einen zusätzlichen Erben einfügen, müssen beide Ehegatten mitwirken, beziehungsweise beim Erbvertrag alle Beteiligten des Erbvertrags. Das gilt für viele der wichtigsten Regelungen im Testament. Das heißt in aller Konsequenz aber auch: Wenn ein Vertragspartner verstorben ist, kann der Überlebende alleine gar nichts mehr ändern (siehe „Testament oder Erbvertrag?“, S. 97).

Schenkung mit Rücknahmerecht

Geschenkt ist geschenkt? Nicht, wenn Sie ein freies Rücknahmerecht vereinbaren und das durch Vormerkung im Grundbuch absichern. Dann ist der Begünstigte zwar Eigentümer, verkaufen oder beleihen kann er die Immobilie aber nur, wenn der Schenker zustimmt. Das Rücknahmerecht erlischt mit dem Tod des Schenkers, erst dann ist der Begünstigte uneingeschränkter Eigentümer der Immobilie.

Mithilfe einer Schenkung mit im Grundbuch eingetragenem Rücknahmerecht bleiben Sie vollständig flexibel, denn Sie können die Schenkung widerrufen und dann auch die Immobilie veräußern oder beleihen. Gleichzeitig haben Sie die Sicherheit, dass die oder der Begünstigte die Immobilie nicht beleiht oder veräußert. Und Sie können die Vorteile einer Schenkung ausnutzen – zum Beispiel einen Schenkungssteuerfreibetrag. Wie weit Ihr eigener Spielraum zur Nutzung der Immobilie darüber hinaus eingeschränkt ist, kommt auf die Gestaltung der Schenkung an. Denn auch eine Schenkung mit Rücknahmerecht können Sie mit weiteren Bedingungen und Rechten wie Nießbrauch, Wohnrecht oder Gegenleistungen verbinden.

→ Die Folgen bedenken

Eine Schenkung jederzeit zurücknehmen zu können, klingt vielleicht verlockend. Die Rücknahme könnte aber je nach Gestaltung der Schenkung unangenehme Folgen haben, zum Beispiel, wenn Sie Gegenleistungen vereinbart haben, die der Beschenkte dann zurückfordern kann. Zudem wird der Staat auf die Ausübung des Rücknahmerechts pochen, wenn Sie auf Sozialleistungen angewiesen sind, weil Sie etwa Pflegekosten nicht allein aus dem verbliebenen Vermögen stemmen können.

Schenkung mit Bedingungen

Mit einer Schenkung ohne freies Rücknahmerecht legen Sie in der Regel endgültig fest, wer Ihre Immobilie einmal uneingeschränkt besitzen soll. Denn eine Rückabwicklung ist nur in seltenen Fällen möglich („Die Schenkung widerrufen", S. 83). Zudem können Sie die Immobilie nicht mehr beleihen oder verkaufen. Doch alle anderen Verfügungsrechte können Sie behalten, wie ein Wohnrecht oder Miet- oder Pachteinnahmen. Zusätzlich können Sie Gegenleistungen erhalten: etwa eine Einmal- oder eine Rentenzahlung. Die mindern oft den Wert der Schenkung und sind daher für diejenigen zusätzlich interessant, die Schenkungssteuern mindern oder meiden wollen.

Schenkung ohne Bedingungen

Damit legen Sie endgültig fest, wer Ihre Immobilie haben soll und geben alle Rechte daran auf. Der Begünstigte wird mit der Übertragungsurkunde als neuer Eigentümer im Grundbuch eingetragen und kann nun frei darüber verfügen, inklusive Verkauf, Vermietung, Beleihung und andere Belastungen – oder das Objekt auch weiterverschenken. Eine Rückabwicklung ist nur in seltenen Fällen möglich. Dafür können Sie wie mit jeder frühzeitigen Schenkung ganz bestimmte Personen begünstigen und im Zweifel den Pflichtteil anderer verkleinern und Steuern vermeiden oder mindern.

Alle Lösungsvarianten im Überblick finden Sie auf den Folgeseiten:

Vererben und schenken – der Überblick

Alle Vor- und Nachteile der wichtigsten Formen der Übertragung vor oder nach dem Tod hier noch einmal in einer Übersicht:

Vererben

	Nach BGB	Mit Testament	Mit Erbvertrag
Wer soll begünstigt werden?			
Erbfolge nach BGB mit den gesetzlichen Anteilen	✔	✔	✔
Erbfolge nach BGB mit abweichenden Anteilen	✘	✔	✔
Andere	✘	✔	✔
Welche Rechte soll der Begünstigte wann an Ihrer Immobilie haben?			
Alleinige Eigentumsrechte ohne Erbengemeinschaft nach Ihrem Tod	✘ 1)	✔	✔
Verfügungsrechte vor Ihrem Tod	✘	✘	✘
Sicherheit über Verfügung nach Ihrem Tod	✘	✘	✔ 2)
Wie viel Kontrolle wollen Sie bis zu Ihrem Tod behalten?			
Alle Rechte, auch das zum Verkauf	✔	✔	✔
Nießbrauchrecht	✔	✔	✔
Wohnrecht	✔	✔	✔
Können Sie Ihre Verfügung wieder abändern?			
Ja	–	✔	✔ 3)

	Nach BGB	Mit Testament	Mit Erbvertrag
Wer soll bis zu Ihrem Tod mögliche Einnahmen aus der Immobilie haben?			
Sie	✓	✓	✓
Der Begünstigte	✗	✗	✗
Können Sie jemandem – zum Beispiel Ihrem Ehepartner – Verfügungsrecht nach Ihrem Tod geben?			
Wohnrecht	✗	✓	✓
Nießbrauch	✗	✓	✓
Können Sie andere Leistungen für einen guten Lebensabend erhalten?			
Einmalzahlung	✗	✗	✓
Regelmäßige Geldzahlung	✗	✗	✓
Andere (z. B. Versorgung oder Pflege)	✗	✗	✓
Können Sie mögliche Erbschafts- oder Schenkungssteuer meiden oder mindern?			
Ja	✗	✓	✓
Wollen Sie Pflichtteile minimieren?			
Ja	–	✓	✓

1) Entfällt bei einem Alleinerben.

2) Der Erbe hat die Sicherheit, dass kein anderes Testament mit anderen Verfügungen über die Immobilie oder eine Schenkung der Immobilie an jemand anderes gültig ist. Er ist allerdings nicht davor geschützt, dass der Erblasser sein Vermögen vor dem Tod verbraucht, auch nicht davor, dass die Immobilie verkauft wird.

3) Ein gemeinsames Testament ist einseitig widerrufbar, solange beide Unterzeichner leben. Ein Erbvertrag ist nur dann einseitig widerrufbar, wenn das ausdrücklich im Erbvertrag vorgesehen ist.

Schenken

	Ohne Bedingungen	Mit Nießbrauch / Wohnrecht	Mit sonstigen Gegenleistungen
Wer soll begünstigt werden?			
Erben nach BGB zu den gesetzlichen Anteilen	✔	✔	✔
Erben nach BGB zu abweichenden Anteilen	✔	✔	✔
Andere	✔	✔	✔
Wie viel Sicherheit / Einfluss soll der Begünstigte für Ihre Immobilie haben?			
Sie wollen eine Erbengemeinschaft vermeiden	✔	✔	✔
Verfügungsrechte vor Ihrem Tod	✔	✔ 4)	✔
Sicherheit über Verfügung nach Ihrem Tod	✔	✔	✔
Wie viel Kontrolle wollen Sie bis zu Ihrem Tod behalten? [5)]			
Alle Rechte, auch das zum Verkauf	✘	✘	✘
Nießbrauchrechte	✘	✔ 5)	✘
Wohnrecht	✘	✔ 6)	✘
Können Sie Ihre Verfügung wieder abändern?			
Ja	✘	✘	✘

	Ohne Bedingungen	Mit Nießbrauch/Wohnrecht	Mit sonstigen Gegenleistungen
Wer soll bis zu Ihrem Tod mögliche Einnahmen aus der Immobilie haben?			
Sie	✗	✓	✗
Der Begünstigte	✓	✗	✓
Können Sie jemandem – zum Beispiel Ihrem Ehepartner – Verfügungsrecht nach Ihrem Tod geben?			
Wohnrecht	✗	✓	✓
Nießbrauch	✗	✓	✓
Können Sie andere Leistungen für einen guten Lebensabend erhalten?			
Einmalzahlung	✗	✓	✓
Regelmäßige Geldzahlung	✗	✓	✓
Andere (z. B. Versorgung oder Pflege)	✗	✓	✓
Wollen Sie mögliche Erbschafts- oder Schenkungssteuer vermeiden oder mindern?			
Ja	✓	✓	✓
Wollen Sie Pflichtteile minimieren?			
Ja	✓	✓ 7)	✓

4) Der Beschenkte kann die Immobilie auch dann beleihen oder verkaufen, wenn ein Nießbrauch eingetragen ist. Der Nießbrauch oder das Wohnrecht wird den Erlös aber drastisch mindern.

5) Kontroll- oder Änderungsrechte sind indirekt über ein Rücknahmerecht möglich (siehe „Die Schenkung widerrufen", S. 83).

6) Schenkungen mit Nießbrauch oder Wohnrecht können problematisch sein: Sie werden bei den Berechnungen der Pflichtteile nach dem Todesfall auch zehn Jahre nach der Schenkung noch angerechnet (siehe „Nießbrauch und Wohnrecht", S. 68).

7) Aber: Nießbrauch lässt Pflichtteilsergänzungsanspruch bestehen.

Immobilien verschenken

Ein Haus oder eine Wohnung schon zu Lebzeiten an Ihre Angehörigen übertragen? Mit der passenden Vertragsgestaltung können Sie viele Ihrer Vorstellungen und Bedürfnisse verwirklichen. Und Ihre Erben können oft Steuern in erheblichem Ausmaß sparen.

„Schenken heißt, einem etwas geben, was man am liebsten selbst behalten möchte." Dieses Zitat der schwedischen Schriftstellerin Selma Lagerlöf beschreibt vermutlich recht treffend Ihre Gefühlslage, wenn Sie über eine Schenkung von Grundbesitz an Ihre Kinder oder an andere Personen nachdenken.

Die gute Nachricht: Selbst wenn Sie Ihre Immobilie, ob selbst genutzt oder vermietet, zu Lebzeiten überschreiben, muss das nicht unbedingt bedeuten, dass Sie sich vollständig von ihr trennen. Denn es gibt vielfältige Möglichkeiten, den Schenkungsvertrag so zu gestalten, dass Sie Ihre Immobilie nicht ganz aus der Hand geben und damit sogar Einkünfte erzielen können, die Sie möglicherweise im Ruhestand zur Sicherung Ihres Lebensstandards benötigen.

Zum Selbsttest, ob Sie zu einer Übertragung der Immobilie zu Lebzeiten bereit sind, sollten Sie sich folgende Frage stellen: „Möchte ich die Möglichkeit behalten, die Immobilie selbst zu verkaufen beziehungsweise für einen Kredit zu beleihen?" Wenn ja, dann scheidet die Übertragung wahrscheinlich aus, wenn nein, können Ihre Interessen in der Regel auch bei einer Übertragung gewahrt werden. Im ersten Kapitel haben wir bereits einige Motive beschrieben, die eine Schenkung überlegenswert machen. In diesem Kapitel informieren wir Sie detailliert darüber,

- **welche Vor- und Nachteile** eine Schenkung hat,
- **wie Sie die steuerlichen** Vorteile einer Schenkung am besten nutzen können,
- **welche Möglichkeiten** es gibt, teilweise die Kontrolle über Ihre Immobilie zu behalten,
- **welche Gegenleistungen** Sie mit der Schenkung verbinden können und
- **wann Sie eine Rückabwicklung** der Überlassung verlangen können.

Schenkung ist nicht gleich Schenkung

Wenn wir hier über Schenkung schreiben, ist das allerdings nicht immer ganz korrekt. Laut Gesetz bedeutet Schenkung eine unentgeltliche Zuwendung, durch die jemand aus seinem Vermögen einen anderen bereichert. Sobald eine Gegenleistung vereinbart wird, etwa in Form einer Leibrente oder eines Wohnrechts, verwenden Juristen den Begriff Überlassung. Dazu zählen Übertragungen aller Art, die zu Lebzeiten und nicht per Erbschaft „von Todes wegen" erfolgen. Um Sie nicht zu verwirren, verwenden wir die Begriffe Schenkung, Überlassung und Übertragung in diesem Buch synonym.

Wie läuft eine Schenkung ab?

Wenn Sie Ihren Kindern, Ihrem Partner oder einem Neffen einen Computer oder ein Smartphone schenken möchten, geht das ganz einfach: Sie übergeben das Geschenk formlos, der Empfänger freut sich hoffentlich, und damit ist der Eigentümerwechsel vollzogen.

Bei der Schenkung von Grundstücken – bebaut und unbebaut – reicht es nicht, dass Sie beispielsweise Ihrer Tochter sagen: „Die Eigentumswohnung in Frankfurt gehört ab sofort dir. Die bekommst du von mir zum erfolgreichen Studienabschluss. Hier ist der Schlüssel."

Jeder Vertrag, der die Übertragung von Immobilieneigentum zum Inhalt hat, muss notariell beurkundet werden. Das Eigentum geht erst an den Erwerber über, wenn er als Eigentümer im Grundbuch eingetragen ist. Im Grundbuch sind die wichtigsten Daten zur Immobilie enthalten: Gemarkung, Flurstück, Grundstücksgröße und Belastungen wie Hypothekendarlehen. Auch Rechte des Schenkers, zum Beispiel Nießbrauch oder Wohnungsrecht, müssen eingetragen werden, um wirksam zu sein. All das geht nur über eine Notarin oder einen Notar.

Notare verfassen jedoch nicht nur nach Ihren Angaben den Überlassungsvertrag, sondern sie beraten Sie persönlich vor und während der Beurkundung. Diesen Service, der in den Notargebühren enthalten ist, sollten Sie auf alle Fälle nutzen. Denn jede Schenkung ist individuell, kein Übertrag ist

Checkliste

Was spricht für, was gegen eine Schenkung?

Mögliche Vorteile

- ☐ **Kindern oder anderen** Angehörigen eine Freude bereiten und ihre Familien unterstützen
- ☐ **Die Freibeträge** bei der Schenkungssteuer alle zehn Jahre neu nutzen und dadurch den Angehörigen bei großen Immobilienvermögen erheblich Steuern sparen helfen
- ☐ **Den Beschenkten** finanzielle und rechtliche Sicherheit geben
- ☐ **Streit innerhalb** der Familie vermeiden durch einvernehmliche Abwicklung mit den Erbberechtigten zu Lebzeiten
- ☐ **Den Pflichtteilsanspruch** ungeliebter Erben verringern oder ganz vermeiden
- ☐ **Projekte wie** gemeinsames Wohnen mehrerer Generationen unter einem Dach verwirklichen
- ☐ **Etwaigen Zugriff** des Sozialamts auf das eigene Vermögen vermeiden
- ☐ **Zusatzeinkommen** durch Gegenleistungen sicherstellen
- ☐ **Pflegeleistungen** und andere häusliche Dienste durch die Beschenkten sicherstellen

Mögliche Nachteile

- ☐ **Ein Großteil** des eigenen Vermögens geht in andere Hände über, da es oft in Immobilien steckt
- ☐ **Völlige Kontrolle** über das Haus oder die Wohnung geht verloren
- ☐ **Finanzielle Sicherheit** im Alter kann gefährdet sein, wenn sie auf Immobilien gebaut ist
- ☐ **Streitpotenzial** in der Familie kann entstehen, wenn Angehörige unterschiedlich von der Schenkung profitieren
- ☐ **Es gibt nur wenige** gesetzliche Möglichkeiten, die Schenkung rückgängig zu machen

exakt so wie ein anderer. Beraten lassen können Sie sich zusätzlich von spezialisierten Anwälten und Steuerberatern. Allerdings entstehen dadurch weitere Kosten (siehe „Kosten und Gebühren", S. 166).

Notare unterstützen Sie dabei, Ihre Vorstellungen umzusetzen und im Rahmen der gesetzlichen Möglichkeiten das Beste für Sie und die Beschenkten vertraglich zu fixieren. Die eigenen vier Wände oder ein vermietetes Objekt zu Lebzeiten zu verschenken, will gut überlegt sein. Denn eine Überlassung ist mit gravierenden wirtschaftlichen Folgen, vor allem für den Schenker, aber auch für den Beschenkten, verbunden. Üblicherweise erhalten Sie vor der Beurkundung vom Notariat einen Vertragsentwurf. Überprüfen Sie ihn in Ruhe und sprechen Sie ihn auch bei Bedarf mit anderen Beratern oder den Familienangehörigen durch.

→ Expertentipp

Versuchen Sie nicht, im Beratungsgespräch mit juristischen Begriffen zu erklären, was Sie wollen, sondern mit eigenen Worten, dafür aber so präzise wie möglich.

Sagen Sie dem Notar also nicht, Sie wollen ein Wohnungsrecht, einen Nießbrauch oder eine Reallast, sondern beschreiben Sie so konkret wie möglich die Lösung, die Sie anstreben. Oder anders formuliert: Geben Sie ihm das Ziel, aber nicht den Weg dorthin vor. Sagen Sie also beispielsweise:

- **Ich will** die ganze Immobilie wie bisher ohne Einschränkungen nutzen können.
- **Ich kümmere** mich weiterhin wie bisher allein um die Immobilie.
- **Ich will** die Immobilie auch vermieten können oder:
- **Ich will** weiter folgenden Teil der Immobilie selbst bewohnen und benutzen: die abgeschlossene Wohnung im Obergeschoss samt Balkon, die Garage im Haus, den (im Lageplan eingezeichneten) Kellerraum, das Gemüsebeet; Speicher und Garten will ich mitbenutzen.
- **Ich will** jeden Monat 300 Euro erhalten.
- **Ich will** im Haus gepflegt werden.
- **Ich will** das Haus Lars und Marta schenken. Jeder soll einen Teil bekommen.

Mit diesen Informationen lassen sich Missverständnisse vermeiden, und im Notarvertrag steht dann wirklich das, was Ihren Vorstellungen und Zielen entspricht.

Bei der Beurkundung muss Ihnen der Notar den Vertragsentwurf vollständig vorlesen. Dabei erklärt er Ihnen den Inhalt und arbeitet, falls erforderlich, noch Änderungswünsche in den Vertragstext ein. Mit Ihrer Unterschrift stimmen Sie dem Vertrag zu. Nach der Beurkundung verschickt der Notar Abschriften an das Grundbuchamt, das Finanzamt und die am Vertrag beteiligten Personen, besorgt gegebenenfalls Genehmigungen und Erklärungen, die zum Vollzug erforderlich sind, und beantragt die notwendigen Eintragungen im Grundbuch.

Die Steuer klein halten

Steuern sparen will gelernt sein – besonders bei der Schenkungssteuer. Denn dort gibt es zahlreiche Möglichkeiten, aber auch so manchen Fallstrick.

Die Steuer ist ein Hauptgrund für viele Immobilienbesitzer, sich mit dem Thema Schenkung zu Lebzeiten zu befassen. Denn durch kluge Übertragung von Häusern, Wohnungen oder Grundstücken können Beschenkte bei großen Immobilienvermögen Steuern in erheblichem Ausmaß sparen. Dies gilt, obwohl die gesetzlichen Regeln zur Erbschafts- und Schenkungssteuer weitgehend gleich sind. Das erkennt man daran, dass beide in einem Gesetz verpackt sind, dem Erbschaftsteuer- und Schenkungsteuergesetz (ErbStG). Der Staat betrachtet Schenkungen als vorgezogenen Erbfall und setzt deshalb beim Übertrag zu Lebzeiten die gleichen Steuertarife und Freibeträge an wie bei der Erbschaft.

Wie hoch die Schenkungssteuer ausfällt, hängt von zwei Faktoren ab: dem Verwandtschaftsgrad des Beschenkten zum Schenker und dem Wert der Überlassung. Insofern gibt es eigentlich keinen Unterschied zur Erbschaftssteuer – mit einer gravierenden Ausnahme: Bei Schenkungen entsteht alle zehn Jahre ein neuer Anspruch auf die Freibeträge, bei der Erbschaft gibt es den Freibetrag, bis zu dem keine Steuern anfallen, nur einmal. Bei größeren Immobilienvermögen können so durch Schenkungen auf Raten die Freibeträge mehrmals genutzt werden, sodass insgesamt beachtliche Vermögen steuerschonend verschenkt werden können. Wie hoch die Freibeträge und die Steuersätze genau sind, erfahren Sie im Kapitel „Steuern vermeiden“ ab S. 129.

Da der Steuerfreibetrag bei Ehegatten und eingetragenen Lebenspartnern immerhin 500 000 Euro und bei Kindern, Stief- und Adoptivkindern sowie Kindern verstorbener Kinder pro Elternteil 400 000 Euro beträgt, kommen steuerliche Vorteile einer Immobilienschenkung an diese engen Verwandten nur dann zum Tragen, wenn der Wert des Grundbesitzes sehr hoch ist.

In den Ballungsgebieten wie München, Frankfurt oder Stuttgart werden diese Freibeträge zwar relativ schnell überschritten, im ländlichen Raum, insbesondere in Ostdeutschland, dagegen liegen die Immobilienwerte in vielen Fällen unterhalb der Freibeträge. Bevor Sie über eine vorwiegend steuerlich motivierte Schenkung entscheiden, sollten Sie deshalb genau nachrechnen, ob Sie damit tatsächlich einen Steuervorteil erzielen – und wie hoch er bestenfalls in etwa ausfallen wird.

Anhand von Beispielen zeigen wir Ihnen, wann Schenkungen steuerlich besonders sinnvoll sind und wie sie sich auswirken.

Schenkung in Etappen

Angenommen, Paul besitzt in München eine große Penthouse-Wohnung im Wert von 1,2 Millionen Euro. Die will er seinem einzigen Sohn Peter vermachen. Würde der sie erst nach seinem Tod erben, wäre der Großteil, 800 000 Euro (1,2 Millionen minus 400 000 Euro Freibetrag) steuerpflichtig. Da er als Pauls Kind in Steuerklasse I fällt, müsste er 19 Prozent Erbschaftssteuer abführen, also 152 000 Euro (siehe die Tabellen „Freibeträge", S. 131 und „Steuersätze", S. 132.)

Mit einer klugen Aneinanderreihung von Schenkungen im Zehnjahresabstand könnte die Steuerlast deutlich verringert oder ganz vermieden werden: Würde Paul seinem Sohn an seinem 55. Geburtstag ein Drittel der Wohnung im Wert von 400 000 Euro schenken, nach seinem 65. Geburtstag und nach seinem 75. Geburtstag jeweils ein weiteres Drittel im Wert von jeweils 400 000 Euro, wären alle drei Schenkungen steuerfrei. Denn der alle zehn Jahre neu geltende Freibetrag von 400 000 Euro wird nicht überschritten. Steuerersparnis durch diese Schenkung in drei Etappen also 152 000 Euro im Vergleich zur Vererbung der gesamten Wohnung nach Pauls Tod.

In diesem Beispiel nehmen wir der Einfachheit halber an, dass sich der Wert der Immobilie in den gut 20 Jahren zwischen erster und dritter Schenkung nicht verändert hat. In Wirklichkeit aber hat der Wert eines Hauses oder einer Wohnung im Lauf der letzten 20 Jahre kräftig zugenommen, besonders in Ballungsgebieten. Tendenziell langfristig steigende Immobilienpreise aber sind ein weiterer Grund, teure Objekte zu Lebzeiten zu verschenken statt sie zu vererben. Selbst bei einem durchschnittlichen jährlichen Preisanstieg von nur 2 Prozent läge der Wert der Immobilie nach 20 Jahren bei fast 1,8 Millionen Euro (exakt 1,783 Millionen), nach 30 Jahren bei knapp 2,2 Millionen Euro (exakt 2,173 Millionen).

„Der zu versteuernde Wert wird reduziert, weil spätere Preissteigerungen der Immobilie nicht erfasst werden.

Wenn bei großen Immobilienvermögen schon frühzeitig mit Schenkungen begonnen wird, lassen sich Steuern deshalb nicht nur durch die mehrfache Ausnutzung der Freibeträge sparen. Zusätzlich wird der zu versteuernde Wert reduziert, weil spätere Preissteigerungen der Immobilie nicht erfasst werden. Um bei unserem Beispiel zu bleiben: Wenn der Wert der Immobilie von jetzt 1,2 Millionen in 20 Jahren auf 1,8 Millionen Euro klettert und diese anschließend komplett verschenkt oder vererbt wird, fallen für Sohn Peter 266 000 Euro

Schenkungs- oder Erbschaftssteuer an. Abzüglich des Freibetrags von 400 000 Euro beläuft sich der steuerpflichtige Teil dann auf 1,4 Millionen Euro (1,8 Millionen minus 400 000 Euro). Bei 19 Prozent Steuersatz macht das eine Steuerschuld von 266 000 Euro. Eine Schenkung in Etappen könnte die Besteuerung drastisch reduzieren oder ganz vermeiden.

Schenkung an Ehegatte oder Lebenspartner

Steuerlich besonders lukrativ kann die Schenkung eines selbst bewohnten Objekts an den Ehegatten oder eingetragenen Lebenspartner sein.

Angenommen, das Eigenheim, das Britta mit ihrem Mann Christian bewohnt, gehört ihr allein. Dann kann sie es ihm steuerfrei schenken. Dabei ist es unerheblich, welchen Wert die Immobilie hat, nach oben sind bei Schenkungen unter Gatten nämlich keine Grenzen gesetzt. Der Schenkungssteuerfreibetrag wird dadurch nicht in Anspruch genommen, bleibt also für andere Überlassungen Brittas an ihren Mann vollkommen unberührt. Christian kann das Haus anschließend sogar jederzeit verkaufen, ohne dass Steuern fällig werden. Für den Beschenkten gibt es keinerlei gesetzliche Sperrfristen hinsichtlich der weiteren Verwendung des überschriebenen Vermögens. Vorsichtshalber sollte man allerdings eine gewisse Zeit verstreichen lassen, bevor das Objekt verkauft oder weitergeschenkt wird.

Diese Regelung bei einer Schenkung des Eigenheims ist ein großer Vorteil gegenüber der Vererbung. Denn im Erbfall muss der Partner mindestens zehn Jahre selbst dort wohnen bleiben, um Erbschaftssteuer zu vermeiden. Die steuerfreie Überschreibung einer selbst genutzten Immobilie an Ehe- oder Lebenspartner lässt sich auch für weitere Steuersparmöglichkeiten nutzen.

Schenkung über Umwege

Manchmal führen Umwege schneller ans Ziel als der gerade Weg – beim Verschenken

---

Grunderwerbssteuer fällt bei Schenkungen und beim Vererben nicht an – anders als bei einem Kauf von Immobilien. Eine Ausnahme kann es nur geben, wenn die Beschenkten nicht in direkter Linie mit dem Schenker verwandt sind, also etwa bei Geschwistern, Nichten oder Neffen. Wird bei solchen Schenkungen eine Gegenleistung vereinbart wie Nießbrauch oder eine Rente, ist dafür anteilig Grunderwerbssteuer zu zahlen. Je nach Bundesland sind das bis zu 6,5 Prozent des steuerlichen Werts.

von Immobilien kann das besonders ausgeprägt sein. Bleiben wir bei Britta und Christian. Britta will ihr Eigenheim im Wert von 1,2 Millionen Euro, das komplett ihr gehört, ihrem gemeinsamen Sohn Max schenken. Würde Britta ihm das Objekt direkt überschreiben, wären stolze 800 000 Euro steuerpflichtig (1,2 Millionen minus Freibetrag von 400 000 Euro). Bei einem Steuertarif von 19 Prozent müsste Max 152 000 Euro Schenkungssteuer bezahlen.

Mit einem kleinen Umweg lässt sich dieser Betrag stark verringern: Wenn Britta zuerst ihrem Mann Christian die Hälfte ihres Objekts schenkt – völlig steuerfrei, wie beschrieben – und dann jeder von ihnen seinen Anteil von je 600 000 Euro nach einer gewissen Schamfrist an Max überschreibt, sind für den Sohn nur zweimal 200 000 Euro steuerpflichtig (jeweils 600 000 Euro minus 400 000 Euro Freibetrag). Da der Steuersatz bei diesen Beträgen mit nur 11 Prozent deutlich kleiner ist, muss Max zweimal 22 000 Euro, insgesamt 44 000 Euro Schenkungssteuer bezahlen. Das ist lediglich gut ein Drittel der Summe ohne Umweg. Die Ersparnis beträgt 108 000 Euro.

Eine Generation überspringen

In manchen Fällen kann es aus steuerlicher Sicht sinnvoller sein, eine Immobilie Enkeln zu schenken statt der Tochter oder dem Sohn. Das gilt vor allem dann, wenn das Kind selbst über Grundvermögen verfügt und deshalb das Eigenheim oder die Eigentumswohnung nicht selbst benötigt. Bei der Schenkung von Generation zu Generation fällt womöglich zweimal Schenkungssteuer an, beim Übergang beispielsweise vom Vater auf die Tochter und dann von der Tochter auf deren Kind. Wenn eine Generation bei der Schenkung übersprungen wird, entsteht nur einmal ein steuerpflichtiger Übergang. Allerdings ist der Freibetrag von Enkeln, deren Eltern noch leben, mit 200 000 Euro nur halb so hoch wie der von Kindern der Schenkenden. Hier gilt es deshalb, genau nachzurechnen und die Überlassung eventuell mit einem Nießbrauch- oder Wohnungsrecht zu verknüpfen, das den steuerpflichtigen Wert der Immobilie mindert. Ausführliche Informationen dazu finden Sie im nächsten Unterkapitel.

Eine Generation zu überspringen kann sich steuerlich auch dann lohnen, wenn Immobilien, die eigentlich an Geschwister verschenkt oder vererbt werden sollen, direkt an deren Kinder, also Nichten oder Neffen des Schenkenden, übertragen werden. Dadurch wird nur ein steuerpflichtiger Vorgang geschaffen statt sonst zwei, der persönliche Freibetrag wird also nur einmal in Anspruch genommen. Sowohl für Geschwister als auch für Nichten und Neffen beträgt der Freibetrag gerade mal 20 000 Euro. Bei Schenkungen an Nichten und Neffen macht sich frühzeitiges Schenken – am besten in Etappen – besonders bezahlt, da dann der relativ niedrige Freibetrag mehrmals ausgenutzt werden kann.

Mietobjekte verschenken

Bei Mietobjekten gilt es, einige Punkte zu beachten. Auch aus steuerlicher Sicht kann beim Übertrag Vorsicht geboten sein.

Der Kauf von Mietwohnungen und -häusern als Kapitalanlage hat in den vergangenen Jahren spürbar zugenommen. Allein im Zeitraum von 2011 bis 2019 hat sich die Zahl der Privathaushalte, die Wohnungen vermieten, um über eine Million auf fast 5,2 Millionen erhöht. Immer mehr Mietobjekte werden deshalb künftig verschenkt oder vererbt.

→ Nur 90 Prozent des Verkehrswerts werden besteuert

Wenn Mietobjekte verschenkt werden, gelten die gleichen Freibeträge wie bei selbst genutzten Häusern und Wohnungen. Allerdings werden bei zu Wohnzwecken vermieteten Objekten nur 90 Prozent des Verkehrswerts als Besteuerungsgrundlage für die Schenkungssteuer angesetzt. Bei einer Immobilie im Wert von beispielsweise 500 000 Euro reduziert sich also der steuerlich maßgebliche Wert auf 450 000 Euro.

Nicht vergessen werden dürfen bei einer Schenkung vermieteter Wohnobjekte jedoch die Auswirkungen auf die Einkommensteuer. Die Miet- und sonstigen Einnahmen aus der Immobilie müssen als Einkünfte aus Vermietung und Verpachtung versteuert werden, abzüglich der Werbungskosten wie Schuldzinsen sowie Abschreibungen.

Mit der Schenkung gehen die Mieteinnahmen und damit die Steuerpflicht auf die beschenkte Person über, wenn im Vertrag nichts anderes vereinbart wird. Das bedeutet aber auch, dass die Beschenkten diese Mieteinnahmen in ihrer Einkommensteuererklärung angeben und versteuern müssen. So kann es dazu kommen, dass der neue Eigentümer wesentlich mehr Steuern bezahlen muss als der alte.

Das ist vor allem dann der Fall, wenn Schenker nicht mehr im Berufsleben stehen und ihr Einkommenssteuersatz deshalb deutlich niedriger ausfällt als bei einem oder einer gut verdienenden Beschenkten.

Dieses Problem lässt sich vermeiden, wenn im Schenkungsvertrag ein Nießbrauch vereinbart und im Grundbuch eingetragen wird. Näheres dazu finden Sie unter „Nießbrauch und Wohnrecht", ab S. 68. Dann bleiben Schenker wirtschaftliche Eigentümer und kommen weiterhin in den Genuss der Mieteinnahmen, die sie wie bisher versteuern müssen.

Ein Haus teilen oder an mehr als eine Person verschenken

Sie möchten Ihr Haus noch nicht ganz weitergeben? Oder an mehrere Kinder? Dann finden Sie hier gute Lösungen.

Wenn Sie Ihr Haus nicht ganz, sondern nur teilweise verschenken wollen oder Sie mehreren Kindern Ihre Immobilie(n) überlassen möchten, bietet sich die Teilung in mehrere Wohnungen an. Das lässt sich bei einem großen Haus unter Umständen verwirklichen, bei einer einzelnen Eigentumswohnung ist das kaum möglich.

Warum geht das nicht? Für eine Teilung müssen die Wohnungen in sich abgeschlossen sein. Um das zu belegen, muss die Baubehörde aufgrund der Grundrisse eine Abgeschlossenheitsbescheinigung ausstellen, und die erteilt sie nur, wenn die Wohnungen tatsächlich eigenständig und abgeschlossen sind.

Selbst wenn eine solche Unterteilung bei einer Eigentumswohnung ausnahmsweise bautechnisch möglich sein sollte, bedarf eine solche Änderung in der Regel der notariell beurkundeten Mitwirkung aller weiteren Wohnungseigentümer der Anlage. Ein solches Einvernehmen gelingt – wenn überhaupt – zumeist nur bei kleinen Wohnungseigentumsanlagen.

Ist die Teilung aufgrund der Größe des Hauses (auch eines Mietshauses) möglich, kann die Schenkerin beispielsweise das Obergeschoss behalten und einem Sohn oder einer Tochter das Erdgeschoss überschreiben. Oder der Eigentümer verschenkt jedem seiner Kinder eine abgeschlossene Wohnung samt anteiligem Grundstück.

Für die Nachkommen hat das den Vorteil, dass sie selbstständig über ihre Wohnung verfügen können. Wird dagegen das Haus als Gesamtobjekt ohne Teilung an die Kinder verschenkt oder vererbt, können sich Probleme ergeben, wenn eines von ihnen auf den Verkauf des Objekts drängt. Das ist nur gemeinsam möglich. Auch falls ein Miteigentümer stirbt oder insolvent wird oder falls sein Anteil zwangsversteigert werden muss, ergeben sich dann gravierende Probleme.

Bei einer Teilung vor der Schenkung lassen sich diese Schwierigkeiten größtenteils vermeiden, weil jeder neue Eigentümer mit seiner Wohnung machen kann, was er oder sie will – verkaufen, verschenken oder vermieten.

Beim Übertrag von Immobilien auf mehrere Personen kommt aber noch eine weitere Lösungsmöglichkeit in Betracht.

Lösung: Gesellschaft gründen

Es ist möglich, Immobilien alternativ an eine Gesellschaft zu übertragen, an der die Personen, die sonst Miteigentümer geworden wären, beteiligt sind. Im privaten Bereich handelt es sich dabei zumeist um eine Gesellschaft bürgerlichen Rechts (GbR), es kommen aber auch Kommanditgesellschaften (KG) oder Kapitalgesellschaften vor. Ohne rechtliche und/oder steuerliche Expertise werden Sie hier kaum die passende Lösung finden. Es kann sich jedoch lohnen, darüber nachzudenken, denn der Erwerb durch eine Gesellschaft hat einige Vorteile:

1. **Mehr Einfluss möglich.** Sie als Schenker können an der Gesellschaft beteiligt sein und sich maßgeblichen Einfluss sichern. Sie können verhindern, dass Anteile verkauft und belastet werden, und allein die Verwaltung als Geschäftsführer der Gesellschaft betreiben. Sie können so auch einzelnen Nachfolgern eine starke Stellung verschaffen.
2. **Formlos übertragen.** Die Übertragung von Anteilen an GbR oder KG zwischen den Gesellschaftern ist formlos möglich – sogar ohne Grunderwerbssteuer auszulösen, solange eine bestimmte Grenze nicht überschritten wird: Es dürfen nach geltendem Recht allerdings nur weniger als 90 Prozent der Anteile den Inhaber wechseln, damit die Anteilsverschiebung grunderwerbssteuerfrei bleibt. Dies kann vor allem bei nachträglichen Anteilsverschiebungen zwischen Geschwistern vorteilhaft sein. Zu beachten sind jedoch die bei Schenkungen zwischen Geschwistern geringen Schenkungssteuerfreibeträge. Unter Umständen kommt daher ein Verkauf untereinander in Betracht, um zumindest die Grunderwerbssteuer zu sparen.
3. **Stärkerer Schutz.** Die Gesellschaften bieten einen stärkeren Schutz vor dem Zugriff von Gläubigern oder Insolvenzverwaltern als der Miteigentumsanteil.
4. **Geordnetes Miteinander.** Ein Gesellschaftsvertrag kann ein dauerhaftes und geordnetes Miteinander auch vieler Beteiligter ermöglichen.
5. **Flexible Zuordnung.** Auch Erträge können flexibel zugeordnet werden.

Ab 2024 muss eine Immobilien-GbR ins Gesellschaftsregister eingetragen werden.

→ Bei großen Vermögen

Die Immobilien GmbH & Co. KG ist in der Gestaltungspraxis häufig, sie verursacht allerdings hohe Folgekosten, denn es müssen Bilanzen und separate Steuererklärungen erstellt werden. Klar ist daher, dass solche Konstruktionen meist auf Dauer steuer- und gesellschaftsrechtliche Begleitung von Profis benötigen. Sie sind vor allem bei größeren Vermögen mit mehreren Immobilien interessant.

Immobilien mit Schulden

Wenn eine Immobilie noch mit Krediten belastet ist, sollten Sie im Schenkungsvertrag eindeutig vereinbaren, wer künftig die Kreditkosten trägt.

Wenn ein Haus oder eine Wohnung verschenkt wird, kommt es vor, dass Kredite, die dafür aufgenommen wurden, noch nicht abbezahlt sind. Der Beschenkte kann diese Kredite – zum Beispiel Hypotheken- und Bauspardarlehen – übernehmen, entweder intern, indem er künftig die Zins- und Tilgungszahlungen anstelle des Schenkers leistet, ohne dass sich an den Verträgen mit der Bank etwas ändert, oder auch extern, also durch Übernahme des Kreditvertrags mit dem Finanzinstitut oder durch dessen Ablösung. Allerdings ist es dazu erforderlich, dass die Bank der Schuldübernahme zustimmt. Das macht sie in der Regel abhängig von der Kreditwürdigkeit des Erwerbers, also beispielsweise von regelmäßigen Einkünften oder der Bonitätseinstufung bei der Kreditauskunftei Schufa.

Egal ob Kreditübernahme oder Ablösung, es entstehen in der Regel Kosten bei der Bank für die Änderung oder Vertragsauflösung. Wird der Kredit abgelöst und mit einem Darlehen eines anderen Finanzinstituts ersetzt, muss die alte Grundschuld gelöscht und die neue eingetragen werden oder sie muss an das neue Kreditinstitut abgetreten werden. Löschung und Neueintrag oder die Abtretung kosten Gebühren, die entfallen, wenn der alte Kredit wie gehabt bestehen bleibt.

Möglich ist auch, dass die Schenker weiterhin Kreditnehmer bleiben. Das bietet sich vor allem dann an, wenn Beschenkte über keine eigenen Einkünfte verfügen – beispielsweise, weil sie sich noch in Ausbildung befinden. Es ist außerdem die Regel, wenn Schenker sich den Nießbrauch (siehe „Nießbrauch“ ab S. 68) vorbehalten, da ihnen dann auch die Vorteile (Eigennutzung oder Mieteinnahmen) verbleiben. In diesem Fall muss aber geregelt werden, was mit Schulden geschieht, die beim Tod der Schenker noch nicht getilgt sind, da es ansonsten passieren kann, dass die Immobilie ohne Nießbrauch (dieses Recht erlischt zwingend mit dem Tod) beim Beschenkten ist, die Schulden aber auf die Erben übergehen, die nichts von der Immobilie haben.

Schulden können bei einer Schenkung durchaus positive Effekte haben: Sie werden vom Verkehrswert der Immobilie abgezogen, der für die Schenkungssteuer maßgeblich ist. Dadurch kann unter Umständen der Wert eines Objekts, das schuldenfrei der Schenkungssteuer unterliegen

würde, unter die Freibeträge fallen und damit steuerfrei übertragen werden.
Beispiel: Eva will ihr Haus mit einem Verkehrswert von 550 000 Euro Tochter Anna schenken. Anna hat einen Freibetrag von 400 000 Euro und müsste 11 Prozent Schenkungssteuer auf 150 000 Euro zahlen, also 16 500 Euro. Wenn Anna im Gegenzug Immobilienkredite von angenommen 170 000 Euro übernimmt, werden diese vom Wert des Hauses abgezogen. Der beträgt dann nur 380 000 Euro. Es fällt keine Steuer an.

Schenkung und Pflichtteil

Bei einer Schenkung haben Sie mehr Möglichkeiten als beim Vererben, um Ihr Immobilienvermögen nach Ihren Vorstellungen weiterzugeben – und Pflichtteilsberechtigte auszubremsen.

Schenkungen bieten Erblassern die große Chance, ihr Vermögen weitgehend nach ihren Wünschen zu verteilen. Die Vererbung schränkt diese Freiheit dagegen deutlich ein. Der Hauptgrund ist der Pflichtteil, auf den im Erbfall nahe Angehörige einen Anspruch haben (siehe „Wer hat Anspruch auf einen Pflichtteil?“, S. 20).
Beispiel: Konrad ist Witwer und besitzt ein Vermögen von 500 000 Euro, davon sind 400 000 Euro Immobilienbesitz in Form einer Eigentumswohnung. Wenn er stirbt und kein Testament hinterlassen hat, bekommen seine beiden Kinder Elsa und Jakob jeweils die Hälfte als gesetzlichen Erbteil, jeder also 250 000 Euro. Konrad möchte aber nicht, dass Jakob etwas erbt, denn er ist seit Jahren mit ihm zerstritten.

Der Pflichtteil beträgt grundsätzlich die Hälfte des gesetzlichen Erbteils, in Jakobs Fall ein Viertel des Gesamtvermögens, also 125 000 Euro. Diese Mindestbeteiligung kann Konrad durch ein Testament nicht reduzieren. Aber er kann durch Schenkung zu Lebzeiten das Vermögen so abschmelzen, dass nach seinem Tod der Pflichtteil wesentlich geringer wird.

Wenn Konrad seine Eigentumswohnung mindestens zehn Jahre vor seinem Tod an seine Tochter Elsa verschenkt, zählen diese 400 000 Euro später nicht mehr zum Erbe. Es bleiben also, sofern sich bis zu seinem Tod die Vermögenslage nicht verändert, 100 000 Euro übrig. Wenn Konrad im Testament alles seiner Tochter vermacht, steht Jakob zwar trotzdem noch der Pflichtteil zu – in diesem Fall aber nur noch 25 000 Euro (die Hälfte des gesetzlichen Erbteils von 50 000 Euro). Das sind also 100 000 Euro weniger als er mindestens bekommen würde, wenn das Vermögen des Vaters erst im Erbfall verteilt wird.

Was aber passiert, wenn Konrad schon vor Ablauf der Zehnjahresfrist verstirbt, angenommen nach zweieinhalb Jahren? Dann beträgt Jakobs Pflichtteil mehr als die 25 000 Euro. Denn dem Nachlass hinzugerechnet werden per Gesetz alle Schenkungen, die weniger als zehn Jahre vor dem Tod geleistet worden sind.

Jakob kann einen sogenannten Pflichtteilsergänzungsanspruch geltend machen. Allerdings wird bei dessen Berechnung nicht die gesamte Schenkung an Elsa berücksichtigt, sondern nur ein Teil davon. Wie viel es ist, hat der Gesetzgeber in der Pflichtteilsreform von 2010 mit einem Abschmelzungsmodell genau festgelegt. Je länger die Schenkung her ist, desto geringer ist der Anteil, der nach der „Pro-rata-Regelung" angerechnet wird (siehe Tabelle „So schmilzt der Anspruch ab", S. 59).

Da Konrad die Immobilie im dritten Jahr vor dem Erbfall an Elsa verschenkt hat, sind es laut Tabelle 80 Prozent des Verkehrswerts von 400 000 Euro – also 320 000 Euro. Insgesamt hat Jakob damit Anspruch auf einen Pflichtteil von 105 000 Euro (ein Viertel von 420 000 Euro, die sich aus den 100 000 Euro Nachlass und den 320 000 Euro Schenkungsanteil berechnen). Er stellt sich damit also um 80 000 Euro besser als ohne Pflichtteilsergänzungsanspruch. Als Stichtag für die Schenkung der Immobilie an Elsa gilt der Tag, an dem die Umschreibung im Grundbuch vollzogen wird und nicht der Notartermin, an dem die Schenkung vertraglich fixiert wurde.

Selbst wenn Konrad seinen Sohn in seinem Testament nicht ganz enterbt, sondern mit beispielsweise 30 000 Euro bedacht hätte, hat Jakob einen Pflichtteilsergänzungsanspruch. Er kann ihn geltend machen, weil ihm weniger hinterlassen worden ist als es seinem Pflichtteil entspricht.

Die 105 000 Euro, die Jakob in unserem Beispiel als Pflichtteil und Pflichtteilsergänzung zustehen, kann er von seiner Schwester Elsa als Geldbetrag verlangen. Denn als Erbin ist sie die Schuldnerin des Pflichtteilsergänzungsanspruchs.

Fallstricke bei der Reduzierung des Pflichtteils

Bevor Sie zur Tat schreiten und eine Schenkung Ihrer Immobilie veranlassen, um den Pflichtteil von Erben zu reduzieren, sollten Sie prüfen, ob nicht weitere mögliche Hindernisse eher dagegen sprechen:

Wenn im Schenkungsvertrag vereinbart wird, dass der Schenkende die Immobilie nach der Überlassung wie bisher nutzen darf – also weiter dort wohnen und das Objekt sogar vermieten kann –, sieht der Bundesgerichtshof (BGH) darin ein Ausschlusskriterium für die Reduzierung von

Pflichtteilsansprüchen. Der BGH verlangt, dass der bisherige Eigentümer die Verfügungsgewalt aufgibt, die Übertragung darf nicht nur auf dem Papier (pro forma) erfolgen, sondern der Schenker muss den Verlust spüren. Das ist vor allem beim Einräumen eines Nießbrauchrechts nicht der Fall (siehe „Nießbrauch und Wohnrecht" ab S. 68).

Nicht sicher ist derzeit, wo die Grenze verläuft, wenn sich der Schenker nicht alle Nutzungen, sondern nur einen Teil davon, vorbehält. Der BGH hat immerhin entschieden, dass besagte Zehnjahresfrist anläuft, wenn sich der Schenker ein Wohnrecht für weniger als die Hälfte der Immobilie vorbehält. Es bleiben jedoch zahlreiche Graubereiche, zum Beispiel wenn zusätzlich zum Wohnrecht weitere Vorbehalte gemacht werden (Rente, Pflege, Veräußerungsbeschränkungen), wie ein Quotennießbrauch zu 49 Prozent zu sehen ist, oder was es bedeutet, wenn das Wohnrecht zwar auf dem Papier klein ist, der Schenker aber weiterhin das ganze Haus allein nutzt.

Auf der anderen Seite reduzieren das Nießbrauchs- und das Wohnungsrecht wie auch andere Rechte des Schenkers den Wert der Schenkung. Der Wert der Nutzung wird vom Verkehrswert abgezogen und verringert dadurch (möglicherweise) den Wert des Pflichtteilsergänzungsanspruchs. Wie viel das ausmacht, hängt von der eingesparten (bei vermieteten Immobilien eingenommenen) Nettomiete und dem Alter der schenkenden Person ab.

So schmilzt der Anspruch ab

Liegt eine Schenkung weniger als zehn Jahre zurück, wird sie zumindest anteilig wieder dem Nachlass hinzugerechnet, von dem sich der Pflichtteil berechnet. Je länger eine Schenkung her ist, desto geringer ist der Anteil, der angerechnet wird.

Schenkung erfolgte im ...	Berücksichtigung des Schenkungswerts zu
1. Jahr vor dem Erbfall	100 %
2. Jahr vor dem Erbfall	90 %
3. Jahr vor dem Erbfall	80 %
4. Jahr vor dem Erbfall	70 %
5. Jahr vor dem Erbfall	60 %
6. Jahr vor dem Erbfall	50 %
7. Jahr vor dem Erbfall	40 %
8. Jahr vor dem Erbfall	30 %
9. Jahr vor dem Erbfall	20 %
10. Jahr vor dem Erbfall	10 %
11. Jahr vor dem Erbfall	0 %

Die Pro-rata-Regelung beim Pflichtteilsergänzungsanspruch gilt ausdrücklich nicht für alle Beschenkten: Schenkungen an Ehe- und Lebenspartner sind ausgenommen. Hier beginnt die Zehnjahresfrist nur im Falle einer Auflösung der Partnerschaft zu laufen – bei Ehen mit der Scheidung oder dem Tod des Erblassers.

Stirbt der Schenker früh, kann es also von Vorteil sein, wenn ein umfassender Nießbrauch vereinbart wurde, da so wenigstens der Schenkungswert stark verringert wird. Stirbt er hingegen spät, wäre eine Gestaltung von Vorteil, bei der die Zehnjahresfrist anläuft oder sogar vorbeigeht.

Die Übertragung einer Immobilie sollten Sie in erster Linie an Ihren Bedürfnissen ausrichten und erst in zweiter Linie an der Pflichtteilsoptimierung. Keinesfalls sollten Sie darauf verzichten, Ihr Wohnbedürfnis gut abzusichern. Letztlich lässt sich nicht sicher vorhersagen, wie sich Rechte, die Sie sich vorbehalten, auswirken. Das hängt auch davon ab, welchen Wert die unbelastete Immobilie zum Todeszeitpunkt hat.

Pflichtteilsanspruch und steigende Immobilienpreise

Eine weitere Unwägbarkeit lauert in der Bewertung der verschenkten Immobilie, wenn der Erblasser weniger als zehn Jahre nach der Überlassung verstirbt. Dann gilt für die Berechnung des Pflichtteilsergänzungsanspruchs laut Gesetz das Niederstwertprinzip. Wie wird der Anspruch ermittelt? Der Verkehrswert zum Zeitpunkt der Schenkung wird mit dem Wert zum Zeitpunkt des Erbfalls, also des Todes, verglichen.

Allerdings muss zuvor noch ein Zwischenschritt gemacht werden: Der Verkehrswert der Immobilie zum Zeitpunkt der Schenkung muss auf den Wert hochgerechnet werden, den er im Erbfall aufweist. Das bedeutet, dass der zwischenzeitliche Kaufkraftschwund – landläufig als Inflation bezeichnet – bei der Berechnung des Pflichtteilsergänzungsanspruchs ausgeglichen wird. Dies geschieht, indem der Immobilienwert zum Zeitpunkt der Schenkung mit der Veränderung des Preisindex für die Lebenshaltung, den das Statistische Bundesamt berechnet, bis zum Erbfall multipliziert wird.

Rechenbeispiel: Innerhalb von fünf Jahren bis April 2023 ist der Preisindex um 19,6 Prozent gestiegen. Demnach wäre der Wert der Wohnung von 400 000 Euro zum Zeitpunkt der Schenkung auf 478 400 Euro fünf Jahre danach geklettert. Falls der Verkehrswert im Erbfall höher liegt – wegen der starken Preissteigerungen am Immobilienmarkt zum Beispiel bei 490 000 Euro – werden dennoch „nur" 478 400 Euro als der niedrigere Wert für den Pflichtteilsergänzungsanspruch herangezogen.

Wäre der Verkehrswert dagegen nur auf 450 000 Euro geklettert, würden 450 000 Euro als niedrigerer Wert zur Berechnung des Anspruchs angesetzt. Dies ist aus der Sicht desjenigen, der den Pflichtteilsergänzungsanspruch zahlen muss, dann sehr misslich, wenn der Schenker sich umfassende Nutzungsrechte (Nießbrauch, Wohnungsrecht) vorbehalten hat. Diese dürfen nach der Rechtsprechung des Bundesgerichtshofs vom Wert nur abgezogen werden, wenn der Wert zum Zeitpunkt der Schenkung der niedrigere ist, da diese Rechte zum Zeitpunkt des Todes des Schenkers erlöschen und den späteren Wert somit nicht mindern können.

Vom maßgeblichen Wert abgezogen wird der Anteil der Immobilienschenkung, der nicht dem Pflichtteilsergänzungsanspruch unterliegt. Beim Tod des Erblassers nach angenommen fünfeinhalb Jahren sind das für das sechste Jahr nach dem Abschmelzungsmodell (siehe Tabelle „So schmilzt der Anspruch ab", S. 59) 50 Prozent – es verbleiben damit bei 478 400 Euro indexiertem Verkehrswert 239 200 Euro.

▶ **Das Statistische Bundesamt** berechnet die Verbraucherpreisindizes monatlich, sie können auf seinem Internetportal destatis.de abgerufen werden unter der Rubrik „Verbraucherpreisindizes – Tabellen".

Vereinbarungen zum Pflichtteil treffen

Besser als jede einseitige Regelung, die auf eine Minimierung des Pflichtteils zielt, ist eine einvernehmliche Regelung mit den Pflichtteilsberechtigten, in der festgelegt wird, wer wie viel bekommt und weitergehende Ansprüche ausgeschlossen werden.

Zunächst sollten Sie sich die Frage stellen, ob die beschenkte Person mit dem Geschenk vollständig abgefunden sein soll, oder ob ihr weiterhin Pflichtteilsrechte zustehen sollen, wenn es auch nach Ihrem Tod noch einiges zu verteilen gibt. Es geht also um Ihre Freiheit, das restliche Vermögen nach Ihren Wünschen zu verteilen.

Möchten Sie, dass der oder die Beschenkte mit der Schenkung abgefunden ist, müssen Sie im Schenkungsvertrag einen Pflichtteilsverzicht vereinbaren. Dieser muss zwingend notariell beurkundet werden, kann also keinesfalls irgendwie nebenbei ausgemacht werden. Dabei kann auch geregelt werden, ob der Verzicht nur bestimmte Personen (zum Beispiel Ehegatten und Abkömmlinge) begünstigen soll oder jeden beliebigen Dritten (zum Beispiel, weil der Schenker beabsichtigt, größere Teile seines Vermögens zu spenden oder zu stiften).

Ist die volle Abfindung nicht gewünscht, sollten Sie zumindest vereinbaren, dass die Schenkung auf den Pflichtteil anzurechnen ist. Dem Beschenkten bleibt dann der Pflichtteil, bei der Berechnung seines Anspruchs wird jedoch der Wert des Geschenks vom errechneten Pflichtteil abgezogen. Das kann bei wertvollen Geschenken ebenfalls dazu führen, dass kein Pflichtteil mehr zu zahlen ist. Sie können aber auch genau gegenteilig vereinbaren, dass die Schenkung nicht auf den Pflichtteil anzurechnen ist. Hierdurch bevorzugen Sie den Beschenkten eventuell über die Schenkung hinaus gegenüber weiteren Personen.

Jeder vernünftige Notar wird Sie dazu vergattern, im Schenkungsvertrag eine eindeutige Aussage über das Verhältnis der Schenkung zum Pflichtteil zu machen. Es gibt zwar auch gesetzliche Regelungen, die über eine Pflichtteilsanrechnung entscheiden, wenn im Vertrag dazu nichts ausgesagt ist. Ob deren Ergebnis sich jedoch später mit dem deckt, was die Vertragsparteien angeblich gewollt haben, ist eine ergiebige Quelle für Streitigkeiten, die mit einer eindeutigen Regelung vermieden werden.

→ Tipp: Lassen Sie auch sonstige Schenkungen anrechnen

Immer wieder spricht man mit Eltern, die von einem Kind berichten, dem man in guten Zeiten schon viel gegeben hat. Trotzdem gibt es nun Grund zur Annahme, dass dieses Kind bei ihrem Tod seinen Pflichtteil geltend machen werde. Dabei stehe dem Kind doch gar nichts mehr zu. Häufig ist die rechtliche Auskunft, die Notare dann geben müssen, Grund für große Enttäuschung und Frustration: Um in Streitfällen sicherzustellen, dass der Pflichtteil angerechnet wird, muss man beweisen können, was man dem Kind gegeben hat. Selbst wenn Sie das beweisen können, müssen Sie außerdem beweisen, dass Sie beim Schenken angeordnet haben, dass das Geschenk auf den Pflichtteil anzurechnen ist.

Die Anordnung ist nur entbehrlich bei „Ausstattungen“, also bei Leistungen zur Begründung einer eigenständigen Lebensstellung. Früher war das die Aussteuerkiste zur Hochzeit, heute sind es Geldbeträge für ähnliche Anlässe. Die meisten Leistungen sind jedoch nicht Ausstattung, sondern geschenkt.

Auch wenn es hart klingt: Geldgeschenke an Kinder sollten zwecks Nachweis unbar erfolgen (dann kann man den Kontoauszug aufheben) oder gegen Quittung. Auf der Überweisung oder der Quittung sollte dokumentiert werden, dass „in Anrechnung auf den Pflichtteil“ gezahlt wird. Wichtig: Nachträgliche Regelungen, auch solche im Einvernehmen mit dem Beschenkten, begründen nie eine wirksame Pflichtteilsanrechnung, hier hilft zur Rechtssicherheit nur noch ein notariell beurkundeter – gegebenenfalls partieller – Pflichtteilsverzicht.

Insbesondere dann, wenn im Schenkungsvertrag Ausgleichsregelungen für Geschwister vereinbart werden, sollte auch deren Pflichtteil durch eine Vereinbarung so geregelt werden, dass späterer Streit vermieden wird.

Unproblematisch sind die Fälle, in denen die Geschwister selbst meinen, ausreichend bedacht worden zu sein. In diesen gar nicht so seltenen Fällen werden sie bereit sein, im Schenkungsvertrag oder anlässlich desselben einen notariell beurkundeten Pflichtteilsverzicht zu unterschreiben. Natürlich lässt sich dies mit einer Ausgleichsregelung verknüpfen.

Der Verzicht kann sich auch auf das geschenkte Objekt beschränken, es wird dann nicht auf den Pflichtteil insgesamt, aber auf den Pflichtteilsergänzungsanspruch für das geschenkte Objekt verzichtet. Wenn man weiß, was man will und dies dem Notar auch sagt, sind passenden Regelungen kaum Grenzen gesetzt, solange nur alle Pflichtteilsberechtigten dann die Vereinbarung unterschreiben.

Vorgaben für das, was als Ausgleich zu zahlen oder zu leisten ist, gibt es keine, der Pflichtteil mit allen seinen komplizierten Regelungen gibt aber einen Anhaltspunkt für die Größenordnung, die mit Recht verlangt werden kann.

Ausgleichsregelungen für Schenkungen

Sie wollen Ihre Immobilie an nur einen Nachkommen übertragen? Dann gibt es verschiedene Möglichkeiten, um die übrigen Erben nicht zu kurz kommen zu lassen.

Gerade wenn Sie mehrere Kinder haben und alle möglichst gleich behandeln möchten, stellt sich neben der Frage des Pflichtteils generell die Frage, wie ein fairer Ausgleich erreicht werden kann. Das ist vor allem beim Verschenken oder Vererben eines selbst bewohnten Eigenheims der Fall. An diesen Objekten hängen viele Menschen so sehr, dass sie die Immobilie unbedingt „in einem Stück“ weitergeben wollen. Das klappt in der Regel nur, wenn sie nur ein Nachkomme mit Familie bewohnt. Wird das Haus oder die Wohnung an mehrere Kinder vererbt, ist ein Verkauf dagegen oft unumgänglich, um die Ansprüche aller zu befriedigen.

Wenn die Eltern ihre Schenkungspläne und deren Folgen für alle Nachkommen im „Familienrat" vorstellen, lässt sich leichter ein Konsens erzielen als ohne Information. Dann steigt die Chance, dass sich keiner der Nachkommen überrumpelt fühlt und der Familienfriede gewahrt oder wiederhergestellt wird. Wenn es um größere Vermögen geht – was bei Immobilien üblicherweise der Fall ist –, sollten sich die Erblasser rechtzeitig von einem Anwalt oder Notar über mögliche Ausgleichsregelungen beraten lassen. Denn es gibt viele Alternativen, welche besonders gut passt, hängt von den Vermögens- und Familienverhältnissen ab. Prinzipiell können die Bedingungen für Ausgleichs- oder Abfindungszahlungen im Schenkungsvertrag frei vereinbart werden. Einige mögliche Ausgleichsregelungen:

Selbst ausgleichen

Der Schenker bedenkt diejenigen Nachkommen, die nicht in den Genuss der Immobilienschenkung kommen, selbst mit Ausgleichszahlungen. Angenommen, die Alleinstehende Hannah schenkt ihrer Tochter Lina eine Eigentumswohnung im Wert von 300 000 Euro. Ihr sonstiges Vermögen ist so groß, dass sie den beiden Söhnen Felix und Lukas Wertpapiere im gleichen Betrag überschreiben kann. Alle drei Kinder erhalten also je 300 000 Euro. Sie müssen dafür keine Schenkungssteuer bezahlen, da die Beträge unterhalb der persönlichen Freibeträge von 400 000 Euro je Kind liegen. Denkbar sind auch andere Ausgleichszahlungen – beispielsweise jeweils „nur" 200 000 Euro. Weil freies „mobiles" Vermögen für viele kurz- und mittelfristig einen höheren Stellenwert aufweist als immobiles, also gebundenes Kapital, lässt sich eine derartige Minderung rechtfertigen. Eine geringere Zahlung wird auch dann als gerecht angesehen, wenn das mit der Immobilie bedachte Kind den Eltern als Gegenleistung häusliche Dienste wie Einkaufen oder Waschen erbringt. Auch diese Pflichten sollten im Schenkungsvertrag möglichst genau beschrieben werden.

Die Beschenkten zahlen

Die Beschenkten leisten Ausgleichszahlungen an die potenziellen Miterben. In der Regel sind Eltern nicht so wohlhabend, dass sie den anderen Nachkommen den Wert der Immobilienschenkung ausgleichen können – oder es nicht wollen, weil sie Vermögen für den Ruhestand benötigen. Hier kommen Ausgleichs- oder Gleichstellungszahlungen der neuen Immobilieneigentümer in Betracht. Dann handelt es sich um einen Vertrag zugunsten Dritter. In unserem Beispiel könnte im Schenkungsvertrag mit Lina festgeschrieben werden, dass sie Zahlungen in festgelegter Höhe an Felix und Lukas zu leisten hat. Das können jeweils 100 000 Euro sein, womit alle drei Kinder vom Wert her völlig gleichgestellt wären. Es können aber auch geringere Beträge vereinbart werden, abhängig beispielsweise von Linas finanziellen Möglichkeiten.

Ratenzahlung und Co.

Die Gestaltungsfreiheiten in einem Überlassungsvertrag sind so groß, dass auch andere Regelungen möglich sind, beispielsweise Zahlungen in mehreren Raten oder Abfindungen erst eine gewisse Zeit nach der Schenkung. Wenn die Zahlungen von Lina an Felix und Lukas im Schenkungsvertrag festgeschrieben werden, gelten sie steuerlich als Zuwendungen von Hannah an ihre Kinder, nicht als Zuwendungen von Lina an ihre Geschwister. Das ist entscheidend, weil Kindern ein Freibetrag von 400 000 Euro zusteht, Geschwistern nur von 20 000 Euro. Die Abfindungszahlungen an Felix und Lukas sind damit schenkungssteuerfrei.

→ Grundpfandrecht

Um sicherzustellen, dass die Nachkommen, die nicht mit der Immobilie beschenkt worden sind, später tatsächlich die festgelegten Abfindungen vom neuen Eigentümer erhalten, können Sie die Beträge mit einem Grundpfandrecht am übertragenen Grundstück absichern.

Im Testament berücksichtigen

Wenn Eltern einem Kind eine größere Schenkung wie eine Immobilie zukommen lassen, die einen Großteil ihres Gesamtvermögens ausmacht, gehen sie oft automatisch davon aus, dass damit im Erbfall die Ansprüche des Beschenkten abgegolten sind. Das ist so nicht zutreffend. Wie bereits dargestellt, muss unbedingt geregelt werden, welche Bedeutung das Geschenk für den Pflichtteil hat.

Daneben wird im Schenkungsvertrag vereinbart, ob das Geschenk zwischen gesetzlichen Erben auszugleichen ist. Ausgleich bedeutet hier, dass das Erbe, das beim Tod den gesetzlichen Erben zufällt, so aufzuteilen ist, dass unter Einbezug des Geschenks jeder seinen gesetzlichen Anteil erhält, das heißt, der Beschenkte muss vom Erbe etwas abgeben. Das funktioniert aber nur, wenn ein ausreichendes Erbe vorhanden ist, und es führt wiederum zu der unangenehmen Folge, dass die geschenkte Immobilie im Erbfall bewertet werden muss und außerdem Streit darüber aufkommen kann, wer von den Erben sonst noch wie viel geschenkt bekommen hat. Wird im Schenkungsvertrag nichts geregelt, besteht keine Verpflichtung zum Ausgleich.

Es ist in jedem Fall sinnvoll, nach einer Schenkung die Verteilung des restlichen Erbes im Testament konkret festzulegen. Der Ausgleich kann hier ohne gesetzliche Vorgaben angeordnet werden, einzige Grenze ist der Pflichtteil. Will man den weiteren Kindern den Ausgleich für den Todesfall versprechen, kann dies durch einen Erbvertrag geschehen. Weder die richtige Regelung im Testament noch das Versprechen im Erbvertrag stellen aber sicher, dass beim Tod das Vermögen noch da ist, mit dem der Ausgleich unter den Erben erfolgen soll.

Wenn Beschenkte Sozialleistungen beziehen

Eine Überlassung von Immobilien an Empfänger von Bürgergeld und anderen Hilfen ist problematisch. In der Regel kommen die Beschenkten nicht in den vollen Genuss des Objekts.

Vorsicht bei der Schenkung von Immobilien ist geboten, wenn die Empfänger Sozialleistungen beziehen. Dann greifen nicht nur die Vorschriften des Erb- und Schenkungsrechts, sondern auch die des Sozialrechts. Hier kommt es darauf an, wann die Überlassung erfolgt.

Es ist nicht zu empfehlen, Bürgergeldempfängern, eine Immobilie zu schenken.

Nach dem Sozialgesetzbuch (SGB II) zählt eine Schenkung vor dem Antrag auf Bürgergeld zum Vermögen, erfolgt sie erst während des Bezugs der Sozialleistung dagegen als Einkommen. Diese Unterscheidung ist wichtig: Wird das Wohneigentum als Einkommen gewertet, sind die Beschenkten in der Regel nicht mehr bedürftig, da sie die Immobilie verwerten – verkaufen oder vermieten – und mit den Einnahmen ihren Lebensunterhalt bestreiten können. Voraussetzung: Die Immobilie ist verwertbar.

Es ist nicht zu empfehlen, Bürgergeldempfängern eine Immobilie zu schenken. Die Schenkung sollte erst erfolgen, wenn die Beschenkten keine Sozialleistungen mehr beziehen, also wieder berufstätig sind. Sonst ist der Staat Nutznießer, nicht die Beschenkten. Anders sieht es aus, wenn Bürgergeldempfänger vor der Antragstellung eine Immobilie geschenkt bekommen haben. Dann zählt sie zum Vermögen. Hier kommt es wiederum darauf an, ob sie die Immobilie selbst bewohnen oder vermieten. Wohnen sie selbst darin, gilt das Objekt als Schonvermögen, das sie nicht zur Deckung ihres Unterhalts verwerten müssen.

Es gibt jedoch Grenzen. Die Größe soll angemessen sein. Angemessen ist für ein bis zwei Personen im Haushalt eine Wohnung mit nicht mehr als 80 Quadratmetern, ein Eigenheim mit nicht mehr als 90 Quadratmetern. Diese Richtwerte steigen mit jeder Person mehr im Haushalt.

Auch für Grundstücksgrößen gibt es Richtwerte: 500 Quadratmeter im städtischen und 800 Quadratmeter im ländlichen Bereich.

Nicht zum Schonvermögen zählt dagegen Wohneigentum, das nicht selbst bewohnt wird. Hier verlangen die Sozialbehörden auch dann, wenn es aus einer Schenkung vor dem Bürgergeldbezug stammt, dass die Beschenkten das Objekt vermieten. Die Einkünfte daraus zählen zum Einkommen und mindern die Sozialleistungen oder lassen sie – wenn die Freibeträge überschritten werden – ganz entfallen.

Um zu vermeiden, dass der Staat und nicht die (vor Bezug der Sozialleistungen) Beschenkten den Nutzen aus der Immobilie zieht, können im Schenkungsvertrag Vorkehrungen getroffen werden. So können sich Schenker ein Rückübertragungsrecht vorbehalten, für den Fall, dass die Beschenkten zu Bürgergeldempfängern werden. Ein Rückforderungsrecht, das an den Bezug nachrangiger steuerfinanzierter Sozialleistungen geknüpft ist, kann jedoch sittenwidrig und damit ungültig sein.

Behinderte Kinder

Eine besondere Situation ergibt sich bei einer Schenkung an ein behindertes Kind. Der Wunsch der Eltern, dass ihr Kind ein Leben lang in einer eigenen Immobilie wohnen darf, ist zwar verständlich. Aber wenn es jetzt oder später auf Pflegeleistungen oder auf Heimunterbringung angewiesen ist, empfiehlt sich eine Immobilienschenkung nicht. Das Vermögen unterliegt in diesem Fall dem Zugriff des Sozialleistungsträgers, der damit die oft sehr hohen Kosten decken kann, bis das Vermögen aufgebraucht ist. Dann erst kommt der Staat für diejenigen Kosten auf, die oberhalb der Leistungen der Pflegeversicherung liegen. Die Interessen des behinderten Kindes und der übrigen Familienmitglieder können in der Regel besser durch Regelungen des „Behindertentestaments" berücksichtigt werden. Siehe hierzu „Lösungen für besondere Fälle", S. 125.

Die Alternative, gesunden Nachkommen eine Immobilie mit der Auflage zu schenken, dem behinderten Kind ein Wohnrecht einzuräumen und eventuell einfache Pflegeleistungen zu erbringen, erweist sich oft als wenig durchdacht. Niemand weiß im Voraus, wie lange ein behindertes Kind in der Lage sein wird, die Immobilie zu nutzen. Und Wohnrechte können den Eigentümer dazu verpflichten, nach dem Auszug des behinderten Geschwisters das Objekt zu vermieten und mit den Erlösen einen Teil der Heimkosten zu bestreiten.

Eine weitere Alternative ist die Zuwendung an einen Verein oder an eine Stiftung, die auf die Betreuung von Behinderten spezialisiert sind. Das Vermögen kann zweckgebunden für das Wohl des behinderten Kindes bestimmt werden. Ein Vorteil dabei: Vereine und Stiftungen müssen keine Schenkungssteuer bezahlen, da sie gemeinnützig sind. Zudem kann die Zuwendung unter Umständen als Spende die Einkommensteuer vermindern. Hier ist eine fachliche Beratung bei der Ausgestaltung der Zuwendung auf jeden Fall zu empfehlen.

Schenken, aber bleiben – Nießbrauch und Wohnrecht

Auch wenn Sie eine Immobilie verschenken, können Sie weiter dort wohnen oder Einkünfte damit erzielen. Durch Wohnungs- oder Nutzungsrechte ist das möglich.

Besonders beliebt sind Regelungen, die es Schenkern erlauben, auch nach der Überlassung in den eigenen vier Wänden wohnen zu bleiben. Das ist oft der Fall, wenn Eltern die selbst bewohnte Immobilie einem Kind überschreiben, aber weiterhin darin wohnen wollen. Die häufigsten Rechte in der Praxis sind der Nießbrauch und das Wohnungsrecht.

Nutzungsrechte – selber wohnen oder vermieten

Angenommen, Sie und Ihr Ehepartner oder Lebensgefährte wollen – aus steuerlichen oder anderen Gründen – Ihr selbst genutztes Eigenheim an ein Kind verschenken, aber weiterhin wie bisher das Haus bewohnen. Dann bietet sich als umfassendste Lösung die Vereinbarung eines Nießbrauchs an. Dieser altertümlich klingende Begriff bedeutet, dass Sie den Gebrauch Ihres Hauses weiterhin „genießen" können. Sie sind dann der Nutznießer des Objekts, obwohl Sie nicht länger rechtlicher Eigentümer sind. Das wird die beschenkte Person, die damit die Sicherheit erhält, dass ihr nach Ihrem Tod und eventuell dem Ihres Ehepartners oder Lebensgefährten die Immobilie mit sämtlichen Rechten gehört. Denn das Recht auf Nießbrauch ist ein persönliches Recht, das weder vererbt noch veräußert werden kann. Es erlischt spätestens mit dem Tod des Nutznießers.

Meistens wird der Nießbrauch lebenslang festgeschrieben, Sie können den Vorbehalt aber auch befristen – beispielsweise auf 20 Jahre. In der Regel gilt er für Sie, und falls vereinbart, Ihren Partner. Alternativ können Sie im Vertrag auch Gründe für den Wegfall des Nießbrauchs bestimmen, beispielsweise für den Fall, dass Sie in ein Seniorenheim oder in eine kleinere Wohnung umziehen. Auch ohne konkreten Grund können Sie später auf das Nießbrauchsrecht verzichten. Dies können Sie einseitig, doch in der Regel erfolgt ein solcher Verzicht einvernehmlich mit dem Beschenkten oder dessen Rechtsnachfolger. Sie haben also auch nach der Unterschrift unter den Notarvertrag und dem Übergang der Immobilie auf Kinder oder andere Begünstigte viele Freiheiten und Sicherheiten.

Das Recht auf Nießbrauch erstreckt sich in der Regel auf das gesamte Grundstück samt Gebäude. Einzelne Gebäudeteile, wie zum Beispiel eine kleine Wohnung innerhalb eines Eigenheims, können vom Nießbrauch nicht ausgenommen werden. Das ist bei einem Wohnrecht, das wir später in diesem Kapitel vorstellen, jedoch möglich.

Unbebaute Teilflächen können aus dem Nießbrauch ausgenommen werden, ohne dass sie amtlich vermessen werden müssen. Daher sollten Schenker genau überlegen, welches Recht für sie und ihre Familie sinnvoller ist, das Nießbrauchsrecht, das ein Nutzungsrecht ist, oder das Wohnrecht.

Kostenverteilung genau festlegen

Wenn Sie sich für ein Nutzungsrecht entscheiden, sind Sie zwar nicht mehr der rechtliche, aber der wirtschaftliche Eigentümer. Da Sie Ihr Eigenheim, um bei dem Beispiel zu bleiben, weiter nutzen, müssen Sie im Normalfall die gewöhnlichen Lasten der Immobilie tragen, also die laufenden Kosten, die Sie auch vor der Schenkung bezahlt haben. Das sind beispielsweise Verbrauchskosten für Strom, Wasser, Heizung oder die Prämien für eine Wohngebäudeversicherung. Aber auch öffentliche Lasten wie die Grundsteuer zählen dazu, ebenso wie Zinsen für ein eventuell noch bestehendes Immobiliendarlehen.

Nicht berechtigt sind Sie dagegen, das Grundstück wesentlich zu verändern oder umzugestalten. So sieht es zumindest das Gesetz vor. Im Überlassungsvertrag können Sie allerdings davon beliebig abweichen und eine andere Kostenverteilung vereinbaren. Beispielsweise können Sie die laufenden Kosten auf den Eigentümer abwälzen (Bruttonießbrauch), wenn Ihr Einkommen nicht ausreicht, um den Unterhalt der Immobilie zu finanzieren. Am besten sollte die Kostenverteilung mit den Beschenkten abgesprochen werden, damit eine häufige Quelle von Streitigkeiten ausgeschlossen wird. Alle Details sollten so festgelegt werden, dass beide Seiten wissen, welche Kosten auf sie zukommen.

Gut zu wissen

Der Nießbrauch muss grundsätzlich im Zuge der Überlassung der Immobilie ins Grundbuch eingetragen werden, am besten an erster (beziehungsweise vollstreckungsfester) Rangstelle. Nur dann bleiben die Wohn- und sonstigen Rechte unverändert bestehen, wenn die beschenkte Person die Immobilie verkauft oder wenn es gar zu einer Zwangsversteigerung kommt. Auch ein Verkauf, solange der Nießbrauch besteht, kann im Schenkungsvertrag ausgeschlossen werden. Dazu mehr im Abschnitt „Mieteinnahmen behalten“, S. 70.

Anders sieht es mit den außergewöhnlichen Unterhaltskosten für das Haus oder die Wohnung aus. Die tragen üblicherweise die Beschenkten als rechtliche Eigentümer. Dabei handelt es sich um größere Instandhaltungs- und Modernisierungskosten wie zum Beispiel das Verputzen des Hauses, den Austausch der Heizungsanlage oder den Einbau neuer Fenster und Türen, also Investitionen in den Wert einer Immobilie. Aber auch hier gilt: Im Schenkungsvertrag lässt sich eine davon abweichende Kostenverteilung vereinbaren.

→ Vermieten möglich

Neben der Eigennutzung haben Sie beim Nießbrauch sogar das Recht, das verschenkte Haus ganz oder teilweise zu vermieten. Die Einnahmen daraus stehen Ihnen zu.

Damit können Sie beispielsweise einen Zuschuss zur Rente erzielen oder sie für Aufwendungen benutzen, die Ihnen bei einem möglichen späteren Aufenthalt in einem Senioren- oder Pflegeheim entstehen.

Mieteinnahmen behalten

Nießbrauch ist auch bei vermieteten Immobilien möglich, die Sie im Zuge der vorweggenommenen Erbfolge verschenken möchten. Durch den Nießbrauch bleiben Sie Vermieter, der Mietvertrag geht nicht auf den Eigentümer über. Sie behalten das Recht auf die Miet- und Pachteinnahmen des übertragenen Objekts, die bis zum Ende des Nießbrauchs Ihnen zustehen. Diese Miet- und Pachteinnahmen müssen wie bisher versteuert werden, und zwar in der Einkommenssteuererklärung als Einkünfte aus Vermietung und Verpachtung. Ihre Werbungskosten und auch die bisherige Steuerabschreibung (AfA) können Sie weiterhin geltend machen.

Verkaufen können Sie das Haus oder die Wohnung dagegen nicht mehr, das darf nur der rechtliche Eigentümer. Er kann das Objekt auch beleihen, also einen Kredit auf die Immobilie aufnehmen – es sei denn, Sie schließen das ausdrücklich im Schenkungsvertrag aus.

Wenn der Eigentümer im Lauf der Zeit voraussichtlich kostspielige Modernisierungen für die übernommene Immobilie durchführen muss, um die Substanz des Objekts zu erhalten, sollte die Kreditaufnahme zur Finanzierung derartiger Investitionen erlaubt werden. Soll weiterhin der Nießbraucher diese Kosten tragen, dann ist zu regeln, ob dieser die Immobilie weiter zur Absicherung von zu diesem Zweck aufgenommenen Krediten nutzen kann.

Die Immobilie gehört nur einem

Gehört die Immobilie nur einem Elternteil, wird in der Regel vorrangig nur für den Eigentümer ein Nießbrauch bestellt. Der andere Ehegatte erhält zu seiner Absicherung dann einen eigenen Nießbrauch. Bisweilen wird aus Kostengründen versucht, diese

Regelung in nur einer gemeinsamen Nießbraucheintragung unterzubringen. Gehört die Immobilie den Eltern gemeinsam, dann behalten sie sich auch einen gemeinsamen Nießbrauch vor, der dem Längerlebenden später alleine zusteht.

Beispiel: Der Vater möchte das von ihm allein erworbene Haus, das er mit seiner Frau bewohnt, an eines seiner Kinder verschenken. Dann kann er nicht nur für sich einen Nießbrauch ins Grundbuch eintragen lassen, sondern auch für seine Frau. Sie kann nach seinem Tod dort wohnen bleiben.

Bei einem geplanten gemeinsamen Nießbrauch sollte aber vor der Schenkung vertraglich geklärt werden, wie die Regelung nach dem Tod eines Ehepartners aussehen soll. Hier bietet es sich bisweilen an, dass der Überlebende den Nießbrauch gegen ein Wohnrecht oder gegen Zahlungen tauscht, weil ein Haus für einen allein oft zu groß ist und die Arbeiten in Haus, Wohnung oder Garten zu viel werden.

Weniger Schenkungssteuer dank Nießbrauch

Die Vereinbarung eines Nießbrauchs kann auch einen erheblichen steuerlichen Effekt mit sich bringen: Bei der Übertragung von Immobilieneigentum an Ihre Kinder oder andere Personen fällt weniger Schenkungssteuer an. Denn vom Verkehrswert des Hauses oder der Wohnung zieht das Finanzamt den Kapitalwert des Nießbrauchs ab. Nur die Differenz muss versteuert werden.

Beispiel: Anton schenkt seiner Tochter Christine eine Eigentumswohnung in München im Wert von 500 000 Euro. Er lebt aber weiterhin in der Wohnung und sichert sich vertraglich den Nießbrauch. Da der Freibetrag von Kindern bei der Schenkungssteuer 400 000 Euro beträgt, müsste Christine ohne Nießbrauch 100 000 Euro (500 000 Euro minus 400 000 Euro) versteuern. Nach der Steuertabelle wären das (bei Beträgen zwischen 75 000 Euro und 300 000 Euro) 11 Prozent, also 11 000 Euro.

Da jedoch in diesem Fall der Kapitalwert des Nießbrauchs vom Wert der Immobilie abgezogen wird, reduziert sich die Steuerlast oder entfällt sogar ganz. Angenommen, der Wert des Nießbrauchs beträgt 120 000 Euro, dann fällt gar keine Schenkungssteuer an, weil der steuerliche Wert mit 380 000 Euro unter die 400 000-Euro-Grenze fällt – Ersparnis also 11 000 Euro. Bei einem Kapitalwert des Nießbrauchs von beispielsweise 70 000 Euro wären noch 30 000 Euro zu versteuern. Da der Steuersatz für Kinder bei Beträgen bis zu 75 000 Euro 7 Prozent beträgt, sind 2 100 Euro Schenkungssteuer fällig, die Einsparung beträgt 8 900 Euro.

Wie aber berechnet sich der Kapitalwert des Nießbrauchs? Zunächst wird der Jahreswert der Einnahmen ermittelt – bei vermieteten Wohnungen ist das die Nettomiete mal zwölf. Bei selbst genutzten Ein- und Zweifamilienhäusern sowie bei Eigentumswohnungen erfolgt die Berechnung nach dem Vergleichswertverfahren (siehe „Ent-

So berechnet sich der Wert eines Nießbrauchs

Je nach Lebensalter haben Männer und Frauen eine unterschiedliche Rest-Lebenserwartung. Daraus ermittelt das Finanzministerium einen Vervielfältiger, Kapitalwert genannt.

	Männer		Frauen	
Vollendetes Lebensalter	**Lebenserwartung**	**Kapitalwert**	**Lebenserwartung**	**Kapitalwert**
40 Jahre	39,57 Jahre	16,436	44,07 Jahre	16,917
50 Jahre	30,25 Jahre	14,983	34,49 Jahre	15,734
60 Jahre	21,66 Jahre	12,824	25,37 Jahre	13,879
70 Jahre	14,33 Jahre	10,008	17,01 Jahre	11,167
80 Jahre	8,09 Jahre	6,467	9,61 Jahre	7,514
90 Jahre	3,67 Jahre	3,333	4,28 Jahre	3,826

scheidend ist der Verkehrswert“, S. 138). Wie es der Name vermuten lässt, wird die Miethöhe vergleichbarer Objekte herangezogen. Dieser Betrag wird dann mit dem gesetzlich festgelegten Vervielfältiger (auch Faktor genannt) multipliziert. Der wiederum wird für jedes Jahr neu vom Bundesministerium für Finanzen ermittelt. Er hängt davon ab, wie viele Jahre der Nutznießer sein Recht in Anspruch nimmt. Gehen wir von einem lebenslangen Nießbrauch aus. Da niemand weiß, wie alt der Schenker wird, zieht das Finanzministerium die Sterbetafeln des Statistischen Bundesamts zur Berechnung heran, die die durchschnittliche Lebenserwartung in jedem erreichten Alter wiedergibt. Weil Frauen im Durchschnitt länger leben als Männer, ist ihr Nießbrauch wertvoller. Die Tabelle „So berechnet sich der Wert eines Nießbrauchs“ zeigt exemplarisch die Lebenserwartungen von Männern und Frauen bei „runden“ Altersstufen, sowie die Vervielfältiger (vom Finanzministerium als „Kapitalwert“ bezeichnet), die sich daraus ergeben:

Beispiel: Anton ist zum Zeitpunkt der Schenkung 70 Jahre alt. Seine verbleibende durchschnittliche Lebenserwartung beträgt laut Sterbetafel 14,33 Jahre. Der Vervielfältiger ist niedriger, da der Wert des Wohnrechts auf den Gegenwartswert abgezinst wird (mit 5,5 Prozent pro Jahr). Denn Einkünfte in der Zukunft sind heute weniger wert als zum Zeitpunkt, an dem sie eingenommen werden.

Für 2023 beträgt der Faktor bei Anton 10,008. Mit diesem Vervielfältiger wird der Jahreswert multipliziert. Angenommen, der Jahreswert der Wohnung beträgt 12 000 Euro. Dann beläuft sich der Wert des Nießbrauchs auf 120 096 Euro. Dementsprechend reduziert sich der zu versteuernde Wert der Schenkung auf 379 904 Euro (500 000 Euro minus 120 096 Euro).

Antons Tochter Christine muss dank ihres Freibetrags von 400 000 Euro gar keine Schenkungssteuer bezahlen. Ersparnis im Vergleich zur Schenkung ohne Nießbrauch also 11 000 Euro. Der Gesetzgeber hat einen Höchstsatz für den Jahreswert eines Nießbrauchrechts festgelegt. Er beträgt den 18,6ten Teil des Steuerwerts der Immobilie. Bei 500 000 Euro Verkehrswert wie in unserem Beispiel wären das rund 26 880 Euro, also deutlich mehr als der angesetzte Jahreswert des Nießbrauchs von 12 000 Euro. Der Höchstsatz käme nicht zur Anwendung.

Das Wohnungsrecht – leben in vertrauter Umgebung

Bei Weitem nicht so umfassend wie der Nießbrauch ist das Wohnungsrecht, kurz auch als Wohnrecht bezeichnet. Es hat in bestimmten Fällen Vorteile und vermeidet einige der Risiken des Nießbrauchs.

Gemeinsam ist beiden, dass es sich um eine persönliche Dienstbarkeit (so wird sie im Gesetz bezeichnet) handelt, die nicht übertragbar ist. Das Wohnrecht kann zwar befristet werden, das kommt aber wesentlich seltener vor als das unbefristete, sogenannte lebenslange Wohnrecht. Wird die unbefristete Lösung vereinbart, erlischt das Wohnrecht erst mit dem Tod der berechtigten Person. Häufig wird es aber auch auf den Ehe- oder Lebenspartner übertragen. Dadurch wird vermieden, dass der Überlebende nach dem Tod des Schenkers quasi „auf der Straße“ steht. Es kann geregelt werden, dass bei einem endgültigen Auszug – beispielsweise in ein Heim – das Wohnrecht ersatzlos endet oder sich in eine Zahlungspflicht des Beschenkten umwandelt.

Die nötigen Daten zur Berechnung des Werts eines Nießbrauchs oder Wohnrechts stellt das Bundesfinanzministerium im Netz zur Verfügung. Die aktuelle „Bewertung einer lebenslänglichen Nutzung“, wie es amtlich heißt, findet man auf der Website des Ministeriums, wenn man in eine Suchmaschine eingibt: Bundesfinanzministerium – Bewertung – lebenslängliche Nutzung.

Es gibt aber noch weitere wichtige Charakteristika, die Sie kennen sollten:

1. **Das Wohnrecht berechtigt nur zur Selbstnutzung von Wohnraum,** also nicht wie beim Nießbrauch auch zur Vermietung und Verpachtung. Selbstnutzung umfasst auch die Aufnahme von Angehörigen und Gästen. Pflegepersonal darf ebenfalls dort wohnen. Das Wohnrecht verliert dadurch, dass es ausschließlich zur Selbstnutzung bestimmt ist, seinen Wert, sobald Begünstigte aus den Räumen ausziehen, beispielsweise in ein Senioren- oder Pflegeheim. Denn sie können, im Gegensatz zu einem vereinbarten Nießbrauch, keine Mieteinnahmen mit dem Wohnrecht erzielen, mit denen sie den Heimaufenthalt und ihre Lebenshaltungskosten finanzieren können. Allerdings wird insbesondere dann, wenn Sozialträger die Heimkosten übernehmen müssen, oft darum gestritten, ob der Eigentümer nicht zu einer Entschädigung für das nicht mehr nutzbare Wohnrecht verpflichtet ist. Diesen Streit sollte man durch eine eindeutige Regelung im Vertrag vermeiden. Auch das Wohnrecht kann nicht verkauft oder vererbt werden.
2. **Es umfasst nicht unbedingt das gesamte Gebäude oder Grundstück.** Auch das ist ein Unterschied zum Nießbrauch. Die Immobilie kann komplett bewohnt werden oder nur teilweise. Gemeinschaftsanlagen wie Heizungen oder Waschküchen können beim Wohnrecht, das sich nicht auf das gesamte Objekt bezieht, von beiden Parteien genutzt werden, also vom alten und neuen rechtlichen Eigentümer. Das Wohnrecht eignet sich damit beispielsweise, wenn das Objekt nach dem Auszug der Kinder, die mit im Haus gewohnt haben, zu groß für ein Ehepaar allein geworden ist. Wenn Haus oder Wohnung auf einen Angehörigen überschrieben wird, können sie einen Teil als Wohnung beziehen und bei richtiger Ausgestaltung Steuern sparen. Die Schenkenden haben die Sicherheit, weiterhin in ihren vier Wänden leben zu können. Das beschenkte Kind (oder eine andere Person) übernimmt die Nutzung des anderen Teils der Immobilie. Es trägt als neuer rechtlicher Eigentümer üblicherweise Lasten wie Hypothekenzinsen, Grundsteuern oder Wohngebäudeversicherungsbeiträge. Die Wohnungsberechtigten müssen dagegen für einige Nebenkosten aufkommen, die üblicherweise auch Mieter tragen müssen, nämlich für Strom, Heizung, Gas und Wasser beispielsweise sowie für Schönheitsreparaturen. Das alles gilt automatisch, wenn über die Kostenverteilung im Schenkungsvertrag keine abweichenden Bestimmungen getroffen werden. Hier gilt es für Schenkende, genau zu

überlegen und am besten mit den Beschenkten gemeinsam zu klären, welche Ausnahmen von der gesetzlichen Regel festgeschrieben werden sollen. Dabei ist es besonders wichtig, auch Details zu berücksichtigen, die zunächst nebensächlich scheinen. Nur so lässt sich später Streit wegen der Kostenverteilung vermeiden.

3 **Die Schenkenden sind rechtlich quasi wie Mieter gestellt.** Die neuen Eigentümer sind deshalb nicht berechtigt, die Räume ohne die Zustimmung der Schenkenden zu betreten oder – falls sie einen Verkauf planen – besichtigen zu lassen. Die Privatsphäre bleibt also gewahrt. Auch hier gilt wieder, dass andere Regelungen vertraglich möglich sind, beispielsweise, dass den neuen rechtlichen Eigentümern ausdrücklich der Zugang zu den Räumen gestattet wird, um nach dem Rechten zu sehen oder Einkäufe abzuliefern.

4 **Das Wohnrecht gilt nach einem Verkauf der Immobilie weiter.** Die neuen Eigentümer können die Immobilie ohne Zustimmung der alten Eigentümer veräußern. Ein Verkauf stößt aber oft auf Schwierigkeiten, weil potenzielle Käufer das Gebäude erst nach dem Tod der Wohnungsberechtigten (und oft deren Ehepartner) vollständig nutzen können. Das wirkt sich negativ auf den Verkaufspreis aus, der in der Regel deutlich niedriger ist als für vergleichbare Objekte ohne eingetragenes Wohnrecht. Die Käufer können ja nicht wissen, wann das Wohnrecht endet. Wie wir später sehen werden, lassen sich im Schenkungsvertrag Regelungen einbauen, die einen Verkauf zu Lebzeiten der vom Wohnrecht Begünstigten verhindern können.

5 **Es kann entgeltlich oder unentgeltlich festgeschrieben werden.** In der Regel ist es unentgeltlich.

→ Berechnung wie beim Nießbrauch

Die eingesparte Miete gilt allerdings steuerlich als Geldwert, das Einräumen eines Wohnrechts als Schenkung. Entsprechend erfolgt die Berechnung des Wertes eines Wohnrechts nach der für den Nießbrauch beschriebenen Methode (siehe „Weniger Schenkungssteuer dank Nießbrauch“, S. 71). Dabei wird eine „fiktive Miete“ angenommen.

Beispiel: Franziska hat ihr Eigenheim an ihre Tochter Gisela übertragen. Vereinbart wurde für sie ein lebenslanges Wohnrecht für zwei Zimmer, Küche und Bad. Die Vergleichsmiete beträgt 700 Euro pro Monat, also 8400 Euro pro Jahr. Das ist die „fiktive Miete“. Sie wird wie beim Nießbrauch mit dem passenden Vervielfältiger multipliziert und vom Wert der Immobilie abgezogen, um Giselas Steuerschuld zu berechnen.

Geld oder Pflege – Schenkung mit Gegenleistung

Die Haushaltskasse mit Zahlungen aufbessern oder häusliche Pflege vereinbaren – es gibt viele Möglichkeiten, Schenkungen mit Einkünften und Dienstleistungen zu kombinieren.

Ein Haus oder eine Wohnung an Kinder, Enkel, Partner oder andere Begünstigte zu verschenken, kann nicht nur mit Einschränkungen wie einem Nießbrauchs- oder einem Wohnrecht verknüpft werden. Auch Gegenleistungen, die Beschenkte den Schenkern gegenüber erbringen müssen, lassen sich vereinbaren. Diese Gegenleistungen können aus einmaligen oder regelmäßigen Geldzahlungen oder aus geldwerten Dienstleistungen wie häuslicher Pflege bestehen.

Da Gegenleistungen meist lange gelten, sollten Sie prüfen, ob die Beschenkten in der Lage sind, sie auch Jahre oder Jahrzehnte später noch zu erbringen.

Rechtlich handelt es sich dabei um eine „gemischte Schenkung", bei der es neben einem unentgeltlichen Teil einen entgeltlichen gibt, der üblicherweise deutlich unter dem Wert des Schenkungsanteils liegt. Im Überlassungsvertrag sollte der entgeltliche Teil möglichst genau festgelegt werden, um spätere Unstimmigkeiten von vornherein zu vermeiden. Die häufigsten Gegenleistungen bei Immobilienschenkungen sind:

- **Einmalzahlungen** oder die Übernahme von Schulden der Schenker; hierzu gehören auch Ausgleichszahlungen an Geschwister,
- **regelmäßige Zahlungen,** in der Regel monatliche, meist in Form einer Rente,
- **Vereinbarungen über Leistungen** im Krankheits- und vor allem Pflegefall, die der Beschenkte erbringen muss.

Da diese Gegenleistungen meistens für eine lange Zeit gelten – oft bis zum Tod der Schenker –, sollte vor Vertragsabschluss genau geprüft werden, ob die Beschenkten überhaupt in der Lage sind, die vereinbarten Leistungen auch Jahre oder Jahrzehnte später noch zu erbringen.

Die Gegenleistungen können Schenker selbstverständlich nicht nur für sich selbst, sondern auch für ihren Ehe- oder Lebenspartner oder andere Personen vertraglich festlegen.

Einmalzahlungen

Zu den relativ unkomplizierten Gegenleistungen einer Schenkung zählt die Einmalzahlung. Sie kann in einem Geldbetrag bestehen oder in der Übernahme von Verbindlichkeiten, vor allem von Hypotheken- und anderen Baudarlehen, die auf dem Grundstück lasten.

Beispiel: Der geschiedene Adam überschreibt seiner Tochter Beate sein Eigenheim im Verkehrswert von 500 000 Euro, weil es für ihn zu groß geworden ist, seit seine Ex-Frau und seine Kinder dort nicht mehr wohnen. Er will sich als Ausgleich eine kleine Eigentumswohnung kaufen und braucht dafür Eigenkapital. Deshalb vereinbart er mit Beate, dass sie ihm als finanziellen Ausgleich 150 000 Euro bezahlt.

Da Gegenleistungen bei der Ermittlung des steuerlich relevanten Werts vom Verkehrswert der übertragenen Immobilie abgezogen werden, reduziert sich der steuerliche Wert um 150 000 Euro auf 350 000 Euro. Er bleibt damit schenkungssteuerfrei, da Beate als Kind einen Freibetrag von 400 000 Euro geltend machen kann.

Wenn Adam noch Kreditschulden für die Immobilie hat, bietet sich eine Alternative an: Beate kann diese Verbindlichkeiten – mit Zustimmung der Bank – übernehmen, beispielsweise ein Hypothekendarlehen über 100 000 Euro, das noch auf dem Grundstück lastet. Adam braucht dann keine Zins- und Tilgungszahlungen mehr zu erbringen. Auch diese Gegenleistung macht die Schenkung unseres Beispiels steuerfrei, da die 400 000 Euro Freibetrag von Beate nicht überschritten werden.

Eine weitere Gegenleistung haben wir schon in diesem Kapitel („Ausgleichsregelungen für Schenkungen“; S. 63) beschrieben: Ausgleichszahlungen von Beschenkten an die Geschwister. Adam kann im Notarvertrag beispielsweise festlegen, dass Beate als Ausgleich für das geschenkte Haus jeweils 100 000 Euro an ihre beiden Geschwister zahlt. Diese insgesamt 200 000 Euro werden vom Verkehrswert des Hauses abgezogen, es verbleibt eine Schenkung im Wert von 300 000 Euro. Beate braucht also keine Steuern zu zahlen.

Private (Leib-)Rente

Eine häufig gewählte Form der Gegenleistung ist die private Leibrente. Sie wird beispielsweise vereinbart, wenn Schenkende aus ihrer Immobilie ausziehen wollen, weil sie ihnen zu groß und arbeitsaufwendig geworden ist und sie sich künftig um das Objekt nicht mehr kümmern wollen. Ähnliches gilt für eine vermietete Wohnung, wenn Schenker sich Verwaltungsarbeit und möglichen Mieter-Ärger vom Leib halten wollen. Um sich nach der Überlassung den gewohnten Lebensstandard, betreutes Wohnen oder einen Heimaufenthalt leisten zu können, benötigen Schenker regelmäßige Zusatzeinnahmen.

Hier sind Leibrenten oft die erste Wahl. Im Schenkungsvertrag wird ein bestimmter Betrag als Ausgleich für die Immobilienübergabe festgelegt, den die beschenkte Person meistens monatlich zu zahlen hat. Diese Gegenleistung kann im Grundbuch als Reallast eingetragen werden, wenn die Schenker dies wollen. Das verschafft ihnen ein hohes Maß an Sicherheit.

Neben der Leibrente, die grundsätzlich unveränderlich ist, existiert in der Praxis auch die sogenannte dauernde Last. Hier wird die Höhe der Zahlung nicht nur an die Inflation, sondern auch an veränderte Umstände angepasst. Der vereinbarte Betrag kann also steigen oder fallen, wenn sich die Einkommensverhältnisse des oder der Zahlungspflichtigen ändern, zum Beispiel die Immobilie sich nicht mehr (so gut) vermieten lässt und/oder sich der Bedarf des Zahlungsempfängers erhöht, weil nun etwa höhere Pflegekosten anfallen.

Diese Flexibilität, die früher Voraussetzung einer vollständigen steuerlichen Berücksichtigung war, enthält also für beide Seiten Chancen und Risiken. Meist geht man solche Risiken heute im Privatbereich nicht so gerne ein.

Drei Arten von Leibrenten

Es gibt drei Grundarten der Leibrente: lebenslange Leibrenten, abgekürzte Leibrenten und verlängerte Leibrenten.

1. **Bei lebenslangen Leibrenten** wird vertraglich fixiert, dass der neue Immobilieneigentümer an den Schenker eine gleichbleibende Zahlung bis an dessen Lebensende leistet – beispielsweise 1 000 Euro monatlich. Lebenslange Leibrenten sind die gebräuchlichste Form.
2. **Abgekürzte Renten** werden auch Höchstzeitrenten genannt und gelten nicht lebenslang, sondern für eine bestimmte Zeit, zum Beispiel 20 Jahre. Die Rentenzahlung endet mit Ablauf der festgelegten Frist, spätestens mit dem Tod des Zahlungsempfängers.
3. **Verlängerte Leibrenten** werden dagegen für eine Mindestzeit vereinbart, deshalb werden sie auch als Mindestzeitrenten bezeichnet. Wenn der Zahlungsempfänger vor Ablauf der vereinbarten Frist (beispielsweise 20 Jahre) verstirbt, nehmen wir an, nach 15 Jahren, endet die Rentenzahlung jedoch nicht, sondern geht für den Rest der Mindestzeit – in unserem Beispiel fünf Jahre – an die Erben über.

Üblich ist es, eine Wertsicherungsklausel zu vereinbaren, mit der eine Anpassung der Leibrenten an die Veränderung der Lebenshaltungskosten erreicht wird. Sie sind vor allem bei wiederkehrenden, langfristigen Zahlungsverpflichtungen üblich, um die Empfänger vor den Folgen der Geldentwertung zu schützen. Kaufkraftverluste durch einen Anstieg der Lebenshaltungskosten werden auf diese Weise ausgeglichen. Oft wird festgelegt, dass die Zahlungen so angepasst werden, wie sich der Verbraucherpreisindex verändert, den das Statistische Bundesamt (Destatis) monatlich errechnet und auf seiner Internetseite veröffentlicht. Wer in eine Suchmaschine Destatis und Verbraucherpreisindex eingibt, wird fündig. **Beispiel:** Der Index der Verbraucherpreise weist 2020 als Ausgangsjahr mit dem Wert 100 auf. Bis April 2023 ist er auf 116,6 gestiegen, also um 16,6 Prozent. Eine Leibrente von 1000 Euro, die 2020 vereinbart worden ist, wäre also gut drei Jahre später auf 1166 Euro angewachsen. Möglich ist aber auch eine Koppelung der Leibrente an andere Durchschnittsentwicklungen – zum Beispiel an die amtlichen Indizes für Löhne und Gehälter oder gesetzliche Renten.

Wie wichtig Wertsicherungsklauseln bei einer Leibrente sein können, zeigt ein Beispiel: Wenn die Inflationsrate im Durchschnitt um 2,0 Prozent pro Jahr klettert – wie in der Zeit zwischen Wiedervereinigung und Ende 2022 –, weisen 1000 Euro nach 20 Jahren nur noch so viel Kaufkraft auf wie jetzt 672,97 Euro, bei 3,0 Prozent sind es sogar nur 553,68 Euro.

Gut zu wissen

Relevant für die Steuer: Wenn Sie Ihre private Immobilie gegen Leibrente übertragen möchten, sollten Sie und der Empfänger sich steuerlich eingehend beraten lassen. Denn eine solche Versorgungsleistung müssen Sie je nach genauer Ausgestaltung des Übertrags versteuern. So kommt es insbesondere darauf an, in welchem Verhältnis der Barwert der vereinbarten Rente zum Verkehrswert der Immobilie steht. Auch die Zahler der Leibrente haben komplexe steuerliche Aspekte zu berücksichtigen.

Pflegeverpflichtung

Viele Menschen wünschen sich, im Alter zu Hause durch Angehörige versorgt zu werden. Immobilieneigentümer können diesen Wunsch mit der Schenkung ihres Hauses oder ihrer Wohnung verknüpfen. Dazu müssen sie im Überlassungsvertrag Hilfs- und Pflegeverpflichtungen als Gegenleistung für die Übertragung vereinbaren. Üblich sind Kochen, Waschen, Hausputz, Körperpflege, Besorgungen und andere Hilfen. Hier sollte vor der Festlegung der Vertragsdetails besonders genau geprüft werden, was sinnvoll und möglich ist.

Da eine Pflegeverpflichtung eine sehr lange Zeitspanne umfassen kann, sollte nicht allein die aktuelle Situation der Schenker und der Beschenkten als Basis herangezogen werden. Vielmehr ist es ratsam, auch mögliche Entwicklungen und deren

Auswirkungen zu planen und entsprechende Passagen detailliert in den Vertrag aufzunehmen.

Beispiel: Die alleinstehende Sonja will im Alter von 55 Jahren ihr selbst bewohntes Eigenheim der 25-jährigen Tochter Lea schenken, die es zusammen mit ihrem künftigen Mann bewohnen will. Sonja bedingt sich das Wohnrecht für einen Teil des Hauses aus und zusätzlich im Bedarfsfall eine Pflegeverpflichtung ihrer Tochter.

Das hört sich für beide Seiten gut an. Lea kann mit ihrem Mann gleich nach der Hochzeit ins Eigenheim einziehen und Sonja hat die Sicherheit, dass sie zu Hause gepflegt wird, sobald sie es nötig hat.

Nun drehen wir die Zeit 20 Jahre weiter. Sonja ist nach einem Schlaganfall auf Hilfe angewiesen, bekommt jedoch noch keine Leistungen aus der Pflegeversicherung. Aber kann Lea die Hilfen dann wie vereinbart tatsächlich erbringen? Sie hat inzwischen drei Kinder im Alter von sechs, acht und zehn Jahren, die ihr jede Menge Arbeit abverlangen. Da sie sich zunächst um ihre Kinder kümmern muss, bleibt ihr eigentlich kaum Zeit, um ihre Mutter zu betreuen. Macht sie es trotzdem, leidet die Pflegeleistung oder Lea schuftet bis zum Umfallen. Auch emotional kann das für beide sehr schwierig werden und zu Streit führen.

Eine Alternative wäre es, eine Verwandte oder Bekannte mit der Betreuung auf ihre Kosten zu beauftragen oder einen ambulanten Pflegedienst zu engagieren.

An die dritte Möglichkeit, ihrer Mutter einen Heimplatz zu organisieren, will sie zunächst gar nicht denken – weil die Mutter es nicht will, und weil die finanzielle Belastung sehr hoch wäre. Aber sie weiß: Irgendwann wird die Pflege zu Hause nicht mehr reichen, wenn der Aufwand wächst, mehr fachliche Kompetenz nötig wird und die Betreuung rund um die Uhr erfolgen muss. Dann ist ein Platz im Pflegeheim nicht mehr zu vermeiden. Immerhin bezahlt aber die Pflegeversicherung dann einen Teil des Aufwands.

An diesem Beispiel wird ersichtlich, dass vor einer vertraglichen Pflegeverpflichtung einige Fragen geklärt werden müssen:

- **Ist die beschenkte** Person überhaupt in der Lage, die Leistung jederzeit zu erbringen – zeitlich und fachlich?
- **Wie viele Stunden** pro Tag oder Woche sollen Leistungen maximal erbracht werden?
- **Wann beginnt die Verpflichtung** – sofort, ab einem bestimmten Termin oder nur bei Krankheit und Pflegebedürftigkeit?
- **Welche Art von Hilfen** sollen überhaupt geleistet werden?
- **Wo wird die Leistung erbracht** – beim Pflegebedürftigen oder beim Pflegenden?
- **Sollen andere Personen** die Pflegeleistung übernehmen können – und wenn ja, wer und welche Qualifikation müssen sie haben?

- **Was passiert,** wenn die Pflegebedürftigen vorübergehend in ein Krankenhaus oder ins Heim kommen – ruht die Verpflichtung dann entschädigungslos oder endet sie?
- **Soll es eine** Ausstiegsklausel geben – zum Beispiel ab einem bestimmten Pflegegrad, und erhält der Schenker dann einen finanziellen Ausgleich?

Im Schenkungsvertrag sollten, um Streit zu vermeiden, auf diese und andere Fragen Antworten gewählt werden, die detailliert die Regelungen in verschiedenen Lebenslagen beschreiben. Dann kennen beide Seiten ihre Rechte und Pflichten und können sich rechtzeitig darauf einstellen.

Aber klar ist: Nehmen zur Pflege Verpflichtete ihre Aufgaben lustlos, schlecht oder gar nicht wahr, können die Pflegebedürftigen ihre Ansprüche kaum wirksam durchsetzen. Selbst wenn die Beschenkten beispielsweise gerichtlich angehalten werden, wie vereinbart täglich einmal warm zu kochen, sagt das noch nichts über die Qualität und den Geschmack der warmen Mahlzeiten aus.

Genau aufpassen bei der Bestimmung der Pflegeleistungen heißt es noch aus einem anderen Grund: Wenn im Vertrag Ansprüche vereinbart werden, die später eigentlich die Sozialhilfe leisten würde, gehen die vertraglichen Rechte in der Regel vor. Die Beschenkten würden also dem Staat einen Teil der Kosten abnehmen.

Gut zu wissen

Pflegebedürftigkeit definiert der Gesetzgeber im Sozialgesetzbuch (SGB XI, Paragraf 14) so: „Pflegebedürftig im Sinne dieses Buches sind Personen, die gesundheitlich bedingte Beeinträchtigungen der Selbstständigkeit oder der Fähigkeiten aufweisen und deshalb der Hilfe durch andere bedürfen. Es muss sich um Personen handeln, die körperliche, kognitive oder psychische Beeinträchtigungen oder gesundheitlich bedingte Belastungen oder Anforderungen nicht selbstständig kompensieren oder bewältigen können." In einer Pflegeverpflichtung kann auch auf Bestimmungen des Sozialgesetzbuchs Bezug genommen werden.

Wie Rentenverpflichtungen können auch Pflege- und sonstige Leistungspflichten durch Eintragung einer Reallast im Grundbuch abgesichert werden.

Pflege und Schenkungssteuer

Pflegeverpflichtungen können auch die Schenkungssteuerschuld reduzieren. Allerdings hängt das davon ab, wann die Verpflichtung in Kraft tritt. Der Gesetzgeber unterscheidet zwei Fälle:

1. **Zum Zeitpunkt der Überlassung benötigen Schenker bereits Pflege:** Dann sieht der Fiskus das als Gemischte Schenkung an. Der abgezinste Wert der Pflegeverpflichtung wird vom Wert der Immobilie abgezogen und mindert somit die Schenkungssteuer.
2. **Zum Zeitpunkt der Schenkung sind sie noch nicht pflegebedürftig:** Dann ist der gesamte Wert der Immobilie steuerpflichtig – abzüglich dem Wert anderer Vorbehalte und Gegenleistungen, wie Nießbrauch oder Leibrente. Tritt später die Pflegeverpflichtung ein, wird sie anhand des Alters der Pflegebedürftigen (und damit ihrer durchschnittlichen Lebenserwartung) und des Umfangs (zum Beispiel drei Stunden täglich) kapitalisiert. Entsprechend wird der Schenkungssteuerbescheid geändert und die Beschenkten erhalten, falls Schenkungssteuer angefallen war, einen Teil erstattet. Vorsicht: Die bei einer Immobilienübertragung vereinbarte Pflegeleistung kann Grunderwerbssteuer auslösen.

Pflege und Sozialrecht

Der Gesetzgeber hat das Sozialhilferecht am Grundsatz der Nachrangigkeit ausgerichtet. Das bedeutet, dass der Staat erst dann finanziell einspringt, wenn das eigene Einkommen und das Vermögen nicht mehr ausreichen, um die Leistungen beispielsweise eines Pflegeheims zu bezahlen. Zuerst müssen Pflegebedürftige also eigenes Vermögen verwerten. Dazu kann auch ein Nießbrauchrecht zählen, das Schenker nach dem Umzug in ein Heim nicht mehr selbst nutzen können. Hier kann der Sozialhilfeträger eine Vermietung der Wohnung verlangen und die Einnahmen zur Finanzierung der Pflege ganz oder teilweise einziehen. Beim Wohnrecht versuchen die Sozialhilfeträger das manchmal ebenfalls – deshalb empfiehlt es sich, im Vertrag ausdrücklich zu vereinbaren, dass das Wohnrecht ersatzlos ruht oder erlischt, sobald der Schenker (endgültig) in ein Heim umzieht. Dann hat der Staat keinen Zugriff mehr.

Um seine Kosten zu decken, kann der Sozialhilfeträger sogar verlangen, dass eine Immobilienschenkung rückabgewickelt wird – unter welchen Bedingungen das möglich ist und wie sich das vermeiden lässt, beschreiben wir im Abschnitt „Rückforderung durch den Staat“ ab S. 85.

Selten eine gute Lösung

Anders als bei den sonstigen Verpflichtungen lohnt bei den im Juristendeutsch genannten „Verpflichtungen zu Wart und Pflege“ das Nachdenken darüber, ob sie vertraglich vereinbart werden sollen. Dafür spricht die Erwartung der Schenker, die identische Erwartung von Geschwistern, die im Vertrag lesen wollen, dass die durch Schenkung Begünstigten auch wirklich Pflichten übernehmen, sowie die mögliche steuerliche Absetzbarkeit.

Dagegen spricht, dass die tatsächliche Leistung von Pflege auch bei vertraglicher Pflicht nicht erzwungen werden kann und die Pflege nur die gewünschte Qualität haben wird, wenn sie von Herzen kommt. Wer die Pflege durch eine Klage gegen das Kind zwangsweise durchsetzen möchte, kann im Erfolgsfall nur finanzielle Ersatzleistungen einklagen. Zudem können künftige Änderungen im Sozialrecht dazu führen, dass die Pflegeleistungen dann später doch sozialrechtliche Ansprüche beeinträchtigen.

→ Expertentipp: Besser darauf verzichten

Es gibt keine Patentlösung, die auf jeden Einzelfall passt. Aber wenn die Abwägung aller genannten Umstände dazu führt, auf die vertragliche Regelung der Wart und Pflege zu verzichten, muss dies – anders als bei den anderen Rechten des Schenkers – keinesfalls ein Fehler sein, wie wir gesehen haben.

Die Schenkung widerrufen – wann das möglich ist

Die Hürden für die Rückabwicklung einer Immobilienübertragung sind hoch – deshalb ist es wichtig, im Vertrag Klauseln für einen Widerruf der Schenkung festzuschreiben.

„Geschenkt ist geschenkt." Dieses häufig gebrauchte Sprichwort gilt beileibe nicht immer. Unter bestimmten Umständen können Schenkungen ganz legal widerrufen und zurückgefordert werden. Die Rückabwicklung einer Schenkung von Immobilien ist allerdings nicht nach Gutdünken möglich. Sie erfordert vielmehr gute Gründe, die entweder im Gesetz festgelegt sind oder vor der Überlassung von Haus oder Wohnung vertraglich fixiert werden müssen. Auch der Staat kann unter Umständen die Rückforderung einer Schenkung veranlassen, um keine Sozialleistungen an den Schenker zahlen zu müssen.

Rückforderungsgründe per Gesetz

Unabhängig davon, ob Sie im Schenkungsvertrag Rückfallklauseln festschreiben, gibt es Entwicklungen, die Ihnen auf jeden Fall ein gesetzliches Recht auf Widerruf zubilligen. Im Wesentlichen sind es zwei rechtliche Aspekte, die für eine Rückübertragung infrage kommen:

❶ Grober Undank der Beschenkten

Macht sich die beschenkte Person einer schweren Verfehlung gegenüber dem Schenker oder einem seiner nahen Angehörigen schuldig, ist ein Widerruf wegen groben Undanks möglich. Eine schwere Verfehlung wird in der Rechtsprechung dann angenommen, wenn sie objektiv als erheblich und subjektiv als erkennbar undankbar eingestuft wird. Sie muss vorsätzlich erfolgen und moralisch verwerflich sein und laut BGH auf eine „tadelnswerte, auf Undankbarkeit deutende Gesinnung" hinweisen. Als typische schwere Verfehlungen seitens von Beschenkten und somit als Gründe für eine Rückabwicklung gelten vor allem, dass die beschenkte Person

- **das Leben des Schenkers** bedroht,
- **ihn vorsätzlich** körperlich misshandelt,
- **ihn schwer beleidigt,**
- **grundlose Strafanzeigen** gegen ihn stellt oder
- **grundlos einen Antrag** auf Betreuung für den Schenker stellt.

In den meisten Familien werden diese gravierenden Gründe zwar vermutlich nie zum Tragen kommen – aber im Extremfall können Streitigkeiten zwischen Verwandten durchaus so eskalieren, dass sie zu einem Rückforderungsrecht führen können, beispielsweise wegen schwerer Beleidigung oder grundloser Strafanzeige.

❷ Verarmung der Schenker

Zunehmend stärker in den Blickpunkt gerät eine Verarmung des Schenkers als Anlass für eine Rückforderung. Wenn der bisherige Eigentümer eines Hauses oder einer Wohnung nach dem Vollzug der Immobilienüberlassung nicht mehr in der Lage ist, seinen angemessenen Lebensunterhalt selbst zu bestreiten oder seinen Unterhaltsverpflichtungen gegenüber anderen nachzukommen, kann er sein Rückforderungsrecht geltend machen. Unterhaltsverpflichtungen können etwa gegenüber Kindern oder geschiedenen Ehe- oder Lebenspartnern bestehen. Gerät der Schenker in eine finanzielle Notlage, gilt die vorherige Überlassung als „ungerechtfertigte Bereicherung" und kann zurückgefordert werden.

Das gilt jedoch nur, wenn seit dem Vollzug der Schenkung – bei Immobilien ist das der Antrag beim Grundbuchamt zur Umschreibung – weniger als zehn Jahre vergangenen sind. Ist die Zehnjahresfrist dagegen bereits verstrichen, greift dieser Rückforderungsgrund nicht mehr.

Allerdings gibt es – außer der Zehnjahresfrist – Gründe, die eine Rückabwicklung verhindern können:

- **Wenn Schenker ihre Armut** nach der Übergabe der Immobilie vorsätzlich oder grob fahrlässig selbst herbeigeführt haben. Das kann der Fall sein, wenn sie ihr Vermögen verschwendet haben, beispielsweise durch Spielsucht oder Trinksucht. Auch ein luxuriöser Lebenswandel, der weit über ihre finanziellen Verhältnisse hinausgeht, kann dazu zählen.

- **Wenn Beschenkte** außerstande sind, die ihnen übertragene Immobilie zurückzugeben, weil sie selbst in eine Notlage geraten und/oder ihren gesetzlichen Unterhaltsverpflichtungen nicht mehr angemessen nachkommen könnten.

Rückforderung durch den Staat

Immer mehr Menschen benötigen im Alter Pflege – und das birgt für sie hohe finanzielle Risiken. Vor allem bei einer Unterbringung in einem Heim müssen Pflegebedürftige nach Abzug der Leistungen der Pflegeversicherung viel Geld aufbringen. Die Kosten pro Monat, die sie selbst tragen müssen, lagen 2023 im Durchschnitt bei über 2500 Euro pro Person. Wenn jemand viele Jahre oder gar Jahrzehnte in einem Heim versorgt wird, sind bei so hohen Beträgen die laufenden Einkommen – wie die Rente – sowie die Ersparnisse rasch aufgezehrt. Sobald alles bis auf das Schonvermögen von 10000 Euro pro Person aufgebraucht ist, springt der Staat mit Zahlungen für die Heimunterbringung ein. Dazu muss der Träger der Sozialhilfe – in der Regel Sozialämter von Landkreisen und kreisfreien Städten – die Bedürftigkeit festgestellt haben.

Anschließend prüfen die Behörden jedoch, ob sie ihre Kosten auf die Kinder von Pflegebedürftigen im Rahmen des Elternunterhalts übertragen können. Sie fordern deshalb von deren Kindern, ihre Einkommens- und Vermögensverhältnisse offenzulegen sowie Schenkungen der Eltern anzugeben. Damit wird die finanzielle Leistungsfähigkeit der Nachkommen geprüft. Allerdings werden Kinder nur noch dann zum Elternunterhalt herangezogen, wenn ihr Bruttoeinkommen (nach Abzug von bestimmten Kosten wie Werbungs- oder Kinderbetreuungskosten) 100000 Euro im Jahr überschreitet.

Elternunterhalt kann der Träger der Sozialhilfe nur von Personen verlangen, die mit dem Bedürftigen im ersten Grad verwandt sind. Er kann daher zwar Kinder, nicht aber Enkelkinder zu Unterhaltszahlungen heranziehen. Auch Geschwister, Cousins, Cousinen, Onkel und Tanten brauchen keinen Unterhalt zu zahlen. Gleiches gilt für Schwiegerkinder, denn sie sind mit ihren Schwiegereltern nicht verwandt.

Ausdrücklich nicht berücksichtigt bei der Bemessung der Leistungsfähigkeit der Kinder wird laut Gesetz der Wert einer selbst bewohnten Immobilie. Mit einer großen Ausnahme: Wenn die Eltern einem Kind (oder mehreren) ein Haus oder eine Wohnung vor weniger als zehn Jahren geschenkt haben, ist unter Umständen eine Rückforderung wegen Verarmung möglich – nach ähnlichen Kriterien wie eben beschrieben.

Auch wenn die Eltern das selbst gar nicht wollen, kann das Sozialamt die Ansprüche der Eltern gegenüber den mit Immobilien beschenkten Kindern auf sich überleiten. Dieser Vorgang wird als „Sozialregress" oder „Sozialhilferegress" bezeichnet.

Während die Rückgabepflicht einer Schenkung von Bankguthaben, Wertpapieren oder Edelmetallen relativ einfach durchgesetzt werden kann, ist das bei Immobilien kompliziert. Wenn der Träger der Sozialhilfe den Sozialregress einleitet, weiß er keineswegs, wie lange er die Heimkosten der Eltern oder eines Elternteils des Beschenkten ganz oder teilweise übernehmen muss.

Beispiel: Die verwitwete Elvira zieht im Alter von 82 Jahren in ein Pflegeheim. Mit 86 Jahren ist ihr eigenes Vermögen aufgebraucht und das Sozialamt übernimmt Kosten von 1500 Euro pro Monat. Weil Elvira erst acht Jahre zuvor – und damit innerhalb der Zehnjahresfrist – ihre Eigentumswohnung mit einem Verkehrswert von 200 000 Euro ihrem Sohn Matthias überlassen hat, kann das Sozialamt an ihrer Stelle die Schenkung wegen Verarmung zurückfordern. Da Elvira jedoch nicht 200 000 Euro auf einmal benötigt, sondern „nur" 18 000 Euro pro Jahr, kann das Sozialamt nicht die Rückgabe der gesamten Immobilie verlangen. Schließlich ist ungewiss, wie viele Jahre Elvira noch im Heim verbringen und damit das Sozialamt für sie zahlen wird.

Aus diesem Grund kann die Behörde Matthias zwar nicht zwingen, die geschenkte Wohnung zurückzugeben, aber es kann ihn vor die Wahl stellen: entweder die Immobilie zurückzugeben oder die Heimunterbringung der Mutter als Wertersatz zu bezahlen. Häufig stimmen in solchen Fällen die Beschenkten lieber den auferlegten Zahlungen zu. Das bedeutet, Matthias muss unter Umständen monatlich 1500 Euro für die Heimkosten aufbringen. Seine Zah-

Gut zu wissen

Eine frühe Schenkung bringt auch bei späterer Verarmung des Schenkers Vorteile. Das gilt vor allem, wenn die Zehnjahresfrist abgelaufen ist, weil dann das Sozialamt keinen Zugriff mehr bekommt. Durch eine geschickte Vertragsgestaltung können Beschenkte während der Zehnjahresfrist ihre Zahlungsverpflichtungen verringern.

lungsverpflichtung wird jedoch auf den Wert des Geschenks begrenzt, in unserem Beispiel also auf 200 000 Euro.

„Hätte sie sich ein Nießbrauchrecht im Wert von angenommen 90 000 Euro gesichert, würde das vom Verkehrswert abgezogen.

Hätte sich Elvira im Schenkungsvertrag ein Nießbrauchrecht im Wert von angenommen 90 000 Euro gesichert, würde das vom Verkehrswert abgezogen, sodass ihr Sohn dann nur bis zu 110 000 Euro Wertersatz leisten müsste. Allerdings müsste der Nießbrauch dazu verwendet werden, Einnahmen zu erzielen, mit denen dann wiederum ihre Pflegekosten teilweise gedeckt werden könnten.

Vertragliche Rückforderung

Da es nicht einfach ist, gesetzliche Rückforderungsgründe nachzuweisen und den Widerruf der Schenkung wegen groben Undanks gerichtlich oder außergerichtlich durchzusetzen, haben vertragliche Rückfallklauseln von jeher eine große Bedeutung. Im Schenkungsvertrag können dabei auch gesetzliche Gründe wie Beleidigung oder Misshandlung aufgeführt werden, weil dort die Schwelle für eine Rückforderung niedriger angesetzt werden kann als im Gesetz. Die häufigsten Anlässe für vertragliche Rückforderungsrechte sind jedoch andere:

1. **Wenn die beschenkte Person vor dem Schenker stirbt:** Damit soll, wenn zum Beispiel die Mutter ihrer Tochter ein Haus schenkt, verhindert werden, dass der Schwiegersohn das Haus oder die Wohnung erbt und möglicherweise seiner zweiten Frau oder den Kindern aus zweiter Ehe verschenkt oder vererbt. Dadurch ginge das Eigentum an der Immobilie für die Familie der Schenkerin verloren. Ein Rückforderungsrecht bei einem Todesfall der Tochter zu Lebzeiten der Mutter verhindert dies. Außerdem hat das Rückforderungsrecht bei der Erbschaftssteuer erhebliche Vorteile. Beerben Eltern ihre Kinder, ist dies erbschaftssteuerpflichtig; der Freibetrag beträgt in diesem tragischen Fall nur 100 000 Euro pro Elternteil. Es kann also passieren, dass Eltern für eine Immobilie Erbschaftssteuer zahlen, die ihnen zuvor selbst gehört hat. Besteht hingegen ein vertragliches Rückforderungsrecht, so ist der Rückerwerb auf dieser Grundlage steuerfrei und sogar eine für die vorherige Schenkung zu zahlende Steuer erlischt mit Wirkung für die Vergangenheit.
2. **Wenn sich die beschenkte Person scheiden lässt:** Falls das beschenkte Kind keinen Ehevertrag geschlossen hat, sondern im Güterstand der Zuge-

winngemeinschaft lebt, werden bei einer Auflösung der Ehe die Zugewinne, die während der Ehe erzielt worden sind, ausgeglichen. Angenommen, der Sohn hat von seinem Vater eine Eigentumswohnung geschenkt bekommen, dann verbleibt diese zwar nach der Scheidung bei ihm – aber den Wertzuwachs der Immobilie während der Ehe muss er an seine Ex-Frau ausgleichen. Wenn der Verkehrswert der Wohnung beim Zeitpunkt der Schenkung 300 000 Euro betrug und bis zur Auflösung der Ehe auf 400 000 Euro gestiegen ist, sind das 100 000 Euro Wertzuwachs. Der Frau steht die Hälfte davon zu, also 50 000 Euro. Um diese Zahlung von vornherein zu vermeiden, bietet sich im Schenkungsvertrag die Rückfallklausel Scheidung an. Dann erhält der Vater die Wohnung zurück.

Wie wichtig eine vertraglich fixierte Rückfallklausel sein kann, zeigt ein Urteil des Bundesgerichtshofs vom 18. Juni 2019 (Az. X ZR 107/16). Danach muss der Ex-Ehegatte oder Ex-Lebenspartner ein größeres Geldgeschenk der Schwiegereltern – in dem Fall waren es über 104 000 Euro, die ihre Tochter und ihr Partner für den Kauf einer Immobilie verwendet hatten – nur dann zurückzahlen, wenn die Beziehung ungewöhnlich schnell aufgelöst wird. Im verhandelten Fall war die Trennung nach weniger als zwei Jahren erfolgt. Nur aufgrund dieser kurzen Zeit sieht der BGH einen Wegfall der Geschäftsgrundlage, und der Partner der Tochter muss seinen hälftigen Anteil am Geschenk zurückzahlen. Wäre die Trennung oder Scheidung jedoch später erfolgt, treffe, wie der Vorsitzende Richter Peter Meier-Beck erläuterte, die Redensart „Geschenkt ist geschenkt" die Rechtslage gut. Dann kann der Ex-Partner oder -Gatte seine Hälfte des Geschenks behalten.

3 **Wenn die beschenkte Person die Immobilie ohne Zustimmung des Schenkers verkauft oder belastet:** Eigentümer von – insbesondere selbst bewohnten – Häusern oder Wohnungen sehen es meistens nicht gern, wenn ihre verschenkte Immobilie ohne ihre Einwilligung verkauft oder mit belastet wird. Um das zu verhindern, können Verkauf und Belastung in den Katalog der Rückforderungsgründe aufgenommen werden.

4 **Wenn die beschenkte Person gepfändet wird oder gar insolvent ist:** Angenommen, das Kind, dem eine Wohnung übertragen worden ist, geht „pleite" und beantragt Privatinsolvenz. Dann kann der Schenker die Immobilie zurückfordern, wenn der Vertrag eine entsprechende Klausel enthält. Bei einer Zwangsvollstreckung des Objekts gilt Ähnliches wie bei einer Insolvenz.

Neben diesen häufigen Rückforderungsrechten können Sie auch andere Gründe geltend machen. Die individuelle Vertragsfreiheit ist hier groß. Damit Sie aus der Vielzahl an Möglichkeiten die für Sie „richtigen" Klauseln vereinbaren, empfiehlt sich eine Beratung durch Experten. Denkbar ist schließlich auch, ein völlig freies, grundloses Rückforderungsrecht zu vereinbaren. Damit verliert der Beschenkte allerdings jede Sicherheit, dass er die Immobilie wirklich behalten kann. Erst mit dem Tod des Schenkers wird diese Frage endgültig geklärt.

Für den Schenker eröffnet dies hingegen die Möglichkeit, nach eigener Einschätzung die Immobilie doch noch später zu verkaufen oder zur Absicherung von Krediten mit Grundpfandrechten zu belasten. Die Freiheit ist ähnlich der bei einem Testament, nur dass die Transaktion schon einmal stattgefunden hat und mit ihr zumindest vorübergehend alle wirtschaftlichen und steuerlichen Folgen eingetreten sind.

Auch diese Freiheit hat ihren Preis: Da das freie Rückforderungsrecht dem Wert der Immobilie entspricht, kann es auch von den Sozialstellen für Pflegekosten herangezogen werden. Eine Zehnjahresfrist kann erst beginnen, wenn das Rückforderungsrecht aufgehoben wird. Aus demselben Grund verringert die Übertragung auch nicht die Pflichtteilsansprüche Dritter.

→ Im Grundbuch eintragen lassen?

Es stellt sich noch die Frage, ob Rückforderungsrechte durch die Eintragung einer Vormerkung im Grundbuch abgesichert werden sollen. Das ist immer dann sinnvoll, wenn der beschenkten Person die Möglichkeit genommen werden soll, die Immobilie ohne Zustimmung zu veräußern oder zu belasten oder wenn die Absicherung vor einem Gläubigerzugriff beziehungsweise der Insolvenz gewünscht ist. Nur die Vormerkung bietet diesen Schutz. Da sie auch ein großes Veräußerungs- und Belastungshindernis ist, sollte sie aber nicht eingetragen werden, wenn die Beschenkten über das Geschenk frei verfügen sollen. Das ist zum Beispiel der Fall, wenn nur die Risikofälle Tod und/oder Scheidung abgesichert werden sollen.

Immobilien vererben

Verschenken bringt in Ihrem Fall keine Vorteile oder Sie möchten sich nicht zu Lebzeiten von Ihrer Immobilie trennen? Dann können Sie mit einem Testament oder einem Erbvertrag dafür sorgen, dass Ihre Wunscherben zum Zuge kommen und es später weniger Streit ums Erbe gibt.

Warum testamentarische Regelungen notwendig sind – und welche Bedeutung und Auswirkungen sie haben –, lässt sich nur nachvollziehen, wenn Ihnen klar ist, was im Erbfall nach deutschem Recht passiert. Die wichtigsten Details dazu haben Sie bereits im ersten Kapitel erfahren (siehe „Wer erhält meine Immobilie, wenn ich nichts tue?", S. 11). Testamente oder Erbverträge ändern an den Zusammenhängen der gesetzlichen Erbfolge nichts, sie bauen vielmehr gestaltend darauf auf, indem sie zum Beispiel

- **den oder die Erben** und deren Erbquoten bestimmen,
- **regeln, wer aus dem Nachlass** welche Gegenstände, Immobilien oder Rechte etc. erhalten soll, oder
- **regeln, wer für den Nachlass** verantwortlich handelt.

Dabei kommt ein wichtiger Unterschied ins Spiel, den Sie unbedingt kennen sollten: der zwischen „Vermachen" und „Vererben". Dazu erfahren Sie gleich mehr im folgenden Abschnitt.

Das rechtssichere Testament

Sie haben beschlossen, ein Testament zu machen. Doch welche Voraussetzungen muss man beachten, damit es gültig ist? Ist es besser, es selbst zu schreiben oder zum Profi zu gehen?

→ **„Ich vermache hiermit** mein Haus meinem geliebten Ehemann." Ein Testament, das nur diesen einen Satz enthält, mag zwar als Liebeserklärung durchgehen. Doch eine solche Formulierung ist problematisch, vor allem wenn das Haus zwar das wesentliche Vermögen der Erblasserin darstellt, aber nicht das gesamte. Klar und vor allem rechtssicher formuliert wäre ein solches Testament nicht. Die zitierte Erblasserin hat schlichtweg vergessen, ihren Mann zum Erben einzusetzen – „vermachen" und „vererben" mögen umgangssprachlich zwar oft deckungsgleich verwendet werden, aber rechtlich bedeuten sie etwas anderes.

→ Vermachen ist nicht vererben

Wer etwas „vermacht" bekommt, erhält lediglich einen Vermögensvorteil, also eine oder mehrere Sachen aus einem Nachlass, etwa eine Immobilie oder den Familienschmuck. Erbe zu sein, bedeutet viel mehr: Erben sind Rechtsnachfolger der Verstorbenen mit allen Rechten und Pflichten – und stehen auch in der Pflicht, angeordnete Vermächtnisse zu erfüllen.

Sie benötigen immer mindestens einen Erben, der Ihr Rechtsnachfolger ist. Wichtig ist es daher, in einem Testament als Allererstes glasklar zu benennen, welche Person(en) Erbe(n) sein soll(en). Das können natürliche oder auch juristische Personen sein. Dazu gleich mehr.

Im zweiten Schritt kann man dann per Vermächtnis zum Beispiel Grundstücke oder andere Vermögensgegenstände einzelnen Personen zuschreiben. Prinzipiell kann alles vermacht werden, natürlich auch Grundstücke oder Immobilien.

Ist ein Vermögensgegenstand belastet – im Falle eines Grundstücks oder einer Immobilie etwa mit einer Hypothek oder einer Grundschuld –, so gehen diese Belastungen mit über auf den Vermächtnisnehmer.

Formale Anforderungen

Damit aber ein selbst verfasstes Testament gültig ist, muss es ein paar wichtige formale Anforderungen erfüllen. Einfach ein paar Zeilen am Computer tippen, ausdrucken und dann das Dokument unterschreiben? Was für einen Geschäftsbrief gilt, greift nicht für ein rechtlich wirksames Testament. Gut, wenn so etwas wie „Testament" oder „Mein letzter Wille" darüber steht. Es muss komplett eigenhändig und handschriftlich zu Papier gebracht und unter dem Text mit vollem Vor- und Nachnamen unterschrieben werden, damit keine Zweifel an der Urheberschaft des Testaments aufkommen können. Passt es nicht auf eine Seite Papier, sollten Sie die Seiten durchnummerieren und zusammenheften; eine Unterschrift auf der letzten Seite reicht aus. Ort und Datum sollten darauf ebenfalls nicht fehlen, auch wenn das keine Voraussetzung für die Wirksamkeit ist.

Ein solches privatschriftliches Testament lässt sich jederzeit ändern und ergänzen, wichtig sind allerdings bei einer Änderung wiederum Unterschrift, Ort und Datum. Schreiben Sie ein komplett neues, sollten Sie das alte unbedingt vernichten, damit es später nicht zu Problemen kommt. Liegen doch mehrere Testamente von unterschiedlichen Zeitpunkten vor, ist das aktuellste das gültige – vorsorglich empfiehlt es sich daher, schriftlich zu erklären, dass ältere Testamente mit Abfassung des neueren ihre Gültigkeit verlieren.

Ein Testament verwahren

Privatschriftliche Testamente dürfen privat verwahrt werden – zum Beispiel bei Ihnen zu Haus an einem Ort, der den Erben bekannt ist, damit es nach Ihrem Tod rasch gefunden und beim Nachlassgericht eingereicht werden kann. Es in einem Bankschließfach aufzubewahren, empfiehlt sich dagegen nicht, da es dann nicht ohne Weiteres gleich eröffnet werden kann.

Um das Risiko von Testamentsfälschungen oder -unterdrückungen abzuwenden, ist es ratsam, sein privatschriftliches Testament in Verwahrung beim zuständigen Amtsgericht zu geben. Dafür erhalten Sie einen Hinterlegungsschein, den Sie ebenfalls sicher, aber für Ihre Erben auffindbar aufbewahren sollten. Das Testament wird dann beim Zentralen Testamentsregister (ZTR, testamentsregister.de) registriert, das seit 2012 von der Bundesnotarkammer geführt wird. Testamente, die man zu Hause oder anderswo aufbewahrt, können dagegen nicht beim ZTR registriert werden. Die amtliche Verwahrung und ihre Registrierung stellen sicher, dass Ihr Testament nach

---

Wer darf ein Testament errichten? Testierfähig ist man grundsätzlich, wenn man mindestens 16 Jahre alt und geistig in der Lage ist, die Bedeutung seiner Willenserklärung einzuschätzen. Zwischen 16 und 18 Jahren kann man das Testament allerdings nur notariell errichten, eigenhändige Testamente sind unwirksam.

Ihrem Tod gefunden wird, selbst wenn kein Angehöriger davon weiß.

Wichtig: Im ZTR werden keine konkreten Inhalte der Erbfolgedokumente gespeichert, sondern nur, dass ein Testament einer bestimmten Person vorliegt – also Angaben zur Person des Erblassers, zum Verwahrort und zur Urkunde selbst.

Gerade wenn man sich aus Kostengründen für ein privatschriftliches Testament entscheidet, sollte man erwägen, es in amtliche Verwahrung zum Gericht zu geben. Die Kosten von 75 Euro für die Verwahrung sowie 15 Euro für die Registrierung bei Meldung über Notare oder Gerichte (sonst 18 Euro), sind vergleichsweise gering; die Gebühr deckt auch die Kosten für die Benachrichtigungen im Sterbefall ab. Dafür ist sichergestellt, dass Ihr Testament nicht verloren gehen oder unterdrückt werden kann.

→ Was passiert, wenn ich das Testament zurückhole?

Wenn Sie das Testament aus der amtlichen Verwahrung zurückholen, kommt es darauf an, ob es sich um ein privatschriftliches oder ein notarielles handelt. Das eigenhändige Testament bleibt wirksam, das notariell verfasste wird automatisch ungültig – mit der Folge, dass sofort wieder die gesetzliche Erbfolge mit all ihren Vor- und Nachteilen greift. Wer das nicht will, sollte sofort ein neues errichten.

Selbst schreiben oder zur Fachkraft?

Was sollten Sie persönlich nun tun? Ihr Testament einfach selbst schreiben, notariell beurkunden lassen oder eine andere Fachkraft, zum Beispiel einen Fachanwalt für Erbrecht, hinzuziehen? Wie so häufig gibt es auch hier keine Antwort, die für alle Fälle passt. Sie müssen sich nur ehrlich fragen, ob Sie für dieses wichtige Dokument über ausreichend Sachkunde verfügen. Je einfacher der Fall, desto eher wird dies zutreffen. Um Ihren Partner, ein Kind oder Ihren Lieblingsneffen zum Alleinerben einzusetzen, genügt ein handgeschriebener Satz, und schon erbt die Person alles, auch Ihre Immobilie(n). Wenn zwei oder mehr Personen erben sollen, gilt das Gleiche, nur sollte der Satz zusätzlich die Erbquoten enthalten, zum Beispiel:

Ich, Max Müller, setze meine Nichten Sabine Schulz zu 1/2, Frauke Schmidt zu 1/4 und Annegret Maier zu 1/4 zu meinen Erben ein.

Das kann fast jeder, der noch von Hand schreiben kann. Jede Erweiterung, zum Beispiel Regelungen zur Verteilung der Immobilie und anderer Vermögenswerte, bedarf zusätzlicher Fachkunde, die im Einzelfall vorhanden sein mag. Das ist aber eher die Ausnahme. Inhaltliche Fehler eines Testaments führen selten zur Unwirksamkeit, oft aber zu Unklarheiten und damit zu Gründen für die Nachkommen, über das Erbe zu streiten. Bei gemeinsamen Testamenten (dazu später mehr unter „Testament oder Erbvertrag?“, S. 97) stellt sich das Problem, dass der überlebende Ehegatte womöglich durch das Testament stärker gebunden wird, als man bedacht hat.

Wenn es also beim Erbe um etwas geht, ist es eher ein Fehler, die Kosten sachkundiger Beratung zu sparen.

Welcher Experte ist für Sie der richtige?

Ob ein Notar, eine Fachanwältin oder ein Steuerberater zu den Besseren oder Schlechteren gehört, können Laien in der Regel nicht beurteilen, Empfehlungen oder allgemein der Ruf einer Person mögen bei der Suche helfen. Für ausreichende Kompetenz eines Notars spricht, dass dieser von Berufs wegen ständig mit Immobilienangelegenheiten aller Art und auch mit Testamenten, Erbverträgen und sonstigen Nachlasssachen zu tun hat. Auch bürgt der lange Weg bis zur Ernennung zum Notar und die Fachauswahl für ein gehobenes Maß an Qualität. Außerdem haftet er für Fehler und ist in der Regel gut versichert.

Gute Fachanwälte für Erbrecht verfügen über die gleichen Kompetenzen, sie haben zwar selten so viele Praxisfälle bei der Testamentserrichtung und kaum die gleiche Erfahrung in Immobiliengeschäften, andererseits haben sie aber Erfahrung mit Streitfällen vor Gericht. Sind Steuerfragen von Relevanz, wird man immer einen Steuerberater des Vertrauens hinzuziehen, dieser macht aber selten die eigentliche Beratung zur Testamentserrichtung.

Natürlich sollten Sie bei Ihrer Entscheidung auch die Kosten für die fachkundige Beratung berücksichtigen. Insoweit gilt: Gute Fachanwälte, die ihre Leistung billig anbieten, sind normalerweise nicht zu finden. Die Notarkosten ergeben sich aus dem Gesetz und richten sich allein nach dem Wert des Nachlasses (mehr dazu „Kosten und Gebühren“, S. 166), was bei sehr hohen Nachlasswerten zu sehr hohen Kosten führen kann: So kostet zum Beispiel ein Einzeltestament bei einem Nachlasswert von 5 Millionen Euro 8135 Euro plus Umsatzsteuer; bei einem Nachlasswert von 10 Millionen Euro belaufen sich die Kosten auf 11385 Euro zuzüglich Umsatzsteuer. Für gemeinschaftliche Testamente oder Erbverträge wird der doppelte Betrag fällig. Hier kann ein guter Fachanwalt möglicherweise ein deutlich günstigeres Angebot machen.

Zu bedenken ist dabei aber, dass bei notariell beurkundeten Testamenten, aus denen sich die Erben eindeutig ergeben, in der Regel der Erbschein entbehrlich wird, der sonst bei Erbschaften mit Immobilien nötig wird. Bei gleichem Nachlasswert sind die Kosten für den Erbschein höher als die für das notarielle Testament und die Kosten von zwei Erbscheinen in aller Regel auch höher als die Kosten eines Erbvertrags. Nur wenn Sie Ihr Testament mehrfach ändern, geht diese Rechnung nicht auf, da beim Notar jede Änderung Kosten auslöst.

Gut zu wissen

Online zum Testament? „Günstiger und schneller als der Anwalt." So und ähnlich klingen Werbeversprechen von Onlinediensten, mit deren Hilfe Nutzer schnell ein Testament abfassen können. Finanztest hat fünf Anbieter geprüft und betrachtet (Ausgabe 9/2018), was sie leisten. Nur mithilfe von drei der getesteten Anbietern ließ sich – in einfach gelagerten Fällen – ein zutreffendes Testament erzeugen. Doch einfach abschreiben und unterschreiben sollte man die Vorlagen nicht – aus Sicht von Finanztest sind diese Dienste nur als Einstieg ins Thema nützlich, um sich einen ersten Überblick zu verschaffen. Um unerwünschte, nicht bedachte Erbregelungen auszuschließen, sollte man besser einen Fachanwalt für Erbrecht oder einen Notar konsultieren. Die Onlinedienste übernehmen für die Richtigkeit ihrer Ergebnisse keine Haftung.

Fazit: Müssen Sie, zum Beispiel weil Sie einen Erbvertrag wünschen, ohnehin zum Notar, sollten Sie sich daneben zunächst weiteren fachkundigen Rat sparen, nicht aber bei Bedarf den Steuerberater. Der Notar oder einer seiner Sachbearbeiter wird den Fall aufnehmen, einen Entwurf anfertigen und Ihnen übersenden. Nachdem Sie ihn geprüft haben, können Sie Unklarheiten, Änderungswünsche und Ergänzungen besprechen, bei Bedarf folgt ein weiterer Entwurf. Passt das Ergebnis, findet die notarielle Beurkundung statt, mit deren Abschluss sind das Testament oder der Erbvertrag wirksam.

Liefert der Notar nicht, was Sie sich erhoffen, können Sie vor einer Beurkundung immer noch ergänzende Angebote wahrnehmen. Kommen Sie überhaupt nicht klar, sollten Sie den Notar wechseln.

Ist die notarielle Beurkundung, wie beim Einzeltestament, gesetzlich nicht vorgeschrieben, können Kostengründe, persönliches Vertrauen oder besondere Umstände auch für den Weg zu einem Fachanwalt sprechen. Dieser wird im Prinzip dann ähnlich verfahren. Anders als beim Notar entfällt hier aber die Möglichkeit, das Testament schreiben zu lassen. Sie müssen einen Entwurf immer von Hand abschreiben. Auch fehlen die Feststellungen des Notars zur Geschäfts- und Testierfähigkeit, ein Erbschein und dessen Kosten werden sich in der Regel nicht vermeiden lassen.

Könnte Ihre Geschäftsfähigkeit angezweifelt werden, empfiehlt es sich, dass Sie Ihrem Testament ein zeitnah erstelltes Attest des Hausarztes oder ein fachärztliches neurologisches Gutachten über Ihre Testierfähigkeit beifügen.

Testament oder Erbvertrag?

Es gibt die Möglichkeit, ein Einzeltestament zu machen oder ein gemeinschaftliches mit dem Ehepartner. Oder man schließt einen Erbvertrag ab. Was empfiehlt sich wann und für wen?

→ **Folgende Vorüberlegungen** sollten Sie anstellen: Wie lautet Ihr Familienstand – und wie hoch ist Ihr Bedürfnis nach Bindungswirkung? Oder ist es Ihnen wichtig, sich neu besinnen und Ihren letzten Willen wieder ändern zu können? Je nachdem kommen verschiedene Regelungsformen für Sie in Betracht.

Einzeltestament

Wenn Sie nicht verheiratet sind, können Sie nur ein Einzeltestament aufsetzen oder einen Erbvertrag schließen. Wenn Sie Ihr Erbe zutreffend regeln, aber niemandem etwas versprechen wollen, ist das Einzeltestament die richtige Wahl. Sie können es jeden Tag vollständig widerrufen oder punktuell ändern. Das Einzeltestament kann – wie geschildert – handschriftlich, also vollständig eigenhändig geschrieben und unterschrieben errichtet oder alternativ notariell beurkundet werden. Werden diese Formvorschriften nicht beachtet, ist es nichtig.

Gemeinsames Testament

Nur Ehegatten und eingetragene Lebenspartner können ein gemeinsames Testament verfassen. Auch dieses kann von Hand geschrieben sein oder notariell beurkundet werden. Wird es handschriftlich errichtet, genügt es, wenn ein Ehegatte es vollständig schreibt und beide es unterschreiben. Das gemeinsame Testament kann also für jemanden, dem das Schreiben schwerfällt, eine Möglichkeit sein, das Testament schreiben zu lassen – solange er noch in der Lage ist, es zu unterschreiben. Inhaltlich gibt es keine Vorgaben. Es ist zwar üblich, dass in einem gemeinsamen Testament beide Ehegatten ihre Erbfolge regeln, möglich wäre es aber auch, dass nur einer dies verfügt, während der andere gar nichts oder nur einzelne Punkte wie das Vermächtnis eines Wohnrechts für den anderen regelt.

→ Gemeinsam gebunden

Wichtig zu wissen: Das gemeinsame Testament bindet die Verfasser, soweit sie „wechselbezügliche Verfügungen" treffen. Damit sind per Gesetz Verfügungen gemeint, von denen anzunehmen ist, dass die Regelung des einen Partners nicht ohne die Regelung des anderen Partners getroffen worden wäre.

Gesetzliche Beispiele hierfür sind insbesondere Verfügungen zugunsten des anderen Ehegatten oder zugunsten solcher Personen, die einem Ehegatten nahestehen oder mit ihm verwandt sind, insbesondere dessen Kinder.

Solange beide leben, können sie wechselbezügliche Verfügungen gemeinsam aufheben oder abändern. Sie lassen sich auch von einem Partner einseitig widerrufen, jedoch nur durch eine notariell beurkundete Widerrufserklärung. Ist einer der beiden verstorben und hat der andere Verfügungen zu seinen Gunsten angenommen, kann er die wechselbezüglichen Verfügungen nicht mehr aufheben oder ändern.

Dies führt oft zu bösen Überraschungen für die Überlebenden, denn viele, die ein gemeinsames Testament verfassen, sind sich dieser Folge nicht bewusst. Unwissen schützt aber nicht vor der Bindungswirkung, die zum Beispiel das klassische „Berliner Testament“ entfaltet, das in Kurzform wie folgt lautet:

Wir, Hans und Hilde F., setzen uns gegenseitig zu Alleinerben ein. Stirbt der letzte von uns oder sterben wir beide, sind unsere Kinder zu gleichen Teilen Erben.

Stirbt Hans in jungen Jahren und hinterlässt Hilde und ein gemeinsames Kind, dann bedeutet diese Wechselbezüglichkeit, dass Hilde kein wirksames Testament mehr schreiben kann, da ihr gesamtes Erbe zwingend dem gemeinsamen Kind zukommt. Dass sie im Lauf ihres weiteren Lebens selbst noch Vermögen aufbaut, vielleicht wieder heiratet und weitere Kinder bekommt, ändert daran nichts, alles ist bindend dem gemeinsamen Kind zugewiesen.

Die Bindungswirkung kann nur aufgehoben werden, wenn der Längerlebende die Erbschaft ausschlägt oder das von ihm mitverfasste Testament anficht.

Die Bindung kann natürlich auch gerade gewünscht sein. Dafür ist es aber wichtig, dass man die Möglichkeiten und Folgen des gemeinschaftlichen Testaments kennt.

→ Vorsicht beim Verfassen gemeinsamer Testamente!

Es ist gut möglich, dass der Inhalt unveränderlich wird. Wer dieses Risiko vermeiden will, sollte eher ein Einzeltestament verfassen oder im Testament ausdrücklich klarstellen, ob und welche Regelungen bindend sein sollen. So könnte beim genannten Beispiel der zweite Satz weggelassen oder ergänzt werden um den Satz: „Der Überlebende von uns ist berechtigt, dieses Testament jederzeit einseitig zu ändern.“

Das Paar muss entscheiden, ob ihm die Freiheit des Längerlebenden oder die Sicherung der Kinder durch Bindungswirkung wichtiger ist. Dabei sollten die Einschränkungen, die eine solche Bindung mit sich bringt, nicht unterschätzt werden. Als Faustregel kann gelten: Je jünger das Paar, desto weniger Bindung sollte den Längerlebenden treffen, denn er/sie kann früh Witwe(r) werden, noch lange leben, viele Menschen kennenlernen, erneut heiraten und eigenes Vermögen bilden. Überlebende Partner sollten frei sein, das Erbe neu zu regeln.

Ist das Ehepaar schon im reifen Alter und verfügt über Vermögen, das gemeinsam erwirtschaftet wurde, ist es nachvollziehbar, wenn die zuerst Versterbenden den Kindern dieses Vermögen sichern wollen. Auch hierzu ist keine umfassende Bindung erforderlich, denn auch eine gezielte Bindung bezüglich des gemeinsam erworbenen Vermögens ist möglich. Diese Regelung sollte unter fachkundiger Beratung erfolgen.

Erbvertrag

Ein Erbvertrag lässt sich von zwei oder mehreren Personen abschließen, die weder verheiratet noch sonst miteinander verwandt sein müssen. Er bedarf immer der notariellen Beurkundung. Der Erbvertrag ermöglicht es, vertraglich bindend die Erbeinsetzung, Vermächtnisse und Auflagen zu regeln. Mindestens ein vertragliches Versprechen muss im Erbvertrag enthalten sein, sonst ist er keiner, sondern ein Testament. Darüber hinaus können die Beteiligten frei entscheiden, in welchem Umfang Regelungen vertraglich bindend sein sollen. Soweit eine vertraglich bindende Regelung vereinbart wird, kann bei Ehegatten mit einem Erbvertrag exakt dasselbe Ergebnis herbeigeführt werden wie mit einem gemeinsamen Testament.

Die vermeintliche Weisheit „Regelungen in einem Erbvertrag kann man alleine nicht mehr ändern“ ist in dieser Allgemeinheit Unsinn. Für jede einzelne Regelung im Erbvertrag kann festgelegt werden, ob sie vertraglich bindend ist, also einseitig nicht mehr geändert werden kann oder nicht. Es kann auch eine eingeschränkte Änderbarkeit vereinbart werden, zum Beispiel im Kreis der gemeinsamen Abkömmlinge, nicht aber zugunsten Dritter.

> **Selbst für vertraglich bindende Verfügungen kann zu Lebzeiten der Beteiligten ein Rücktrittsvorbehalt vereinbart werden.**

So kann zum Beispiel erbvertraglich bindend dem Ehepartner ein Wohnrecht und der Hausrat vermacht werden, während die gesamte sonstige Vermögensverteilung durch Erbeinsetzung, Vermächtnisse sowie die Anordnung von Testamentsvollstreckung frei widerruflich ist. Selbst für vertraglich bindende Verfügungen kann zu Lebzeiten der Beteiligten ein Rücktrittsvorbehalt vereinbart werden. Man muss nur wissen, wie viel Bindung man will und dies dann zutreffend regeln.

Allerdings lässt sich ein Erbvertrag zu Lebzeiten der Beteiligten nur widerrufen, wenn sich die Vertragspartner den Rücktritt vorbehalten haben. Dieser Rücktritt unterliegt denselben Regelungen wie der Widerruf eines gemeinsamen Testaments.

Letztlich eröffnet damit der Erbvertrag nicht verheirateten Personen, zum Beispiel Lebensgefährten, Geschwistern oder Eltern, dieselben Regelungsmöglichkeiten wie ein gemeinschaftliches Testament, das nur Ehepartnern offen steht – mit dem Unterschied, dass der Erbvertrag zwingend vor einem Notar geschlossen werden muss.

Den richtigen Weg wählen

Wenn Sie keine dauerhafte Bindungswirkung wollen, kommt für Sie nur das Einzeltestament infrage. Soweit Sie es notariell beurkunden lassen, kostet es ungefähr die Hälfte eines gemeinsamen Testaments oder eines Erbvertrags.

Wenn Ihnen hingegen daran liegt, dass eine mit dem Partner oder einer anderen Person abgesprochene Regelung nicht heimlich widerrufen werden kann, ohne dass einer von Ihnen davon erfährt, dann wünschen Sie Bindung. Diese kann durch einen Erbvertrag erreicht werden, mit verschiedenen Abstufungen der Bindungswirkung bis hin zu einer vollständigen Unwiderruflichkeit. Eine gemeinsame Änderung geht hingegen immer, solange man testierfähig ist. Für Ehegatten ist dies auch durch ein gemeinsames Testament und damit ohne notarielle Form möglich. Es lässt sich zu Lebzeiten allerdings immer widerrufen.

Maßgeblich für das, was Sie wählen, ist somit allein Ihr Bedürfnis nach Freiheit oder Bindung.

Nicht nur an den Nachlass denken

Nicht nur Ihr plötzlicher Tod kann Ihre Familie vor große Probleme stellen. Auch ein Unfall oder eine schwere Krankheit können dazu führen, dass Sie von heute auf morgen wichtige Entscheidungen in vermögensrechtlichen Angelegenheiten, so etwa bei der Verwaltung Ihrer Immobilie(n), aber auch in persönlichen und gesundheitlichen Belangen, nicht mehr selbst treffen können. Das kann dazu führen, dass Sie nicht mehr testierfähig sind. Dann aber ist es zu spät, einen letzten Willen aufzusetzen.

Für eine Vorsorgevollmacht muss man keine Formvorschriften beachten. Für bestimmte Angelegenheiten – etwa Grundstücksgeschäfte, Verbraucherdarlehensverträge und viele unternehmerische Transaktionen – ist aber zwingend eine notarielle Vollmacht erforderlich.

Was viele nicht wissen: Selbst die nächsten Angehörigen, sei es der Ehepartner oder die eigenen Kinder, sind im Notfall nach derzeitigem Recht keineswegs automatisch zur Regelung von Vermögensangelegenheiten & Co. berechtigt, wenn keine Vorsorgevollmacht vorliegt.

Sofern Sie sich also mit dem Gedanken tragen, ein Testament aufzusetzen, sollten Sie sich am besten auch damit beschäftigen, Vollmachts- und Vertretungsfragen mitzudenken und zu regeln. Aber nicht im Testament selbst, sondern separat: Empfehlenswert ist es, sich einen privaten Notfallordner anzulegen. Dessen Standort sollte Ihren Vertrauenspersonen gut bekannt sein. Darin enthalten sind wichtige Anweisungen, Vollmachten und Dokumente, die sie auf einen Griff vorfinden können sollten.

Die Vorsorgevollmacht ist das wohl wichtigste Einzeldokument. Mit der Vorsorgevollmacht können Sie einer Vertrauensperson das Recht einräumen, stellvertretend für Sie zu handeln. Sie kann im Zentralen Vorsorgeregister der Bundesnotarkammer registriert werden und sich auf die Wahrnehmung bestimmter oder aber auch aller Angelegenheiten beziehen.

Wunscherben einsetzen, den Nachlass aufteilen

Sie können Ihre Wunscherben bestimmen oder Personen vom Erbe ausschließen. Wenn mehrere Personen etwas bekommen sollen, gibt es unterschiedliche Wege, das Erbe aufzuteilen.

→ **Im ersten Schritt** sollten Sie einen oder mehrere Erben bestimmen. Wenn nach der gesetzlichen Erbfolge der Falsche die Immobilie erben würde, besteht die Lösung darin, den aus Ihrer Sicht richtigen, also den oder die gewünschten Erben einzusetzen. Sie können Ihre Erben mithilfe eines Testaments grundsätzlich frei bestimmen und dabei von der gesetzlichen Erbfolge abweichen. Doch in solchen Fällen haben die Ausgeschlossenen häufig einen Anspruch auf den Pflichtteil (siehe „Wer hat Anspruch auf einen Pflichtteil?“, S. 20). Man darf als Erben nicht nur natürliche Personen bedenken, sondern auch juristische Personen wie Firmen, beispielsweise das eigene Familien-

Gut zu wissen

Erben können nur rechtsfähige Personen, das heißt alle Menschen sowie rechtsfähige Einheiten wie Gesellschaften, Vereine, Stiftungen und Körperschaften, insbesondere auch staatliche Einheiten. Gibt es keinen anderen Erben, erbt das Bundesland, in dem die Verstorbenen ihren letzten gewöhnlichen Wohnsitz oder Aufenthalt hatten. Erbe wird auch, wer nicht handlungs- oder geschäftsfähig ist. Gezeugte Kinder werden Erben, wenn sie lebend geboren werden. Auch wer nicht aufzufinden ist, wird Erbe.

unternehmen, oder wohltätige Organisationen und Stiftungen.

Sie möchten zum Beispiel erreichen, dass Ihr Ehegatte, Lebensgefährte oder eines von mehreren Kindern Ihre Immobilie(n) allein erbt. Dann können Sie das im Testament anordnen, das heißt, die gewünschte Person zum Alleinerben einsetzen. Sie erwirbt dann allein nicht nur die Immobilie(n), sondern den gesamten Nachlass.

Umgekehrt können Sie im Rahmen eines Testaments auch einen Ihnen unliebsamen gesetzlichen Erben ausdrücklich enterben. Damit ist sichergestellt, dass diese Person, egal was sonst geschieht, niemals Erbe wird. Bitte berücksichtigen Sie aber, dass sie eventuell einen Pflichtteilsanspruch hat.

Sie können natürlich auch mehrere Personen, zum Beispiel drei Ihrer vier Kinder, gemeinsam zu Erben einsetzen, dann erben diese gemeinsam alles, auch die Immobilie(n). Um Zweifel zu vermeiden, müssen Sie hier allerdings genau anordnen, welchen Anteil (Quote) der jeweilige Erbe erhält, zum Beispiel ein Drittel. In diesem Fall entsteht dann aufgrund Ihres Testaments wiederum eine Erbengemeinschaft mit den schon besprochenen Problemen (siehe „Alles für alle“, S. 15).

Das Erbe aufteilen: Auseinandersetzung und Vermächtnis

Es liegt auf der Hand, dass es komplizierter ist, wenn Sie Ihren Nachlass auf verschiedene Personen aufteilen möchten.

Beispiel: Angenommen, das eheliche Wohnhaus soll Ihr Ehepartner, die Eigentumswohnung aber schon Ihr Kind erhalten. Setzen Sie testamentarisch Ihren Ehepartner und Ihr Kind zu Erben ein, so erben beide gemeinschaftlich alles, sowohl das Wohnhaus als auch die Eigentumswohnung. Genau wie bei der gesetzlichen Erbfolge entsteht eine Erbengemeinschaft. Sie müssen dann zusätzlich weitere oder andere Regelungen treffen.

Häufig gibt es mehrere Wege zum gleichen Ziel. Allerdings hat die Wahl des Weges Konsequenzen, die sehr oft im Verborgenen liegen.

Für den Fall Vererbung auf Ehepartner und Kind gibt es folgende vier Wege mit ganz unterschiedlichen Konsequenzen:

Variante 1: Gemeinsame Erbeinsetzung und Auseinandersetzung

Sie setzen beide als Erben ein, zum Beispiel Ehepartner und Kind je zur Hälfte. Sie ordnen außerdem an, dass der Ehepartner das Wohnhaus und das Kind die Eigentumswohnung erhält.

Damit sind Ehepartner und Kind als Erben verpflichtet, zum Notar zu gehen und die Immobilien gemäß der Anordnung zu übereignen, das Haus auf den Ehepartner und die Wohnung auf das Kind.

Ist das Haus zum Beispiel 400 000 Euro, die Wohnung dagegen nur 200 000 Euro wert, muss der Ehepartner dem Kind einen Ausgleich leisten, damit es wertmäßig bei der hälftigen Erbschaft bleibt. Im Beispiel wären 100 000 Euro Ausgleich zu zahlen. Kein Ausgleich müsste hingegen fließen, wenn der Ehepartner zu zwei Dritteln und das Kind zu einem Drittel als Erbe eingesetzt wäre, da das Haus zufällig genau zwei Drittel vom Gesamtwert der Immobilien ausmacht.

Wenn man mit dem Ausgleich ernst macht, müssen die Immobilien bewertet werden (zur Bewertung siehe „Auf den Wert der Immobilie kommt es an", S. 135). Natürlich können sich die Erben auch einvernehmlich auf die Höhe des Ausgleichs verständigen, was in der Praxis häufig geschieht. Sie können sogar die Anordnung der Auseinandersetzung ignorieren. Wenn es hart auf hart geht, hat allerdings jeder einzelne Erbe das Recht, auf den Regelungen zu bestehen.

Variante 2: Gemeinsame Erbeinsetzung und Vorausvermächtnis

Wie schon im ersten Fall setzen Sie wiederum beide zu Erben ein. Sie ordnen außerdem an, dass der Ehepartner das Haus und das Kind die Eigentumswohnung erhält. Darüber hinaus verfügen Sie aber, dass beide diese Immobilien als „Vorausvermächtnis" erhalten, das heißt, dass für Wertunterschiede kein Ausgleich zu leisten ist.

> **Mithilfe eines Vorausvermächtnisses ist es möglich, einen seiner Erben zu bevorzugen.**

Wiederum sind Ehepartner und Kind als Erben verpflichtet, zum Notar zu gehen und die Immobilien gemäß der Anordnung zu übereignen. Sie müssen sich untereinander jedoch keinen Ausgleich zahlen, egal, was Haus und Wohnung wert sind, und egal, welche Erbquoten testamentarisch angeordnet sind. Denn ein Vorausvermächtnis gibt es vorab aus dem Nachlass, und zwar ohne Anrechnung auf den Erbteil. Die Erbquoten sind dann nur noch für den restlichen Nachlass (zum Beispiel Auto, Geld, Wertpapiere, aber auch Schulden) maßgeblich. Bewertungsprobleme ergeben sich bei den Immobilien nicht.

Mithilfe eines Vorausvermächtnisses ist es so möglich, einen seiner Erben beim Wert des Erbes zu bevorzugen.

Variante 3: Alleinerbeinsetzung des Ehepartners und Vermächtnis

In Alternative drei setzen Sie Ihren Ehepartner zum Alleinerben ein. Sie bestimmen aber durch Vermächtnis, dass das Kind die Eigentumswohnung bekommen soll. Bei dieser Regelung erhält der Ehepartner als Erbe alles, auch das Haus und die Wohnung. Er ist allerdings verpflichtet, mit dem Kind zum Notar zu gehen und die Wohnung gemäß der Anordnung auf das Kind zu übereignen. Der Rest verbleibt dem Ehepartner, Ausgleichs- oder Bewertungsfragen stellen sich auch in diesem Fall nicht.

Variante 4: Alleinerbeinsetzung des Kindes und Vermächtnis

Sie setzen das Kind zum Alleinerben ein. Sie bestimmen durch Vermächtnis, dass der Ehepartner das Haus erhält. Anders als in Alternative drei bekommt das Kind hier alles, auch das Haus und die Wohnung. Es ist verpflichtet, mit dem Ehepartner zum Notar zu gehen und das Haus gemäß der Anordnung auf den Ehepartner zu übereignen. Der Rest verbleibt dem Kind, Ausgleichs- oder Bewertungsfragen stellen sich nicht.

Welche Variante wählen?

Schon bei diesem einfachen Fall gibt es vier verschiedene Wege, die zum gewünschten Ergebnis führen, nämlich dass das Haus an den Ehepartner geht und die Wohnung an das Kind. Welcher Weg der für Sie passende ist, müssen Sie selbst entscheiden, denn es kommt darauf an, was Ihnen wichtig ist.

Variante 1 führt dazu, dass die Erben stets gerecht nach ihren Quoten bedacht werden. Der Preis, den sie dafür bezahlen, besteht in einer Erbengemeinschaft mit ihren Problemen und in der Notwendigkeit, alle Immobilien durch notarielle Übereignungsurkunde verteilen zu müssen (Notarkosten). Dazu kommt eventuell die Notwendigkeit, die Immobilien bewerten zu müssen – was zu Konflikten und Kosten führen kann.

Variante 2 vermeidet Bewertungsfragen, führt allerdings zu einer ungleichen und vielleicht ungerechten Verteilung, ansonsten ergibt sich wiederum Lösung 1.

Bei der Alleinerbeinsetzung (Varianten 3 oder 4) muss nur eine Immobilie notariell übereignet werden. Sie ist daher etwas kostengünstiger. Es entsteht keine Erbengemeinschaft, dafür wird der Alleinerbe in Bezug auf den restlichen Nachlass bevorzugt.

Unerwünschte Ungerechtigkeiten in der Verteilung durch Vermächtnisse lassen sich durch weitere Vermächtnisse korrigieren, so kann bei den Wegen drei und vier zusätzlich angeordnet werden, dass der Vermächtnisnehmer auch die Hälfte (oder mehr oder weniger) des Geldvermögens erhält.

Patentlösungen für alles gibt es nicht, wohl aber kreative Lösungen für typische Fälle. Möchte oder kann ein junges Ehepaar noch nicht festlegen, welches Kind was bekommen soll, um Steuerfreibeträge oder Progressionsvorteile auszunutzen, kann zum Beispiel mit dem sogenannten Supervermächtnis dem überlebenden Ehegatten ermöglicht werden, die Leistungen an Kinder passend zu definieren. Hier empfiehlt es sich, fachkundigen Rat einzuholen

Mehrere Immobilien? Mehr Komplexität!

In der Sache macht es keinen Unterschied, ob eine, zwei oder 15 Immobilien vererbt werden und wie viele Personen diese erhalten sollen, es läuft immer über die vier angegebenen Lösungswege, die natürlich miteinander kombiniert werden können.

Beispiel: Im Nachlass sind zehn Immobilien vorhanden, es werden drei Erben eingesetzt, die jeweils eine Immobilie durch Auseinandersetzungsanordnung erhalten, zwei von ihnen erhalten noch je eine Immobilie als Vorausvermächtnis und zwei weitere Personen erhalten zwei beziehungsweise drei Immobilien als Vermächtnis. Es wird nur komplexer. Noch schwieriger wird es, wenn die Verteilung von Schulden mitgeregelt werden muss oder in Betracht gezogen wird, dass von den Immobilien eine vielleicht noch zu Lebzeiten verkauft wird. Alles ist regelbar, aber es ist nicht einfach, es richtig und eindeutig zu formulieren.

Die Bestimmung der Erbquoten und die Verteilung des Erbes durch Vermächtnisse sind auch der einfachste Weg, das Erbe steuergünstig auf viele Personen aufzuteilen und deren Freibeträge beziehungsweise günstigeren Steuersätze auszunutzen.

Allerdings birgt eine Steuerplanung per Testament das Risiko, dass sich nicht vorhersehen lässt, ob die steuerrechtlichen Regeln und die Vermögensverhältnisse noch dieselben sein werden wie zu dem Termin, an dem das Testament abgefasst wurde. Denn den eigenen Todeszeitpunkt kennt man – glücklicherweise – in der Regel nicht.

→ Den Weg zum Ziel festlegen

Keinesfalls sollten Sie ein Testament schreiben, das nur die Verteilung des Erbes vorgibt, den Weg dorthin aber offen lässt, wie im Beispiel:

„Mein letzter Wille: Meine Ehefrau erhält unser eheliches Wohnhaus, meine Tochter erhält die Eigentumswohnung."

In dieser Formulierung ist unklar, wer Erbe ist und ob eventuell ein Ausgleich gezahlt werden soll. Jeder der vier geschilderten Lösungswege kann gemeint sein. Da diese rechtlich und wirtschaftlich sehr unterschiedliche Ergebnisse bedeuten, ist Streit programmiert.

Testamentsvollstreckung

Es gibt viele Gründe, warum jemand zwar den Nachlass oder eine Immobilie erhalten, aber damit wenig Arbeit haben sollte. Testamentsvollstreckung ist hier oft die passende Lösung.

Je komplexer der Nachlass – etwa bei mehreren Immobilien im Vermögen – und je zahlreicher die Erben und Vermächtnisnehmer, desto sinnvoller kann es sein, dass ein Erblasser sie besser nicht den Nachlass abwickeln lassen möchte. Gleiches gilt für die Verwaltung der Immobilie selbst. Er oder sie kann dann nur für bestimmte Zeit oder auf Dauer Testamentsvollstreckung anordnen und den Erben damit einen Treuhänder an die Seite stellen.

Besonders sinnvoll kann das sein, wenn zum Kreis der Erben ein Kind oder auch Personen zählen, die aufgrund von Krankheit geschäftsunfähig sind. Oder wenn sie Ihnen als Erblasser für die Aufgabe zu unreif erscheinen oder aus anderen Gründen überfordert. Schließlich auch dann, wenn es Ihr Wunsch ist, eine wertvolle Immobilie den Bedachten nicht ganz ohne Kontrolle zukommen zu lassen.

Testamentsvollstreckung gibt es in verschiedenen Spielarten:

- **Abwicklungsvollstreckung:** Bei der „Abwicklungsvollstreckung" kümmert sich der Testamentsvollstrecker, wie der Name schon sagt, um die Abwicklung des Nachlasses, also um die Bestandsaufnahme, um das Begleichen der Nachlassverbindlichkeiten und um die Verteilung des Nachlasses. Er übernimmt also Aufgaben, die sonst die Erben zu übernehmen hätten, gibt zum Beispiel Vermächtnisse aus und kontrolliert, ob die Erben ihnen auferlegte Pflichten / Bedingungen erfüllen.
- **Dauervollstreckung:** Die „Dauer"- oder „Verwaltungsvollstreckung" lässt sich auf 30 Jahre anordnen, gegebenenfalls sogar länger, womöglich sogar bis zum Tod des Erben oder Vermächtnisnehmers, zum Beispiel wenn der Nachlass für ein Kind mit Handicap verwaltet werden soll (dazu später mehr unter „Lösungen für besondere Fälle", S. 125). Zusätzlich ist es ratsam, für minderjährige Erben einen Vormund zu benennen, der für das Kind handeln kann, wenn es durch den Tod beider Eltern zur Waise geworden ist.

Testamentsvollstreckung ist anspruchsvoll

Testamentsvollstrecker ist ein anspruchsvolles Amt mit einiger Machtfülle. Die Erben sind nicht in der Position, ihm oder ihr Weisungen zu erteilen. Auch müssen Testamentsvollstrecker sie bei bestimmten Maßnahmen nicht um ihre Erlaubnis bitten. Sie sollten daher nur eine Vertrauensperson für diese Aufgabe auswählen, die dem Amt gewachsen ist.

Testamentsvollstrecker kann einer der Begünstigten sein, zum Beispiel ein Miterbe oder ein Vermächtnisnehmer, der dann das Heft in die Hand nimmt. Wenn diese Person ohnehin ausreichend bedacht ist, muss sie für die Tätigkeit keine Vergütung erhalten. Oft ist sie für das Amt dankbar, da es ihr die Abwicklung erheblich erleichtert.

Sie können aber auch eine externe, besonders sachkundige Person, zum Beispiel eine hierauf spezialisierte Rechtsanwältin, zur Testamentsvollstreckerin einsetzen. In diesem Fall muss die Vergütungsfrage geregelt werden. Hier gibt es verschiedene Modelle, zum Beispiel Vergütungstabellen oder die Vergütung nach Stundensätzen. Sowohl die Übernahme des Amtes als auch die Vergütungsfrage sollten mit dem Testamentsvollstrecker abgesprochen sein.

Unser Rat: Legen Sie in Ihrem Testament eindeutig fest, welche Aufgaben, Rechte und Pflichten der Testamentsvollstrecker haben soll, wo seine Kompetenzen enden – und welche Vergütung ihm dafür zusteht. So vermeiden Sie Konflikte zwischen ihm und Ihren Erben. Dem Testamentsvollstrecker steht „für die Führung seines Amtes eine angemessene Vergütung" zu – um die Frage, was als angemessen anzusehen ist, lässt sich trefflich streiten. Der Deutsche Notarverein gibt mithilfe der Neuen Rheinischen Tabelle wichtige Anhaltspunkte:

Beispiel: Bei einem Nachlasswert von 260 000 Euro beträgt die Vergütung für eine einfache Testamentsvollstreckung zum

Gut zu wissen

Wählen Sie den Testamentsvollstrecker sorgfältig aus. Es sollte eine Person sein, die nicht nur Ihr tiefes Vertrauen genießt, sondern im Idealfall auch das Vertrauen Ihrer Erben. Sie sollte über ausreichende wirtschaftliche und / oder juristische Kenntnisse und Erfahrungen verfügen. Ein Testamentsvollstrecker muss ein Nachlassverzeichnis errichten und über seine Tätigkeit Rechenschaft ablegen, er schuldet eine ordnungsgemäße Verwaltung und haftet bei schuldhaftem Verhalten (Vorsatz und Fahrlässigkeit). Er hat den Willen des Erblassers umzusetzen. Diese Verantwortung trägt er vorrangig gegenüber den Erben, soweit betroffen aber auch gegenüber Vermächtnisnehmern und Auflagenbegünstigten. Er wird vom Nachlassgericht unterstützt, überwacht und bei gravierenden Pflichtverletzungen abberufen.

Beispiel 10 000 Euro. Eventuelle Zuschläge kommen noch hinzu. Sie können auch das Nachlassgericht damit betrauen, einen geeigneten Testamentsvollstrecker zu bestimmen und eine angemessene Vergütung für diesen festzulegen.

Da auch Testamentsvollstrecker sterblich sind, sollten Sie zudem unbedingt regeln, ob ersatzweise eine andere Person Testamentsvollstrecker sein soll oder ob die Testamentsvollstreckung an einer bestimmten Person hängt.

Rechte übertragen, Pflichten auferlegen

Sie können bestimmen, dass Ihren Erben oder Vermächtnisnehmern Pflichten auferlegt werden oder Ihnen als Erblasser andere Rechte an der Immobilie eingeräumt werden.

Auch wenn Sie einem Erben Pflichten auferlegen möchten, ist die Anordnung von Vermächtnissen häufig das Mittel der Wahl. Mit Vermächtnissen können Sie sowohl Erben als auch Vermächtnisnehmer (mithilfe eines „Untervermächtnisses") beschweren. Jede Art von Verpflichtung durch Vermächtnis ist möglich, in Betracht kommen insbesondere Vermächtnisse

- **eines Wohnrechts** (mehr siehe „Nießbrauch und Wohnrecht", S. 68), zum Beispiel für den überlebenden Ehegatten oder Lebensgefährten; alternativ die Berechtigung, eine Wohnung zu bestimmten Bedingungen oder zu Sonderkonditionen lebenslang zu mieten;
- **eines Nießbrauchs** und damit eines Nutzungsrechts. Ein Nießbrauch kann übrigens an allen Nachlassgegenständen, zum Beispiel an einzelnen Sachen, wie etwa einer Eigentumswohnung, oder auch nur anteilig (Quotennießbrauch) bestellt werden. So ist es in einigen Regionen Deutschlands zum Beispiel verbreitet, dass der Ehegatte nicht Erbe wird. Er erhält statt dessen den Nießbrauch am gesamten Nachlass. Ergänzt wird das in der Regel durch umfassende Testamentsvollstreckung. Dagegen geht die Erbschaft und damit das gesamte Eigentum bereits auf die Kinder über;

- **einer Ausgleichszahlung.** Dabei kann es sich um einen fixen Betrag handeln („50 000 Euro"), sie kann aber auch wertabhängig definiert werden, zum Beispiel „ein Drittel vom Wert der Immobilie", was wiederum zu einem Bewertungsproblem führen kann;
- **einer Versorgungsleistung** (siehe auch „Geld oder Pflege – Schenkung mit Gegenleistung", S. 76), zum Beispiel die „Wart und Pflege" für den überlebenden Ehegatten oder Rentenzahlungen;
- **mit der Verpflichtung zur späteren Weitergabe** zum Beispiel an die nächste Generation (Vor- und Nachvermächtnis. Dazu gleich mehr „Über mehrere Erbfälle gestalten" ab S. 110).

Wer sein Testament verfasst, muss nicht notwendigerweise darauf achten, dass das Erbe oder das Vermächtnis die begünstigte Person in die Lage versetzt, die ihm auferlegte Verpflichtung zu erfüllen – auch wenn das wünschenswert wäre, um Streit zu vermeiden und den Erben oder den Vermächtnisnehmer zu entlasten.

Wird eine Ausgleichszahlung oder eine Versorgungsrente vermacht, muss die zur Zahlung verpflichtete Person selbst zusehen, wie sie das Geld dafür auftreibt. Erscheint ihr das unwirtschaftlich, kann sie das Erbe oder das Vermächtnis ausschlagen. Dann bekommt sie nichts, hat aber auch keine Pflichten. Stattdessen kann sie gegebenenfalls ihren Pflichtteil verlangen.

Inhalt solcher Vermächtnisse kann auch die Verpflichtung sein, die Rechte durch Eintragungen im Grundbuch zu sichern. Bei einem Wohnrecht oder Nießbrauch ist das zwingend notwendig, bei verzögerten Zahlungen (Sicherung durch Grundschuld oder Hypothek), Versorgungsleistungen (Sicherung durch Reallast) und bei Erwerbsrechten (Sicherung durch Vormerkung oder Eintragung eines Vorkaufsrechts) zumindest durchaus üblich.

Erfüllen muss solche Verpflichtungen immer diejenige Person, die sie auferlegt bekommt, also Erbe oder Vermächtnisnehmer oder an ihrer Stelle der Testamentsvollstrecker. Zu regeln ist das durch eine notariell beglaubigte oder beurkundete Erklärung sowie deren Eintragung im Grundbuch. Wie stets sollte die Eintragung an möglichst vorderster Rangstelle im Grundbuch erfolgen.

→ Steuerschonende Lösung

Wie beim Verschenken können diese Vermächtnisse dazu genutzt werden, den Nachlass möglichst steuerschonend auf die Nachfahren zu verteilen. So sind zum Beispiel Nießbrauchsbelastungen oder Versorgungsleistungen vom Wert des Erbes oder Vermächtnisses abzuziehen. Umgekehrt muss die begünstigte Person auf den Wert der ihr zugedachten Leistung ihrerseits Erbschaftssteuer zahlen.

Vor- und Nacherbfolge: Über mehrere Erbfälle gestalten

Sie können per Testament das Schicksal Ihres Nachlasses bis weit nach Ihrem Ableben vorbestimmen. Das sollten Sie dabei berücksichtigen.

Es lässt sich darüber diskutieren, ob es wünschenswert und sinnvoll ist, sein Erbe über mehrere Generationen hinweg zu regeln, aber es ist das gute Recht des Erblassers, diese Möglichkeit zu nutzen. Neben der schon beschriebenen Testamentsvollstreckung gibt es vor allem die Möglichkeit, den Übergang von Vermögen, insbesondere auch einer Immobilie, auf mehrere Personen nacheinander zu regeln.

Bei der Vor- und Nacherbfolge setzt der Erblasser den oder die Erben auf eine bestimmte Zeit oder auf Lebenszeit ein und bestimmt für die Zeit danach einen oder mehrere neue Erben. Die früheren Erben nennt man Vorerben, die späteren Nacherben. Auf diese Art kann ein Erblasser mehrere Erbfälle hintereinanderschalten, und jedes Mal geht dann der gesamte Nachlass einschließlich der enthaltenen Immobilie(n) auf den nächsten Erben über. In Kombination mit den anderen möglichen Anordnungen, insbesondere Vermächtnissen, ist es sogar möglich, dass der Nachlass der Vor- und Nacherbschaft am Ende nur noch aus einer oder mehreren Immobilien besteht und diese nach dem Willen des Erblassers von einem zum nächsten wandern.

Angewendet wird die Vor- und Nacherbfolge insbesondere dann, wenn der Vorerbe pflichtteilsberechtigte Verwandte hat, die von der Erbschaft nichts erhalten sollen, oder auch Ansprüchen Dritter, zum Beispiel der Sozialhilfeträger, ausgesetzt ist. Diese Ansprüche lassen sich dadurch abwehren, dass der Vorerbe keinen uneingeschränkten Zugriff auf die Erbschaft erhält. Denn der Vorerbe kann die Vorerbschaft nicht selbst weitervererben, sondern erleidet im Nacherbfall deren Verlust, ohne etwas dagegen unternehmen zu können.

Was verlockend klingt, hat seinen Preis. Die Vor- und Nacherbschaft führt zu mehreren steuerpflichtigen Erbfällen nacheinander, es fällt unter Umständen jedes Mal Erbschaftssteuer an. Weil die Regelung des Erblassers verbindlich ist, lässt sich nach dessen Tod nicht mehr auf unerwünschte Entwicklungen reagieren. Benötigt ein Nacherbe zum Beispiel noch vor Eintritt des Nacherbfalls selbst eine Betreuung oder gerät in Zahlungsschwierigkeiten, können weder der Vorerbe noch andere Personen verhindern, dass er die Nacherbschaft erhält.

Es gibt zwar auch Konstruktionen, mit denen versucht wird, den Vorerben oder anderen Personen einen gewissen Einfluss darauf einzuräumen, wer zu welchem Anteil Nacherbe wird. Deren rechtliche Zulässigkeit ist aber zweifelhaft, und wenn sie zulässig sind, höhlen sie den Effekt der Vor- und Nacherbschaft teilweise aus. Die Handlungsmöglichkeiten der Vorerben können Erblasser enger oder weiter ziehen, zum Beispiel kann es Vorerben verboten oder erlaubt sein, eine geerbte Immobilie zu verkaufen. Nach dem Verkauf gehört dann der Verkaufserlös zur Vorerbschaft. Selbst vom Erblasser umfassend befreite Vorerben können aber nicht nach Belieben mit dem Erbe verfahren, sondern müssen gewisse Einschränkungen erdulden, wie einen „Nacherbenvermerk“ (siehe unten).

Vor- und Nachvermächtnis

Im Prinzip ist das Vor- und Nachvermächtnis das Gleiche wie die Vor- und Nacherbfolge. Es geht nur nicht um den gesamten Nachlass, sondern um einzelne Sachen. Wie bei jedem Vermächtnis erfolgt der Übergang vom Vor- auf den Nachvermächtnisnehmer nicht automatisch, sondern durch Übertragung. Der Vorvermächtnisnehmer oder dessen Erben müssen bei Immobilien also mit dem Nachvermächtnisnehmer zum Notar und die Übereignung (die Auflassung) beurkunden und anschließend im Grundbuch eintragen lassen.

Dieses Recht des Nachvermächtnisnehmers kann zuvor durch Eintragung einer Vormerkung im Grundbuch gesichert werden. Auch dies geschieht nicht von selbst, sondern nur durch eine notariell beglaubigte oder beurkundete Erklärung.

→ Sie können kombinieren

Alle beschriebenen Möglichkeiten können Sie in Ihrem Testament kombinieren. Oft gibt es auch hier verschiedene Wege zum gleichen Ziel, allerdings nie mit genau gleichen Wirkungen. Je mehr man diese Möglichkeiten nutzt, desto komplexer wird das Testament.

Nacherbenvermerk. Wenn Sie Nacherbschaft anordnen, kommt bei Immobilien ein sogenannter Nacherbenvermerk ins Grundbuch, der die Rechte der Nacherben schützt, es im gleichen Umfang allerdings dem Vorerben erschwert, die Immobilie zu veräußern oder zu belasten.

Pflichtteile berücksichtigen

Denken Sie bei der Verteilung Ihres Erbes auch an etwaige Pflichtteilsansprüche. Andernfalls sind Ihre Erben womöglich gezwungen, eine Immobilie zu veräußern.

→ **Der Pflichtteil steht** nahen Verwandten zu, wenn der Erblasser sie per Testament oder Erbvertrag von der Erbfolge ausgeschlossen hat. Es handelt sich dabei um einen Anspruch auf eine Geldzahlung, der sich gegen den oder die Erben richtet. Wie geschildert (siehe „Wer hat Anspruch auf einen Pflichtteil?“, S. 20), ist er stets halb so groß wie der gesetzliche Erbteil.

Bei Immobilien im Nachlass kann es problematisch sein, den Wert so ohne Weiteres zu bestimmen. Oft müssen die Immobilien genau bewertet werden (mehr dazu siehe „Entscheidend ist der Verkehrswert“, S. 138). Wer sein Testament verfasst, sollte daher Pflichtteilsansprüche bei der Nachlassplanung einkalkulieren, damit die gewünschte Gestaltung zum Tragen kommt.

Wie wir bereits gesehen haben, sind für den Pflichtteil die gesetzliche Erbquote der berechtigten Person und der Wert des Nachlasses maßgeblich. Die Quote lässt sich nicht ohne Weiteres reduzieren, nur selten kann ein vorrangiger oder weiterer gesetzlicher Erbe aus dem Hut gezaubert werden, doch es gibt Ausnahmen:

Sind Sie unverheiratet, reduzieren Sie durch Eheschließung die Pflichtteile aller anderen um mindestens 50 Prozent, denn Abkömmlinge erhalten als Pflichtteil dann nicht mehr die Hälfte, sondern nur noch ein Viertel, und Eltern statt der Hälfte gar nur noch ein Achtel, ein Elternteil nur noch ein Sechzehntel – ein nicht zu unterschätzendes Heiratsmotiv für bisher nicht verheiratete Paare.

Wenn die gesetzlichen Voraussetzungen gegeben sind, kommt außerdem eine Adoption in Betracht. Das Adoptivkind schließt Eltern vom Pflichtteil aus und reduziert die Pflichtteile leiblicher Kinder, da diese ihr gesetzliches Erbe mit dem Adoptivkind teilen müssen.

Den Pflichtteilsergänzungsanspruch beachten

Auch den Wert seines Nachlasses senkt man natürlich nicht gerne, denn dadurch wird man notwendigerweise ärmer. Selbst wenn man sich dazu durchringt, lauern Tücken:

Den Pflichtteil zu schmälern, indem man sich vor dem Erbfall „arm schenkt“, funktioniert nicht ohne Weiteres – vor allem sollte man frühzeitig damit anfangen. Allen Pflichtteilsberechtigten steht nämlich der Pflichtteilsergänzungsanspruch (zur Berechnung siehe „So schmilzt der Anspruch ab“, S. 59) zu.

Der Wert aller Geschenke, die der Erblasser getätigt hat, wird errechnet. Grundsätzlich werden für jedes vollendete Jahr zwischen Schenkung und Tod 10 Prozent vom Wert abgezogen, sodass nach zehn Jahren das Geschenk nicht mehr zu berücksichtigen ist. Geschenke an Ehegatten mindern den Pflichtteil jedoch nie.

Auch „Pro-forma-Schenkungen“ senken den Pflichtteilsergänzungsanspruch nicht. Darunter sind solche Schenkungen zu verstehen, die auf dem Papier zwar wirksam sind, aber ohne dass Schenker den Verlust spüren. Entschieden wurde dies für Immobilienschenkungen unter dem Vorbehalt des Nießbrauchs oder eines umfassenden Wohnrechts. Zahlreiche Details solcher Proforma-Schenkungen sind jedoch ungeklärt und streitig.

“ Was gut funktioniert, um Pflichtteile zu reduzieren, ist eine durchdachte Zuordnung des ehelichen Vermögens von Anfang an.

Der Pflichtteilsergänzungsanspruch steht eigenständig neben dem Pflichtteil, er setzt keine Enterbung voraus. Er richtet sich grundsätzlich gegen den oder die Erben, ersatzweise aber auch gegen die beschenkte Person selbst. Haben Pflichtteilsberechtigte selbst in der Vergangenheit Geschenke vom Erblasser erhalten, kann sich das wiederum mindernd auf ihren Pflichtteilsergänzungsanspruch auswirken, und zwar anders als beim eigentlichen Pflichtteil auch dann, wenn keine Pflichtteilsanrechnung angeordnet wurde.

Das eheliche Vermögen zuordnen

Was gut funktioniert, um unliebsame Pflichtteile zu reduzieren, ist eine durchdachte Zuordnung des ehelichen Vermögens von Anfang an.

Beispiel: Sven hat ein nichteheliches Kind, dessen Pflichtteilsanspruch ihm und seiner Frau Victoria Sorgen bereitet. Wenn sie zusammen eine Immobilie kaufen möchten, sollte Victoria sie allein erwerben. Es schadet nicht, wenn sie von beiden Ehegatten gemeinsam finanziert wird. Nur wenn Sven Victoria Geld zur Finanzierung schenkt, entsteht hierdurch ein Pflichtteilsergänzungsanspruch. Für den Scheidungsfall können Vereinbarungen getroffen werden, die Sven absichern.

Wenn sie diese Chance verpasst haben, wird es schwieriger. Zwar kann Victoria Sven seine Hälfte gegen Übernahme der Schulden „abkaufen“. Doch dann ist es nicht plausibel, wenn Sven die Schulden weiterhin (mit)bezahlt, denn dadurch wird es wirtschaftlich im Ergebnis wieder zur Ehegattenschenkung.

→ Frühzeitig Pflichtteilsverzicht vereinbaren

Sehr zu empfehlen ist es, eine einvernehmliche Regelung mit Pflichtteilsberechtigten anzustreben. Um zu vermeiden, dass Angehörige, die beim Erben leer ausgehen, ihren Pflichtteil verlangen, hilft ein zu Lebzeiten vereinbarter Pflichtteilsverzicht.

Paragraf 2346 Abs. 2 BGB ermöglicht es, dass Pflichtteilsberechtigte auf ihr Pflichtteilsrecht ganz oder zum Teil verbindlich gegenüber dem Erblasser verzichten. Wenn Sie dafür sorgen möchten, dass Angehörige nach Ihrem Tod nicht ihren Pflichtteil einfordern, können Sie auf diese Weise Streitigkeiten in der Familie von vornherein vermeiden. Sie können so noch zu Ihren Lebzeiten für klare Verhältnisse sorgen. Vor allem ermöglichen Ihnen Pflichtteilsverzichte, über Ihren Nachlass frei zu verfügen und Schenkungen oder den Inhalt Ihres Testaments ganz nach Ihren Wünschen gestalten zu können.

Die Vereinbarung eines Pflichtteilsverzichts in die Wege zu leiten, kann besonders für Menschen mit Immobilienbesitz eine Überlegung wert sein, Denn gerade Bewertungsfragen von Immobilien sind ein problematischer und streitträchtiger Punkt bei der Bestimmung des Pflichtteils. Die potenziellen Erben und Pflichtteilsberechtigten sind allerdings zu nichts verpflichtet, sie können sich komplett verweigern oder für ihre Zustimmung eine Kompensation verlangen.

Die Höhe dieser Abfindung ist reine Verhandlungssache, Obergrenze dürfte allerdings die Höhe des im Erbfall möglicherweise entstehenden Pflichtteilsanspruchs sein. Auch der Zeitpunkt und die Art der Kompensation (wie Ratenzahlung, Zahlung erst nach Tod, Abfindung durch Immobilie) sind frei vereinbar.

Kinder haben gegenüber ihren Eltern zwei Pflichtteile, der Verzicht kann vorsehen, dass das Kind nach dem Tod des ersten Elternteils auf den Pflichtteil nur zugunsten des länger lebenden Elternteils verzichtet. Da ein Verzicht auf den Pflichtteil mit sehr weitreichenden, vorab schwer abschätzbaren Konsequenzen verbunden ist, schreibt das BGB ohnehin vor, dass ein solcher Pflichtteilsverzicht notariell beurkundet werden muss, um wirksam zu sein.

Den Pflichtteil durch ein Testament reduzieren?

Es gibt tausend Tricks und Vorschläge, durch Regelungen in einem Einzeltestament den Pflichtteil zu beschränken, auszuschließen oder zu reduzieren. Kein einziger funktioniert, wenn die Pflichtteilsberechtigten selbst gut beraten sind und auf die jeweilige Regelung richtig reagieren.

Man kann versuchen, nach der Methode „Zuckerbrot und Peitsche“ Pflichtteilsberechtigte zu motivieren, ihr Recht nicht geltend zu machen, zum Beispiel mit der Aussicht, dass sie, wenn sie sich gedulden, später mehr bekommen.

In diese Kategorie gehören auch einfache Pflichtteilsstrafklauseln in gemeinsamen Testamenten oder Erbverträgen, die dem Kind seine doppelte Enterbung in Aussicht stellen, wenn es nach dem Tod des ersten Elternteils seinen Pflichtteil geltend macht. Solche Klauseln scheitern, wenn das Kind den Spatz in der Hand bevorzugt – und von seinem Pflichtteilsanspruch Gebrauch macht.

Was allerdings funktioniert, ist eine Pflichtteilsreduzierung durch Testamente oder Erbvertrag, die mehrere aufeinander folgende Erbfälle regeln. Erbt die Person, die zuletzt verstirbt, Vermögen vom Erstversterbenden, erhöht dies ihre Erbmasse und damit die Ansprüche ihrer Pflichtteilsberechtigten. Um dies zu verhindern, lassen sich Regelungen treffen, die diese Werterhöhung beim Tod des ersten Partners vermeiden, ohne dass hierdurch der Überlebende leer ausgehen muss.

Es gibt diverse Möglichkeiten mit unterschiedlichen Nebenwirkungen, die Sie aber nur unter fachkundiger Anleitung formulieren sollten. Hierzu gehören auch bisweilen beworbene verschärfte Pflichtteilsstrafklauseln, zum Beispiel die sogenannte Jastrowsche Klausel.

Mithilfe dieser Klausel soll der Pflichtteil gemindert werden, wenn Pflichtteilsberechtigte trotz Strafklausel ihren Pflichtteil verlangen möchten.

Wer auf diesen Schritt verzichtet, wird zum Beispiel durch ein Geldvermächtnis in Höhe des eigentlichen gesetzlichen Erbteils beim Tod des ersten Erblassers „belohnt", das aber erst beim Tod des zweiten Erblassers zur Auszahlung kommt.

Dieses Vermächtnis hat zur Folge, dass sich die Erbmasse reduziert und damit auch die Pflichtteilsansprüche. Daher besteht die Hoffnung, dass die Pflichtteilsberechtigten sich beim ersten Erbfall zurückhalten. Aber auch in diesem Fall gilt: Wenn sie sich mit dem Pflichtteil begnügen, läuft die Regelung ins Leere.

Gut zu wissen

Ein Pflichtteilsverzicht ändert nichts an der eigentlichen gesetzlichen Erbfolge und steigert daher auch nicht die Pflichtteilsquoten anderer Pflichtteilsberechtigter. Das wäre nur bei einem expliziten Erbverzicht möglich, der ebenfalls nur vor einem Notar abgeschlossen werden darf.

Der Ehepartner soll das Familienheim allein erhalten

Viele haben den Wunsch, ihren Ehe- oder Lebenspartner im Todesfall abzusichern. Dies gilt insbesondere für das gemeinsam genutzte Familienheim. So setzen Sie diesen Wunsch um.

Um Ihren Ehepartner oder Ihre Ehepartnerin abzusichern, gibt es zahlreiche Möglichkeiten. Wir stellen sie hier kurz nochmals mit Vor- und Nachteilen vor. Die Varianten haben zum Teil unterschiedliche steuerliche Auswirkungen:

Variante 1: Sie setzen den Ehegatten zum Alleinerben ein

Der Ehegatte erbt alles, auch die Immobilie.

- **Vorteil:** Die Regelung wirkt klar und automatisch.
- **Mögliche Nachteile:** Enterbte Kinder oder Eltern können Pflichtteilsansprüche haben; Freibeträge der Kinder werden nicht genutzt.
- **Lösung:** Beides kann durch Vermächtnisse an die Kinder behoben werden.

Variante 2: Sie setzen den Ehegatten als Vorerben, die gesetzlichen Erben als Nacherben ein

Der Ehegatte erbt alles, auch die Immobilie.

- **Vorteile:** Die Regelung wirkt klar und automatisch; die gesetzlichen Erben haben keinen Pflichtteilsanspruch, sofern sie die Nacherbschaft nicht ausschlagen: Die gesetzlichen Erben werden abgesichert.
- **Mögliche Nachteile:** Der Ehegatte ist in der Verfügung nicht mehr frei, kann insbesondere auch die Nacherbfolge nicht mehr korrigieren; Freibeträge der Kinder werden nicht genutzt; Vor- und Nacherbschaft sind zwei steuerpflichtige Erbfälle.
- **Lösung:** Beides kann durch Vermächtnisse behoben werden, der Ehegatte kann durch bedingte Vorausvermächtnisse Freiheit erlangen, die Freibeträge der Kinder können durch Vermächtnisse genutzt werden.

Variante 3: Sie vermachen die Immobilie(n) dem Ehegatten

Der Ehegatte erbt nicht, sondern erwirbt die Immobilie im Wege eines Vermächtnisses erst durch die notariell beurkundete Übereignung von dem oder den Erben. Sonstige Sachen, zum Beispiel Hausrat oder Geld, erhält der Ehegatte durch formlose Übereignung.

- **Vorteile:** Die gesetzlichen Erben haben keinen Pflichtteilsanspruch, sofern sie die Erbschaft nicht ausschlagen; die gesetzlichen Erben werden abgesichert; das Vermögen wird gegebenenfalls steuergünstig verteilt.
- **Mögliche Nachteile:** Der Ehegatte ist davon abhängig, dass die Erben das Vermächtnis erfüllen.
- **Lösung:** Das lässt sich beheben, indem Sie den Ehegatten zum Testamentsvollstrecker einsetzen.

Variante 4: Sie wenden dem Ehegatten ein Nutzungsrecht an der Immobilie durch Vermächtnis zu

Der Ehepartner erhält durch Vermächtnis zum Beispiel nur den Nießbrauch oder ein Wohnrecht.

- **Vorteile:** Die gesetzlichen Erben haben keinen Pflichtteilsanspruch, sofern sie die Erbschaft nicht ausschlagen; die gesetzlichen Erben werden abgesichert.
- **Mögliche Nachteile:** Die Steuerbefreiung des ehelichen Wohnhauses beim Ehegatten wird nicht genutzt; der Ehegatte kann die Immobilie weder verkaufen noch belasten; er ist davon abhängig, dass die Erben das Vermächtnis erfüllen.
- **Lösung:** Letzteres lässt sich beheben, indem Sie den Ehegatten zum Testamentsvollstrecker einsetzen; das ermöglicht dem Ehegatten auch, die Immobilie zu verkaufen oder zu belasten, allerdings grundsätzlich ausschließlich zugunsten der Erben, deren Eigentum dann verkauft beziehungsweise belastet wird.

Das „Berliner Testament"

Für Ehegatten oder eingetragene Lebenspartner gibt es die Besonderheit, dass sie ein gemeinsames Testament errichten können. Das „Berliner Testament" ist dabei die mit Abstand am häufigsten gewählte Lösung – von den 39 Prozent der Deutschen mit ausformuliertem letzten Willen haben fast 60 Prozent ein Berliner Testament gewählt.

Gut zu wissen

Wenn Sie ein Ferienhaus im Ausland haben und dort viele Monate am Stück verbringen, sollten Sie ebenfalls überprüfen lassen, ob das Berliner Testament für Sie die richtige Wahl ist. Denn seit 2015 sind die Regeln der EU-Erbrechtsverordnung zu beachten. So kann beispielsweise die Einsetzung des überlebenden Ehegatten als Alleinerbe nach dem Berliner Testament scheitern, wenn etwa spanisches Erbrecht zum Tragen kommt. Näheres dazu siehe „Immobilien im Ausland", S. 149.

Bei dieser Variante des gemeinschaftlich errichteten Testaments setzen sich die Ehepartner gegenseitig als Erben ein. Erst wenn beide Ehegatten gestorben sind, geht das Vermögen auf die Kinder oder andere Erben über. Es kann handschriftlich als gemeinschaftliches Testament verfasst oder notariell als gemeinschaftliches Testament oder Erbvertrag beurkundet werden.

Paaren dagegen, die ohne Trauschein zusammenleben, bleibt das Berliner Testament verwehrt; wollen sie ihren letzten Willen gemeinsam regeln, bleibt ihnen nur ein notariell beurkundeter Erbvertrag.

Der klassische Fall des Berliner Testaments besteht in der sogenannten Einheitslösung: Beide Ehepartner setzen sich zum Alleinerben ein, der dann frei über das Vermögen verfügen kann; die gemeinsamen Kinder (oder zumindest eines von ihnen) werden als Schlusserben eingesetzt.

Dies entspricht unserer Variante 1 – und birgt also das Risiko, dass die Kinder beim Tod des ersten Elternteils ihren Pflichtteil fordern können. Das will gut überlegt sein, insbesondere wenn eine Immobilie den Großteil des Vermögens ausmacht. Je nach Güterstand und Anzahl der sonstigen Erbberechtigten kann der Pflichtteil, der ja der Hälfte des gesetzlichen Erbteils entspricht, durchaus nicht unerheblich ausfallen.

Beispiel: Heinz und Paulina leben im Güterstand der Zugewinngemeinschaft und haben ein Kind. Sie setzten sich in einem Berliner Testament gegenseitig zu Alleinerben ein, ihre Tochter als Schlusserbin. Als Paulina stirbt, hinterlässt sie eine Eigentumswohnung im Wert von 400 000 Euro. Der Tochter steht davon 100 000 Euro als Pflichtteil zu – die Hälfte ihres gesetzlichen Erbteils von 200 000 Euro. Macht sie ihren Pflichtteil geltend und hat der Vater nicht die Möglichkeit, ihren Anspruch aus sonstigem Vermögen zu begleichen, ist die Gefahr groß, dass er die Immobilie beleihen oder womöglich verkaufen muss.

→ Risikolebensversicherung

Besteht Ihr Vermögen zum größten Teil aus der selbst bewohnten Immobilie, soll aber Ihr Ehegatte Alleinerbe werden, kann das Probleme machen, wenn noch Pflichtteilsberechtigte existieren. Eine Möglichkeit besteht darin, beizeiten eine Risikolebensversicherung abzuschließen, bei der Sie Ihren Ehegatten als Bezugsberechtigten eintragen lassen. Nach Ihrem Tod bekommt er die Versicherungssumme ausbezahlt – und hätte Geld zur Verfügung, die Pflichtteile auszuzahlen. Alternativ kann Ihr Ehegatte selbst mit Ihrer Zustimmung eine Risikolebensversicherung auf Ihr Leben abschließen. Auch hier erhält er das Geld, wenn Sie sterben. Der Vorteil: Die Auszahlung unterliegt dann nicht der Erbschaftssteuer, weil Ihr Partner das Geld nicht erbt.

Vor- und Nachteile des Berliner Testaments

Pro	Contra
Zwei in einem: Zwei Erbfälle lassen sich auf einmal regeln	**Steuerliche Erwägungen:** Zwei Erbgänge und womöglich zweimal Erbschaftssteuer, aber beim Familienheim gelten Verschonungsregeln
Absicherung: Der überlebende Ehepartner wird abgesichert, das Vermögen zunächst zusammengehalten; Kinder können beim ersten Erbfall aber den Pflichtteil einfordern	**Bindung:** Nach dem Tod des einen Ehepartners lässt sich das Testament grundsätzlich nicht mehr abändern, man kann sich diese Möglichkeit aber ausdrücklich vorbehalten

Das Berliner Testament birgt neben den genannten noch einen weiteren Nachteil: Denn je nach Größe und Zusammensetzung des Vermögens verlangt das Finanzamt zweimal Erbschaftssteuer, erst beim Tod des ersten Ehegatten, dann beim Tod des zweiten (mehr zu steuerlichen Regeln und Gestaltungen siehe „Steuern vermeiden", S. 129).

Ergänzend kommt eine Pflichtteilsstrafklausel in Betracht.

Das Problem lässt sich allerdings lösen, indem die Kinder im Testament der Eltern bereits beim Tod des ersten Elternteils einen Teil des Vermögens als Vermächtnis erhalten. So bleibt für jedes Kind ein zusätzlicher Betrag von 400 000 Euro steuerfrei. Der Alleinerbe kann im Gegenzug die Vermächtnisse als Schuld vom eigenen Erbe steuersparend abziehen.

Ergänzend kommt eine Pflichtteilsstrafklausel in Betracht, die die Eheleute in ihr Berliner Testament aufnehmen können. Sie besagt: Kinder, die beim Tod des ersten Elternteils ihren Pflichtteil einfordern, bekommen auch nach dem Tod des zweiten Elternteils nur den Pflichtteil – in den allermeisten Fällen dürfte dies eine Schlechterstellung bedeuten. Es besteht die Möglichkeit, diese Strafklausel nur als Option für den überlebenden Ehegatten zu formulieren, statt sie automatisch wirken zu lassen. Denn unter steuerlichen Gesichtspunkten kann es sich als sinnvoll erweisen, wenn Kinder den Pflichtteil einfordern, damit ihre Steuerfreibeträge ausgeschöpft werden. Außerdem reduziert der Pflichtteil das gegebenenfalls zu versteuernde Erbe des Längerlebenden. Es ist sinnvoll, sich zu solchen Regelungen beraten zu lassen.

Die Trennungslösung

Eine Variante des Berliner Testaments ist die sogenannte Trennungslösung. Dabei setzen sich die Eheleute oder Lebenspartner gegenseitig als Vorerben und ihre Kinder dann als Nacherben nach dem ersten sowie als Schlusserben nach dem zweiten Ehegatten ein. Beim Tod des ersten Partners geht zwar ebenfalls sein Vermögen an den Partner, der Erbe muss es allerdings von seinem eigenen Vermögen getrennt halten und als solches verwalten.

Sofern der Längerlebende allerdings von den gesetzlichen Beschränkungen einer Vorerbschaft nicht befreit ist, muss er sich an strenge Regeln halten. Er darf zum Beispiel eine Immobilie nicht veräußern. Nur als „befreiter Vorerbe" dürfte er die Immobilie verkaufen, nicht aber verschenken. Dies entspricht dann der auf S. 116 beschriebenen Variante 2. Steuerlich bringt diese Lösung gegenüber der Einheitslösung allerdings keine Vorteile.

Weitere Nachteile

Eine weitere oft übersehene Gefahr des Berliner Testaments ist die Bindungswirkung wechselbezüglicher Verfügungen: Diese führt dazu, dass Berliner Testamente einseitig nur durch einen notariell beurkundeten Widerruf geändert werden können. Nach dem Tod eines Partners können sie überhaupt nicht mehr geändert werden.

Vorsicht ist auch bei Wiederverheiratungsklauseln geboten. Sie haben Nebenwirkungen, die selbst Ehegatten einschränken, die gar nicht wieder heiraten.

Vor- und Nachteile sollte man sich von einem Fachanwalt für Erbrecht oder von einem Notar erklären lassen.

Heiratet der überlebende Ehegatte erneut, steht ihm innerhalb eines Jahres nach seiner Wiederheirat noch die Möglichkeit zu, das Berliner Testament anzufechten. Rückwirkend ab dem Tod des verstorbenen Ehepartners gilt dann die gesetzliche Erbfolge, das heißt, er erbt nur die Hälfte, wird aber seinerseits frei, sein Erbe neu zu regeln. Dies ist vor allem für Ehegatten eine Option, die vom anderen nicht viel geerbt haben, weil ihnen das wesentliche Vermögen wie zum Beispiel das eheliche Wohnhaus ohnehin schon allein gehört.

→ Lösungen finden

Die oft verkündete Weisheit, man solle Berliner Testamente meiden, stimmt so pauschal nicht. Dass sich die Ehegatten gegenseitig beerben, ist häufig die beste Lösung für deren Bedürfnis, einander abzusichern. Man muss nur die Probleme dieser Regelung kennen und durch Ergänzungen lösen.

Partner ohne Trauschein

Ohne Trauschein glücklich sind Millionen Paare in Deutschland. Doch wenn es ums Thema Erben geht, erweist sich der fehlende Trauschein als Problem. Die Fallstricke sollten Sie kennen.

Im Erbrecht nach dem mehr als hundert Jahre alten BGB finden nichteheliche Partnerschaften schlichtweg nicht statt. Stirbt ein Partner, gilt der Überlebende als unbeteiligter Dritter. Selbst wenn die Beziehung jahrzehntelang bestanden hat – für unverheiratete Paare gibt es keinerlei gesetzliche Absicherung, nicht nur bei gesetzlichen Rentenansprüchen, sondern auch keinen Platz in der Erbfolge. Die Partner müssen sich also selbst darum kümmern, sich gegenseitig abzusichern. Das kann durch ein Testament geschehen oder im Rahmen eines Erbvertrags.

“Zudem treffen Paare ohne Trauschein hohe Pflichtteilsansprüche.

Sind Immobilien Teil des Erbes, tritt aber ein gravierendes steuerliches Problem hinzu. Denn Unverheiratete haben nicht nur einen geringen Erbschaftssteuerfreibetrag von lediglich 20 000 Euro, sie sind auch noch in der höchsten Steuerklasse III. Zudem treffen sie hohe Pflichtteilsansprüche, sofern Pflichtteilsberechtigte vorhanden sind. Abkömmlinge oder bei deren Fehlen die Eltern haben ein Recht auf einen Pflichtteil von 50 Prozent, einem einzelnen Elternteil steht ein Pflichtteil von 25 Prozent zu. Die Pflichtteile gehen vor. Die Erbschaftssteuer ist dann auf das zu zahlen, was nach der Erfüllung des Pflichtteils übrig bleibt.

Beispiel: Hermann und Anja leben seit Jahren zusammen in der Eigentumswohnung, die Anja gehört. Die Wohnung hat einen Marktwert von 400 000 Euro. Beide haben keine Kinder und keine weiteren Erbberechtigten. Als Anja bei einem Unfall verstirbt und Hermann die Wohnung plus ein Barvermögen von 100 000 Euro per Testament vererbt, kann dieser nur einen Freibetrag von 20 000 Euro geltend machen. Auf das restliche Vermögen von 480 000 Euro zahlt er 30 Prozent Steuern, also 144 000 Euro. Wären die beiden verheiratet gewesen, hätte er gar nichts gezahlt.

Angenommen, Anjas Eltern leben noch, können diese von Hermann einen Pflichtteil in Höhe von 250 000 Euro verlangen, von den verbleibenden 250 000 Euro werden nach Abzug des Freibetrags von 20 000

Euro die übrigen 230 000 Euro mit 30 Prozent versteuert, es fallen also zusätzlich 69 000 Euro Steuern an. Von 500 000 Euro Nachlass verbleiben für Hermann in diesem Fall also gerade mal 181 000 Euro. Wären beide verheiratet gewesen, hätte er nur ein Achtel Pflichtteil an die Eltern auszahlen müssen, also 62 500 Euro, ihm wären 437 500 Euro verblieben.

Anders als Eheleuten oder Verpartnerten bleibt Unverheirateten ein gemeinschaftliches Testament verwehrt. Sie können nur jeweils eigene Testamente errichten und sich gegenseitig als Erben einsetzen – verbunden mit dem Risiko, dass einer sein Testament heimlich abändert und der andere das erst nach dessen Tod mitbekommt.

Wollen Unverheiratete sich vertraglich binden, kommt ein Erbvertrag in Betracht, der vor einem Notar abgeschlossen und beurkundet werden muss. Dieser kann inhaltlich einem Berliner Testament vollständig entsprechen. Das sorgt in Erbschaftsfragen für Sicherheit – die steuerliche Problematik und die hohe Pflichtteilsbelastung lassen sich allerdings nicht beseitigen.

→ Rücktrittsrecht vereinbaren

Wichtig: Kommt es zum Aus für die Partnerschaft, bedeutet das nicht, dass damit automatisch der Erbvertrag endet. Zumindest für solche Fälle sollte man im Erbvertrag ein Rücktrittsrecht vereinbaren.

Abgesehen davon, dass die Pflichtteilsbelastung höher ist, haben auch Nichtverheiratete die gleichen Möglichkeiten wie Ehegatten, Pflichtteile zu begrenzen, zu entziehen oder Pflichtteilsverzichte zu vereinbaren.

Beispiel: Mathilde und Ralf sind nicht verheiratet und besitzen gemeinsam ein Einfamilienhaus zu gleichen Teilen. Stirbt einer der beiden, würden ihre beiden Kinder die eine Haushälfte jeweils zur Hälfte erben – und es besteht die Gefahr, dass ein Kind oder beide Kinder eine Teilungsversteigerung anordnen, um ihr Erbe zu Geld zu machen. Das lässt sich per Erbvertrag mit der Einsetzung des jeweiligen Partners zum Alleinerben und einem Pflichtteilsverzicht der Kinder, solange beide Eltern leben, vermeiden.

Sie sind mit Ihrem Partner schon lange zusammen, wollen das auch bleiben, aber sind nicht verheiratet? Dann überlegen Sie, ob Sie nicht aus schenkungs- und erbschaftssteuerlichen Gründen doch vor den Traualtar treten sollten. Das ist vielleicht nicht sonderlich romantisch, aber durchaus vernünftig.

Patchworkfamilien fallen aus dem Rahmen

Je bunter die Familienkonstellation, desto individueller und ausgeklügelter müssen die Lösungen für den Erbfall ausgestaltet sein.

Auch auf Patchworkfamilien und ihre Bedürfnisse geht das gute, alte Bürgerliche Gesetzbuch nicht ein. Kein Wunder, dass das gesetzliche Erbrecht es Patchworkfamilien alles andere als einfach macht. Klar ist, je bunter gemixt die Familienverhältnisse sind, desto wichtiger ist es, auch mit Blick auf den Erbfall sehr individuelle Regelungen zu treffen.

> **Wenn es ungünstig läuft, erhält sogar der Ex-Partner des Verstorbenen noch Zugriff auf dessen Vermögen.**

Denn das BGB, das aus einer sittenstrengen Zeit stammt, begünstigt den Ehegatten und die leiblichen Kinder. Stiefkindern steht nicht einmal ein Pflichtteilsanspruch zu. Beim zweiten Erbfall gilt dann analog dasselbe. Das kann für gehörige Ungerechtigkeiten sorgen. Wenn es ungünstig läuft, erhält sogar der Ex-Partner des Verstorbenen noch Zugriff auf das Vermögen. Aber der Reihe nach.

Ein Beispiel macht die Komplexität deutlich: Bastian und Simone sind in zweiter Ehe miteinander verheiratet und leben in Zugewinngemeinschaft. Bastian hat Tochter Anna, Simone ihren Sohn Markus. Stirbt Simone zuerst, erbt Bastian die Hälfte des Vermögens seiner Frau sowie die Hausratsgegenstände aus dem gemeinsamen Heim, den Voraus. Die andere Hälfte geht an den Sohn Markus; Anna geht leer aus. Stirbt ein paar Jahre später Annas Vater, erhält sie den vollständigen Nachlass, ihr Stiefbruder geht leer aus, sofern nichts anderes bestimmt wurde. Geht man nun davon aus, dass Markus beim Tod seiner Mutter noch minderjährig ist, ist es nicht ausgeschlossen, dass sein leiblicher Vater für seinen Sohn das Erbe der Mutter verwaltet, bis das Kind volljährig ist. Auch das birgt Konfliktpotenzial.

Noch schwieriger wird es, wenn Bastian und Simone ein drittes, gemeinsames Kind haben. Denn es ist – anders als seine Halbgeschwister – bei der gesetzlichen Erbfolge bei beiden Todesfällen am Zuge.

Steuerlich sind Stiefkinder leiblichen Kindern gleichgestellt. Auch sie haben einen Freibetrag von 400 000 Euro. Kinder von nicht verheirateten Partnern gelten allerdings nicht als Stiefkinder.

→ Tipp für kluge Erblasser

Gerade bei komplizierteren Familienverhältnissen ist es unbedingt ratsam, sich frühzeitig gut zu informieren und eine maßgeschneiderte Lösung zu erarbeiten. Es empfiehlt sich, den Rat eines Fachanwalts für Erbrecht oder eines Notars einzuholen.

Geht es den Patchworkeltern darum, in erster Linie den überlebenden Partner abzusichern und erst im zweiten Schritt – wenn beide gestorben sind – die Kinder, lässt sich das über ein gemeinsames Testament lösen. Sind sie nicht verheiratet, bleibt ohnehin nur die Möglichkeit eines Erbvertrags.

Sollen alle Kinder, egal ob gemeinsame oder Kinder mit Ex-Partnern, gleich behandelt werden, könnte ein Partner jeweils das minderjährige Kind des anderen adoptieren, vorausgesetzt, die leiblichen Eltern sind einverstanden. Alternativ bietet es sich an, testamentarisch den Partner zum Alleinerben und alle Kinder zu gleichen Teilen als Schlusserben des Letztversterbenden einzusetzen. Hier kann aber das Pflichtteilsrecht erhebliche Probleme schaffen, die ohne Pflichtteilsverzichte nahezu unlösbar sind.

Vielleicht möchten die Patchworkeltern aber zwischen leiblichen und Stiefkindern differenzieren. Das lässt sich lösen über eine Vor- und Nacherbschaft: Der Ehepartner wird als Vorerbe, das leibliche Kind als Nacherbe eingesetzt. Der überlebende Ehepartner erhält dann zwar zunächst den gesamten Nachlass. Aber wenn er verstirbt, geht der Teil des Vermögens, das er vom Partner nach dessen Tode erhalten hatte, an das im Testament als Nacherbe bestimmte Kind – und eben gerade nicht automatisch an die leiblichen Kinder des zuletzt Verstorbenen. Solche Regelungen haben Nebenwirkungen und sollten deshalb nur mit fachkundiger Beratung formuliert werden.

Ist Immobilienbesitz im Spiel und macht die Immobilie einen Großteil des Vermögens aus, steigert das die Komplexität der Situation abermals. Klar ist, Patchworkfamilien sollten sich bei der Gestaltung ihres letzten Willens gut beraten lassen. Besser noch: Alle setzen sich zu Lebzeiten zusammen und erarbeiten eine gemeinsame Lösung, die auch gezielte Pflichtteilsverzichte, Vermächtnisse einzelner Vermögensgegenstände oder Schenkungen zu Lebzeiten umfassen kann.

Lösungen für besondere Fälle

Sie möchten ein behindertes Kind testamentarisch absichern? Ihr Kind ist verschuldet? Oder Sie möchten mit Ihrem Erbe Gutes tun? Besondere Fälle benötigen ausgeklügelte Lösungen.

Was tun, wenn ein Erbe staatliche Unterstützung erhält, zum Beispiel, weil er eine Behinderung hat? Mit einem maßgeschneiderten sogenannten Behindertentestament lässt sich der Zugriff des Staates auf den Nachlass von Eltern behinderter Kinder beschränken und verhindert sogar den Zugriff auf den Pflichtteil. Ziel des Testaments ist es, dem Kind auch nach dem Tod der Eltern die staatliche Unterstützung zu sichern, ohne dass das Erbe dafür angegriffen werden muss.

Hat eine Familie zum Beispiel ein behindertes und auf Dauer auf Hilfe angewiesenes Kind sowie ein nicht behindertes Kind, können die Eltern per Testament verfügen, dass das Kind mit Handicap als „nicht befreiter Vorerbe" (zu diesem Begriff siehe „Über mehrere Erbfälle gestalten", S. 110) einen seinen Pflichtteil kaum übersteigenden Erbteil erhält, und Bruder oder Schwester dessen Nacherbe werden soll. Das nicht behinderte Kind erhält die Mehrheit des elterlichen Vermögens über eine entsprechende Erbquote. Gleichzeitig wird Dauertestamentsvollstreckung bestimmt.

Vom Behindertentestament gibt es mehrere Spielarten. Hierfür sollten Sie aber unbedingt Expertenrat einholen. Fachlichen Rat benötigen Sie auch für das sogenannte Bedürftigentestament bei Erben, die zum Beispiel eine Privatinsolvenz durchlaufen. Der Erfolg eines solchen Testaments ist allerdings weniger gesichert als der eines Behindertentestaments.

Es macht in beiden Fällen keinen Unterschied, ob sich Immobilien im Nachlass befinden oder nicht. Weil sie oft einen hohen Wert haben und wichtig sind für die Erhaltung des Lebensstandards, sind Immobilienbesitzer aber besonderes daran interessiert, vermeidbare Ansprüche abzuwehren.

Mit der Immobilie etwas Gutes tun

Der Ehepartner ist gut abgesichert, Kinder sind keine vorhanden oder stehen finanziell ebenfalls mehr als solide da? So mancher überlegt, bei seinem Tod Gutes zu tun – und zum Beispiel alles oder einen Teil seines Vermögens, etwa eine Immobilie, an eine gemeinnützige Organisation zu vererben.

Bei der Auswahl der Organisation sollten Sie strenge Maßstäbe anlegen, denn bei dubiosen Organisationen landet schnell mal die Hälfte der Spendeneinnahmen im Topf für Werbung und Verwaltung. Sie können sich zum Beispiel an die Spenderberatung des Deutschen Zentralinstituts für soziale Fragen (DZI) richten. Das DZI vergibt jährlich ein Spendensiegel an karitative Einrichtungen. Derzeit tragen es rund 230 Organisationen. Dabei handelt es sich in aller Regel um eher größere Spendenorganisationen, da das Siegel nur beantragen kann, wer seit mindestens zwei Jahren tätig ist und jährliche Gesamteinnahmen von mehr als 25 000 Euro vorweisen kann. Das DZI spricht Warnungen vor dubiosen Organisationen aus. Auch der Deutsche Spendenrat hält unter spendenrat.de Tipps für Spenderinnen und Spender bereit.

Weist eine Organisation kein Spendensiegel auf, kann sie dennoch seriös sein, zumal kleinere Organisationen, die vom Engagement Einzelner leben, das Siegel gar nicht beantragen können.

Gemeinnützigen Organisationen kann man zu Lebzeiten spenden oder mit dem Tod Vermögen zukommen lassen. Es kann der ganze Nachlass oder eine einzelne Sache, etwa eine Immobilie, sein. Auch dies geschieht in einem Testament per Erbeinsetzung oder Vermächtnis, insoweit gibt es keine Besonderheiten zu berücksichtigen.

Man kann auch per Testament selbst eine Stiftung errichten. Allerdings wird das nur zugelassen, wenn die Stiftung mit ausreichendem Vermögen ausgestattet wird. Ist das Vermögen zu gering, kommt eine unselbstständige Stiftung in Betracht. Per Testament bestimmt man den Stiftungszweck, verfasst eine passende Satzung und legt die Stiftungsorgane fest. Für Letzteres müssen vorab die nötigen Absprachen mit geeigneten Personen getroffen werden. Alternativ kann die Stiftung zu Lebzeiten gegründet und durch Testament dann mit weiterem Vermögen ausgestattet werden. Dies sind aber alles Spezialthemen, die den Rahmen dieses Buches sprengen würden.

Eine gemeinnützige Organisation ist als Erbe übrigens nicht davor gefeit, Pflichtteilsansprüche befriedigen zu müssen. Auch wenn sie eine größere Schenkung bekommen hat, können pflichtteilsberechtigte Erben ihren Pflichtteilsergänzungsanspruch geltend machen, sofern die Schenkung weniger als zehn Jahre zurücklag. Das entschied der Bundesgerichtshof und gab damit einer Frau Recht, die gegen die Stiftung Frauenkirche Dresden geklagt hatte (Az. IV ZR 249/02).

Hat das Finanzamt die Spendenorganisation als gemeinnützig anerkannt, muss sie keine Erbschaftssteuer zahlen. Erbe oder Vermächtnis kommt zur Gänze mildtätigen Zwecken zugute.

Schritt für Schritt: So planen Sie Ihren Nachlass

Sie haben sich zur testamentarischen Regelung Ihres Nachlasses entschlossen? So gehen Sie am besten dabei vor.

Zum Abschluss eine kurze Schritt-für-Schritt-Anleitung, was Sie bedenken und regeln sollten, wenn Sie Ihren letzten Willen aufsetzen möchten:

1. **Nachlass sichten.** Verschaffen Sie sich eine Übersicht über Ihre Immobilie(n) und Ihr sonstiges Vermögen und Ihre Schulden.
2. **Erben ermitteln.** Ermitteln Sie die gesetzlichen Erben (und etwaige Ersatzerben) und Pflichtteilsberechtigten.
3. **Nachlass aufteilen.** Legen Sie fest, welche Person welche Vermögenswerte, Rechte oder Pflichten aus Ihrem Nachlass erhalten soll.
4. **Erben festlegen.** Bei mehreren Personen müssen Sie entscheiden, wer Erbe wird und wer vielleicht (nur) durch Vermächtnis etwas erhält; Sie sollten bei mehreren Erben konkrete Teilungsanordnungen treffen oder sich für Vorausvermächtnisse entscheiden, soweit Sie den Nachlass zwischen diesen verteilen wollen. Außerdem müssen Sie unbedingt Erbquoten (zum Beispiel ¼ oder ½) so festlegen, dass die Erben gemeinsam 100 Prozent erhalten.
5. **Bindungswirkung überlegen.** Soll das Vorstehende einseitig, also jederzeit allein änderbar, geregelt werden (dann ist ein Einzeltestament der richtige Weg) oder verbindlich, und damit nicht einseitig änderbar. Dann benötigen Sie einen Erbvertrag – etwa bei einer Patchworkfamilie –, bei Ehegatten genügt gegebenenfalls ein gemeinsames Testament. Erwägen Sie, ob eine Testamentsvollstreckung sinnvoll ist.
6. **Versorgung prüfen.** Prüfen Sie, ob Sie Versorgungsprobleme für Partner oder Kinder bedacht haben, erwägen Sie Nießbrauchs- oder Wohnrechte.
7. **Auflagen festlegen.** Prüfen Sie, ob Sie Ihren Erben Auflagen machen wollen, etwa für Grabpflege oder Spenden.
8. **Steuer prüfen.** Überprüfen Sie die steuerlichen Ergebnisse Ihrer Nachlassplanung; fallen diese nicht optimal aus, erwägen Sie Anpassungen.
9. **Abwägen.** Überlegen Sie gut, ob das Wunschergebnis dem steuerlichen Erfolg vorgeht oder ob Sie aus Steuergründen vom eigentlich gewünschten Ergebnis abweichen möchten.

Steuern vermeiden

Wohl kaum eine Steuer lässt sich mit geschickter Vorausplanung so gering halten oder im besten Falle sogar ganz vermeiden wie die Erbschafts- und Schenkungssteuer. Doch wie bemisst sich eigentlich der Wert meiner Immobilie? Details erfahren Sie in diesem Kapitel.

Natürlich sollte man seine Vermögensplanung und daher auch die Übertragung von Immobilien nicht vorwiegend von steuerlichen Gesichtspunkten abhängig machen, das wäre gewiss verfehlt. Doch sich nicht um das Thema zu kümmern, wäre fahrlässig, gerade wenn Immobilien im Spiel sind, die in aller Regel mehrere Hunderttausend Euro wert sind. Denn wer sich zu Lebzeiten zu wenig Gedanken über seinen Nachlass gemacht hat, bürdet seinen Erbinnen und Erben – häufig vermeidbare – Steuern auf.

Den Cleveren, die sich rechtzeitig auch um die steuerlichen Aspekte ihres Nachlasses kümmern und sich bei Bedarf beraten lassen, gelingt es dagegen oft, ihren Nachfahren eine Menge Steuern zu (er)sparen. Das zeigt sich auch daran, dass das Erbschaftssteueraufkommen 2022 gerade mal gut 9,2 Milliarden Euro betrug – ziemlich wenig im Vergleich zum jährlichen Erbschaftsvolumen von geschätzt mehr als 300 Milliarden Euro, so die Hochrechnungen des Deutschen Instituts für Wirtschaftsforschung (DIW). Eine genaue, amtliche Zahl zum Erbschafts- und Schenkungsvolumen gibt es nicht. Denn die meisten Erbschaften und Schenkungen bewegen sich innerhalb der Freibeträge, für die keine Steuer festgesetzt wird und die daher nicht in der Statistik auftauchen.

In diesem Kapitel erfahren Sie alles Wichtige zu den Steuerregeln beim Verschenken und Vererben. Beachten Sie aber, dass sich das Erbschaft- und Schenkungsteuerrecht zum Beispiel durch Gerichtsurteile laufend ändern kann – und informieren Sie sich daher bitte aktuell, wenn Sie eine Schenkung planen oder Ihren letzten Willen abfassen.

Ferner erhalten Sie in diesem Kapitel Informationen zum Thema Wertermittlung von Immobilien – das ist für die Berechnung der Steuer wichtig, aber zum Beispiel auch dann, wenn Sie sich Pflichtteilsansprüchen gegenübersehen.

Mehr vom Erbe erhalten – steuerschonend schenken

Mit etwas Planung lassen sich Immobilien steuersparend auf die nächste Generation übertragen. Es gibt viele Möglichkeiten, aber auch Fallstricke.

→ **Prinzipiell sind die** gesetzlichen Regelungen für Erbschafts- und Schenkungssteuer weitgehend deckungsgleich. Der Staat sieht Schenkungen nämlich als vorgezogenen Erbfall an.

Wie hoch die Steuerbelastung ausfällt, richtet sich in beiden Fällen nach zwei Faktoren: dem Verwandtschaftsgrad sowie dem Wert der Schenkung beziehungsweise des Erbes. Es gilt: Je näher der Verwandtschaftsgrad, desto höher ist der Freibetrag der Beschenkten oder der Erben und desto niedriger ihr Steuersatz. Ganz zentral ist auch der Familienstand – Ehegatten haben hohe Freibeträge, Lebensgefährten werden vom Fiskus dagegen fremden Dritten gleichgestellt – ein gravierender Nachteil.

Einen wichtigen Unterschied gibt es allerdings: Bei Erbschaften gelten die in der Tabelle „Freibeträge für Erbschaften und Schenkungen" rechts aufgeführten Steuerfreibeträge, bis zu denen keine Steuern anfallen, genau einmal pro Person. Bei Schenkungen erhalten die beschenkten Personen

Freibeträge für Erbschaften und Schenkungen

Verwandtschaftsverhältnis	Allgemeiner Freibetrag (Euro)	Versorgungsfreibetrag [1] (Euro)	Freibetrag für Hausrat (Euro)	Freibetrag für andere Güter [2] (Euro)
Steuerklasse I				
Ehegatten, eingetragene Lebenspartner	500 000	256 000	41 000	12 000
Kinder, Stiefkinder, Adoptivkinder, Kinder verstorbener Kinder	400 000	10 300 – 52 000 [3]	41 000	12 000
Andere Enkel und Stiefenkel	200 000	0	41 000	12 000
Urenkel	100 000	0	41 000	12 000
Eltern, Groß- und Urgroßeltern [4]	100 000	0	41 000	12 000
Steuerklasse II				
Geschwister, Nichten und Neffen, Schwiegerkinder und -eltern, Stiefeltern, geschiedene Ehegatten, Partner einer aufgehobenen Lebenspartnerschaft	20 000	0	12 000 [5]	
Steuerklasse III				
Onkel, Tanten, Lebensgefährten, Nachbarn, Freunde und andere	20 000	0	12 000 [5]	

1) Gilt nur für Erbschaften, allerdings mindert sich der Versorgungsfreibetrag um den Kapitalwert von Hinterbliebenenrenten.
2) Zum Beispiel für Autos, Wohnmobile oder Boote; nicht etwa für Goldbarren, Münzen, Briefmarken.
3) Kinder bis 5 Jahre 52 000 Euro, bis 10 Jahre 41 000 Euro, bis 15 Jahre 30 700 Euro, bis 20 Jahre 20 500 Euro, bis 27 Jahre 10 300 Euro.
4) Nur bei Erbschaften Steuerklasse I, bei Schenkungen Steuerklasse II mit den dort geltenden Freibeträgen.
5) Zusammengefasster Freibetrag für Hausrat, Wäsche, Bekleidung und andere bewegliche Güter.

Steuersätze

Ehe- und eingetragene Lebenspartner sowie Kinder zahlen in Steuerklasse I maximal 30 Prozent, Geschwister in Klasse II bis 43 Prozent, Unverheiratete in Klasse III bis 50 Prozent Steuern.

Steuerpflichtiges Erbe oder Geschenk bis … Euro	Steuern in Prozent bei Steuerklasse		
	I	II	III
75 000	7	15	30
300 000	11	20	30
600 000	15	25	30
6 000 000	19	30	30
13 000 000	23	35	50
26 000 000	27	40	50
Über 26 000 000	30	43	50

dagegen alle zehn Jahre einen neuen Anspruch auf die Freibeträge. Erst wenn der Wert der verschenkten oder ererbten Immobilie(n) eine bestimmte Höhe – die Freibeträge – überschreitet, sind überhaupt Steuern fällig – und zwar auf den Wert, der den Freibetrag übersteigt.

Wichtig: Das selbst genutzte Familienheim ist sowohl bei der Schenkungs- als auch bei der Erbschaftssteuer privilegiert: Schenkungen des Familienheims an den Ehegatten sind steuerfrei – und zwar unabhängig vom Wert des Hauses oder der Wohnung. Im Erbfall greifen für Ehegatten, aber auch für erbende Abkömmlinge, ebenfalls bestimmte Verschonungsregeln (Details siehe „Steuerfreies Familienheim, S. 142). Der allgemeine Schenkungs- und Erbschaftssteuerfreibetrag wird also nicht für diese Immobilienübertragungen gebraucht und kann daher für weitere Transfers von Vermögen genutzt werden

Je nach der familiären Nähe zum Schenker oder Erblasser haben die Begünstigten jeweils unterschiedliche Freibeträge (siehe Tabelle „Freibeträge“, S. 131). Am höchsten sind sie in Steuerklasse I – bei Ehegatten (500 000 Euro) und Kindern sowie Kindern verstorbener Kinder (400 000 Euro); ihnen steht außerdem im Erbfall jeweils ein Versorgungsfreibetrag zu, der sich allerdings um den Kapitalwert von Rentenleistungen wie etwa einer Witwenrente verringert, eventuell sogar bis auf null. Bei Enkeln beträgt der allgemeine Freibetrag immerhin 200 000 Euro, bei Urenkeln noch 100 000 Euro. Diese Werte gelten pro Elternteil und pro Kind/Enkel/Urenkel. Für andere Personen gibt es nur 20 000 Euro Freibetrag – auch für den Lebensgefährten, mit dem man nicht verheiratet ist.

Wichtig: Wie schon erwähnt, erneuern sich diese Freibeträge im Schenkungsfall alle zehn Jahre. Stirbt der Schenker, werden für die Berechnung der Erbschaftssteuer die anfallende Erbschaft und sämtliche Schenkungen der letzten zehn Jahre zusammengerechnet und dann einmal der allgemeine

Freibetrag abgezogen. In der Steuererklärung fragt das Finanzamt ausdrücklich nach solchen Vorschenkungen.

→ Rechtzeitig beginnen

Da die Freibeträge für Schenkungen für jeden Elternteil gelten, können auch große Immobilienvermögen steuerfrei weitergegeben werden – wenn rechtzeitig mit den Übertragungen begonnen wird. Bei einem Ehepaar mit zwei Kindern sind alle zehn Jahre Schenkungen für insgesamt 1,6 Millionen Euro steuerfrei – 800 000 Euro (jeweils 400 000 Euro von Vater und Mutter) pro Kind. Angenommen, die Eltern nutzen die Freibeträge ihrer Kinder zweimal mit Schenkungen aus und vererben ihnen den Rest des Vermögens. Dann können sie ihren Nachkommen insgesamt 4,8 Millionen Euro (dreimal 1,6 Millionen Euro) steuerfrei überlassen – falls zwischen der zweiten Schenkung und dem Tod der Eltern wiederum mindestens zehn Jahre vergangen sind. Behalten die Eltern dagegen die Immobilien bis zum Tod, erben die Kinder „nur" 1,6 Millionen Euro steuerfrei. Erben sie das Vermögen ausschließlich vom letzten Elternteil, sind es sogar „nur" 800 000 Euro.

Die Steuersätze

Die Steuersätze hängen bei Schenkungen und Erbschaften von der jeweiligen Steuerklasse und von der Höhe der steuerpflichtigen Geschenke beziehungsweise der Erbschaft ab. Sie liegen zwischen 7 und 50 Prozent. Je nach Verwandtschaftsverhältnis werden die Beschenkten in drei Steuerklassen eingeteilt.

Aufgrund des Stufentarifs beim Wert der Geschenke kann es, sobald eine Stufe nur knapp übertroffen wird – zum Beispiel mit 80 000 Euro die Stufe bei 75 000 Euro – zu einem sprunghaften Anstieg der Steuerbelastung führen. In Steuerklasse I beispielsweise steigt sie von 7 Prozent auf 11 Prozent. Denn sobald eine höhere Stufe erreicht wird, gilt dieser Steuersatz für den gesamten Erwerbswert und nicht nur für den Teil, der die untere Stufe übersteigt. Wird eine Stufe nur knapp überschritten, sorgt eine Ausgleichsregelung immerhin dafür, dass derjenige, der mehr erwirbt, auch nach Zahlung der Steuer noch etwas mehr behält.

Drei Monate Zeit

Ob Erbe, Vermächtnis, Pflichtteil oder Schenkung: Wer etwas bekommen hat, hat drei Monate ab dem Todestag Zeit, das übertragene Vermögen dem Finanzamt zu melden. Bei Schenkungen muss auch der Schenker selbst die Vermögensübergabe anzeigen. In vielen Fällen ist der Fiskus schon informiert, zum Beispiel bei Erbfällen über das Standesamt. Auch Banken, Bausparkassen, Fondsgesellschaften, Amtsgerichte und Notare müssen dem Fiskus Informationen über Erbschaften und Schenkungen zukommen lassen. So müssen zum Beispiel Gerichte und Notare über Beurkundungen oder Anordnungen informieren, die für die Festsetzung einer Erbschaftssteuer von Bedeutung sein können.

Bevor das Finanzamt eine Erbschaftssteuererklärung anfordert, nimmt es eine Vorprüfung anhand der vorliegenden Informationen vor. Wenn voraussichtlich eine Steuer zu zahlen ist, verschickt das Finanzamt dann die Steuererklärungsformulare.

Liegt das Erbschaftsvolumen erkennbar unter den anzusetzenden Freibeträgen und stehen die Erben für den Fiskus fest, wird er gar nicht dazu auffordern, eine Steuererklärung abzugeben. Fällt Erbschaftssteuer an, ist die Steuer erst zu dem im Steuerbescheid genannten Termin zu zahlen.

Vorsicht Spekulationssteuer

Werden ererbte oder geschenkte Immobilien später verkauft, wird unter Umständen Einkommenssteuer fällig: Denn grundsätzlich sind Gewinne aus dem Verkauf von Immobilien innerhalb der Spekulationsfrist von zehn Jahren steuerpflichtig, sofern es sich um vermietete Objekte handelt.

Maßgeblich für die Berechnung der Frist ist das Datum des ursprünglichen notariellen Kaufvertrags für die Immobilie, nicht der tatsächliche Übergang des Eigentums (Grundbucheintrag etc.).

→ Keine Spekulationsfrist fürs Familienheim

Keine Spekulationsfrist greift bei gewinnbringenden Verkäufen von Immobilien, in denen man selbst lebt oder die man mindestens im Verkaufsjahr und den beiden Kalenderjahren davor selbst genutzt hat. Der Verkaufsgewinn bleibt steuerfrei.

Der Bundesfinanzhof (BFH vom 27. Juni 2017 – IX R 37/16) hat festgestellt, dass die Privilegien bei der Einkommenssteuer auch für selbst genutzte Zweitwohnsitze wie Ferienwohnungen gelten. Das heißt: Selbst wenn die Zweitwohnung beispielsweise an der Nordsee nur für wenige Wochen im Jahr bewohnt wird, sie dem Eigentümer allerdings auch in der anderen Zeit des Jahres als Wohnraum zur Verfügung steht, also nicht fremdvermietet wird, geht der Gesetzgeber von Eigennutzung aus. Das bedeutet, dass der Eigentümer neben seiner selbst genutzten Immobilie an seinem Wohnort auch die Ferienwohnung steuerfrei verkaufen kann.

Kauft und verkauft ein Eigentümer allerdings mehr als drei Immobilien innerhalb von fünf Jahren, die vor dem Verkauf nur vorübergehend für eigene Zwecke genutzt wurden, fallen Einkommen- und Gewerbesteuer an – der Staat geht dann von einem gewerblichen Grundstückshandel aus. Erwerbe aus Erbschaften und Schenkungen werden dabei in der Regel nicht mitgezählt (BFH vom 23. August 2017 – X R 7/15).

Auf den Wert der Immobilie kommt es an

Wenn das Finanzamt prüft, ob Erbschafts- oder Schenkungssteuer anfällt, ermittelt es den Wert des Erbes. Bei Immobilien setzt es den Verkehrswert an. Doch wie wird der ermittelt?

Vom Wert des Nachlasses oder der Schenkung zieht das Finanzamt neben den Freibeträgen auch die Verbindlichkeiten ab, die damit zusammenhängen – das können zum Beispiel offene Rechnungen oder Steuerschulden sein. Als Bemessungsgrundlage für die Erbschafts- oder Schenkungssteuer wird also die „Bereicherung" abzüglich des jeweiligen Freibetrags herangezogen.

Um den Wert eines Erbes oder Geschenks zu ermitteln, zählt das Finanzamt sämtliche Vermögensgegenstände, wie zum Beispiel Bargeld, Sparguthaben und den Wert von Immobilien, zusammen. Bargeld-, Bank- und Sparguthaben gehen mit dem Nominalwert in Euro am Todestag oder am Tag der Schenkung plus etwaige bis dahin aufgelaufene Zinsen in die Rechnung ein, börsennotierte Wertpapiere mit dem niedrigsten Kurswert des entsprechenden Tages. Grundsätzlich wird bei allen Vermögensgegenständen der „gemeine Wert" zugrunde gelegt, das ist der Wert, der bei einer ordnungsgemäßen Veräußerung des Gegenstands zu erzielen ist, also der „Verkehrswert". Für steuerliche Bewertungsfragen greifen besondere Vorschriften im Erbschaftsteuergesetz in Verbindung mit dem Bewertungsgesetz (BewG).

Auch bei der Nachlassbewertung von Immobilien ist der Verkehrswert relevant. Da jede Immobilie einzigartig ist, anders als etwa Aktien oder Fondsanteile, stellt die Feststellung ihres Verkehrswerts eine besondere Herausforderung dar. Natürlich könnte man sie verkaufen – der Verkaufserlös wäre dann ein solcher Verkehrswert. Aber das ist häufig genau nicht gewollt. Den Verkehrswert ermittelt das Finanzamt indes nicht individuell, sondern nach festgelegten Verfahren nach vorgegebenen Schemata vom Schreibtisch aus. Es errechnet für steuerliche Zwecke den „Bedarfswert" (= Verkehrswert) und ist dabei an die Vorgaben des Bewertungsgesetzes gebunden. Nach welchem Verfahren die Wertermittlung erfolgt, hängt laut Gesetz von der Grundstücksnutzung ab. Seit 2023 greifen bei zwei von drei möglichen Verfahren im Detail neue Berechnungsansätze, die den steuerlichen Wert vieler Immobilien erhöht haben.

Drei Bewertungsverfahren

Je nach Art der Immobilie wendet der Fiskus unterschiedliche Bewertungsverfahren an:

- **Für Ein- und Zweifamilienhäuser sowie für Eigentumswohnungen gilt das Vergleichswertverfahren.** Dabei stützt sich die Finanzbehörde auf realisierte Kaufpreise vergleichbarer Objekte. Der Vergleich bezieht sich vor allem auf Grundstücksgröße, Baujahr, geografische Lage, Wohnfläche und Ausstattung und beruht auf den vom Gutachterausschuss der Gemeinde regelmäßig ermittelten Bodenrichtwerten. Dem Ausschuss werden alle in der jeweiligen Region notariell abgeschlossenen Grundstückskaufverträge gemeldet. Sie werden in die Kaufpreissammlung des Gremiums einbezogen.
- **Für Mietwohngrundstücke mit mehr als zwei Wohnungen gilt das Ertragswertverfahren.** Der Ertragswert setzt sich zusammen aus dem Bodenwert plus dem Rohertrag der Immobilie. Der Rohertrag wird anhand der Jahresmiete für abgeschlossene Mietverträge berechnet. Davon werden die Bewirtschaftungskosten abgezogen. Der Ertrag wird dann mit einem vom Gesetzgeber definierten Vervielfältiger multipliziert, der vor allem von der Restnutzungsdauer, also vom Alter des Gebäudes, abhängt. Vermietete Immobilien schlagen bei der Berechnung der Erbschafts- und Schenkungssteuer nur mit 90 Prozent des so ermittelten Verkehrswerts zu Buche – 10 Prozent können damit steuerfrei vererbt oder verschenkt werden. Die Steuerbefreiung gilt sowohl für Mehrfamilien- als auch für Ein- und Zweifamilienhäuser und vermietete Eigentumswohnungen. Mitvermietete Garagen zählen ebenfalls mit. Interessant: Die Regelung unterliegt keinerlei Bindungs- oder Behaltefristen. Das bedeutet: Theoretisch kann man den Bewertungsabschlag bei der Vermögensübertragung nutzen und dann die Immobilie gleich verkaufen oder selbst nutzen. Erbschafts- oder Schenkungssteuer, die auf vermietete Immobilien anfallen, können übrigens über einen Zeitraum von zehn Jahren gestundet werden, wenn die Immobilie verkauft werden müsste, um sofort die Steuer zu bezahlen. Die Regelung soll Notverkäufe verhindern und die Vermieter in die Lage versetzen, die Erbschaftssteuer aus den erwirtschafteten Mieten nach und nach abzustottern.
- **Wenn keine Vergleichswerte und üblichen Mieten vorliegen, kommt das Sachwertverfahren ins Spiel.** Es wird aus dem Bodenwert und dem Gebäudesachwert gebildet. Der Gebäudesachwert wird anhand normierter Herstellungskosten für verschiedene Standardstufen wie einfach oder gehoben ermittelt und bezieht zusätzlich die Alterswertminderung ein.

Gut zu wissen

Ausgaben für die Regelung des Nachlasses und für die Bestattung können Erben beim Finanzamt absetzen. Ebenso lässt sich das Honorar für den Steuerberater geltend machen, der das Erbe abrechnet. Das Finanzamt muss auch die Ausgaben für ein Sachverständigengutachten berücksichtigen (BFH, Az. II R 20/12), wenn steuerpflichtige Erben damit den Verkehrswert ihres geerbten Grundstücks nachweisen. Einzelheiten ergeben sich aus den gleichlautenden Ländererlassen vom 23. März 2015 – Bundessteuerblatt Teil I 2015 S. 258 bis 269.

Andere Fälle der Bewertung

Weniger genau geht es bei der Ermittlung des Immobilienwerts für die Notar- oder Gerichtskosten zu. Auch hier ist der Verkehrswert maßgeblich. Liegt für die Immobilie ein Wertgutachten vor, wird dieses natürlich verwendet, ebenso kann ein nicht lang zurückliegender Kaufpreis als Grundlage dienen.

Beide sind bei Schenkungen und Erbfällen allerdings oft nicht vorhanden. Dann werden für Grundstückswerte die veröffentlichten Bodenrichtwerte herangezogen, für Gebäudewerte kann aus Angaben zum Baujahr und zur Wohngebäudeversicherungssumme häufig ein Wert errechnet werden, und bei Eigentumswohnungen ergeben deren letzter Kaufpreis, das Jahr des Kaufes und das Baujahr die nötigen Grundlagen für die Berechnung.

Zur Not wird anhand vorhandener Angaben geschätzt. Die damit verbundene Ungenauigkeit wird für die Berechnung der Notar- und Gerichtskosten hingenommen, da ein Bewertungsfehler von 30 000 Euro je nach Fall (nur) zwischen 50 und 120 Euro Unterschied ausmacht. Dafür lohnen die Extrakosten eines Gutachtens nicht.

Doch es gibt Fälle, in denen man den Verkehrswert einer Immobilie möglichst genau bestimmen muss – zum Beispiel dann, wenn Pflichtteilsansprüche gestellt werden oder Erben über den Wertausgleich streiten. Oder wenn Sie als Erbe oder Beschenkte mit der Bewertung, die das Finanzamt für die Bemessung der Steuer vorgenommen hat, ganz und gar nicht einverstanden sind.

Anders als das Finanzamt, das sich nach dem Bewertungsgesetz richtet, orientieren sich öffentlich bestellte und vereidigte Sachverständige bei der detaillierten Wertermittlung an Paragraf 194 Baugesetzbuch (Verkehrswert) sowie an der Wertermittlungsverordnung. Darin sind die bereits aufgeführten drei Verfahren für bestimmte Immobilien vorgeschrieben.

Wie erfahrene Praktiker bei der Bewertung von Immobilien im Detail vorgehen, erfahren Sie im folgenden Interview.

„Entscheidend ist der Verkehrswert"

Wann ist eine Frage nach dem Wert der Immobilie eigentlich wichtig – und wer stellt den Wert fest und wie? Finanztest sprach dazu mit **Prof. Dr. Michael Sohni**, Professor an der Hochschule Darmstadt University of Applied Sciences im Fachbereich Bau- und Umweltingenieurwesen. Er ist von der IHK Darmstadt öffentlich bestellter und vereidigter Sachverständiger für die Bewertung von bebauten und unbebauten Grundstücken und Mitglied im Gutachterausschuss von Darmstadt.

Aus Ihrer Praxiserfahrung – in welchen Fällen ist oft eine unabhängige Bewertung von Immobilien bei Schenkungs- und Erbfällen erforderlich?
Die Frage nach der Bewertung gewinnt in der Regel besondere Brisanz, wenn sich der Erbe oder die Erben Pflichtteilsansprüchen zum Beispiel enterbter Geschwister gegenübersehen. Sobald es mehr als einen Erben oder zu Beschenkenden gibt, braucht man in der Regel eine neutrale Bewertung. Pflichtteilsberechtigte haben Anspruch auf einen Geldbetrag, der sich nach dem Wert der Immobilie richtet, und das sorgt natürlich ganz oft für Streit. In der Regel braucht man dann ein Wertgutachten. Besser wäre es natürlich gewesen, wenn der Erblasser die Verteilung schon zu Lebzeiten geregelt hätte und dabei auch die Pflichtteilsansprüche berücksichtigt hätte.

Wovon sprechen wir genau, wenn wir vom „Wert" der Immobilie reden?
Entscheidend ist der sogenannte Verkehrswert der Immobilie, der sich nach Paragraf 194 Baugesetzbuch (BauGB) ergibt. Der Verkehrswert ist ein durchschnittlich zu erzielender Marktpreis zum Zeitpunkt der Bewertung, also ein Preis, der sich „im gewöhnlichen Geschäftsverkehr nach den rechtlichen Gegebenheiten und tatsächlichen Eigenschaften, der sonstigen Beschaffenheit und der Lage des Grundstücks erzielen ließe", wie es im Gesetz heißt.

Das Finanzamt stellt bei Schenkungen oder Erbschaften den Wert der Immobilien fest. Welcher Zeitpunkt ist dafür maßgeblich – und wie ermittelt das Finanzamt diesen Verkehrswert?
Entscheidend für die Wertermittlung ist bei Schenkungen der Tag der Überlassung, also der Tag, an dem die Schenkung beurkundet

wird. Bei Erbschaften ist der Todestag der Bewertungsstichtag. Für die Bewertung maßgeblich ist das Bewertungsgesetz, das seit 1.1.2023 in einer überarbeiteten Fassung gültig ist. Wichtig zu wissen: Der Wert, den die Finanzämter zugrunde legen, wird nach festgelegten Verfahren ermittelt. Dafür wird die Immobilie in der Regel nicht besichtigt und unter Umständen wertmindernde Besonderheiten werden nicht berücksichtigt.

Was kann ich machen, wenn ich mit dem ermittelten Wert nicht einverstanden bin?

Dann können Sie gegen den Bescheid Einspruch erheben. Nach dem Bewertungsgesetz gibt es eine Öffnungsklausel, dass man einen niedrigeren Wert nachweisen darf. Für die nötige Gutachtenerstellung kommen der örtliche Gutachterausschuss und öffentlich bestellte Sachverständige infrage.

Wofür ist der Gutachterausschuss zuständig?

Jede Gemeinde in Deutschland muss zu einem Gutachterausschuss gehören, deren Aufgaben im Baugesetzbuch geregelt sind. Von allen Immobilien, die verkauft werden, wird eine Kopie der Kaufurkunde an den jeweiligen Gutachterausschuss geschickt. Deren Aufgaben sind unter anderem die Gutachtenerstellung, das Beschließen von Bodenrichtwerten und das Führen der Kaufpreissammlung. Mit der Kaufpreissammlung hat der Gutachterausschuss eine „Schatzkiste" mit den Daten von tatsächlichen Vergleichsverkäufen, die man als Bewertungsexperte heranziehen muss, um eine Immobilienbewertung sachgerecht und marktgerecht durchzuführen. Aus Datenschutzgründen ist die Kaufpreissammlung nicht öffentlich und Auskünfte aus der Kaufpreissammlung erhalten nur sachkundige und dem Datenschutz besonders verpflichtete Personen.

Auch hier zählen vereidigte und öffentlich bestellte Sachverständige für Immobilienbewertung zu den Personen, die Auskünfte aus der Kaufpreissammlung erhalten. Man erhält eine Anzahl von Vergleichsverkäufen, die je nach Bundesland mehr oder weniger anonymisiert sind. In manchen Bundesländern erhält man zum Beispiel nur die Verkaufspreise ohne detaillierte Angabe der Adresse. In Hessen bekommen wir die Adressen dieser Vergleichsobjekte, was die Bewertungsarbeit sehr erleichtert, da wir Sachverständige uns ein tatsächliches Bild von den Immobilien machen können. Die Gutachterausschüsse sind auch verpflichtet, Immobilienmarktberichte zu erstellen. In diesen Marktberichten stehen unter anderem die sogenannten wertrelevanten Daten, mit denen auch interessierte Laien sich ein Bild des Immobilienmarktgeschehens machen können. Die Marktberichte können auch Privatkunden zum Preis von etwa 50 bis 100 Euro beziehen. Für Hessen gibt es die Marktberichte kostenlos im Internet.

Nach welchen Verfahren ermitteln Sie als Gutachter den Verkehrswert?

Es gibt drei sogenannte normierte Bewertungsverfahren, die in der Immobilienwertermittlungsverordnung geregelt sind. Das in der Verordnung an erster Stelle genannte Verfahren ist das Vergleichswertverfahren. Das Verfahren ist besonders marktnah, da unmittelbar von den Vergleichsverkäufen auf den Wert der zu bewertenden Immobilie geschlossen wird. Das Vergleichswertverfahren kommt besonders bei Wohnungseigentum, Teileigentum sowie Ein- und Zweifamilienhäusern zum Tragen. Das zweite Bewertungsverfahren ist das Ertragswertverfahren. Es ist immer dann anzuwenden, wenn die Immobilie zur Vermietung erworben wurde, also zum Beispiel bei der Bewertung von Mehrfamilienhäusern oder bei Bürogebäuden.

Und das dritte Verfahren?

Das dritte Verfahren ist das sogenannte Sachwertverfahren, das indes das Problem aufweist, dass es eigentlich auf veralteten Zahlen basiert. Der Bodenwert wird aus dem sogenannten Bodenrichtwert abgeleitet. Definiert nach BauGB ist der Bodenrichtwert ein durchschnittlicher Lagewert für einen Bereich einer Stadt oder Gemeinde. Die Bodenrichtwerte werden von den Gutachterausschüssen heute überwiegend im Internet veröffentlicht. Zum Bodenwert hinzu kommt der Zeitwert der baulichen Anlagen, das heißt die Baukosten, die benötigt würden, um das Gebäude in der Art und Weise herzustellen, wie es sich zum Wertermittlungsstichtag darstellt. Wenn das Sachwertverfahren zum Beispiel in Hochpreisregionen wie der Nähe von München angewendet wird, ergeben sich sogenannte vorläufige Sachwerte, die bei Weitem nicht den Verkehrswerten entsprechen. Da der vorläufige Sachwert mit Marktanpassungsfaktoren „an den Markt angepasst“ werden muss, ist dieses Verfahren nicht unproblematisch. Die notwendigen Marktanpassungsfaktoren haben die Gutachterausschüsse zu ermitteln. In manchen Regionen – etwa im Süden Deutschlands – liegt dieser Faktor manchmal bei zwei oder mehr.

Was bedeutet das konkret?

Angenommen, ich bekomme 500 000 Euro rechnerischen Sachwert heraus, dann werden die Objekte bei einem Marktanpassungsfaktor von zwei vielleicht für 1 Million verkauft. In schwachen Regionen liegt der Marktanpassungsfaktor auch mal deutlich unter eins: Das bedeutet, man bekommt nicht einmal den rechnerischen Sachwert.

Gibt es ein Wahlrecht, welches Bewertungsverfahren angewandt wird?

Die Sachverständigen sind frei, sollten aber mindestens zwei verschiedene Verfahren anwenden, um zu ihrem Ergebnis zu kommen, besser noch alle drei. Sie müssen die Verfahren angemessen und – ganz wichtig – mit Marktkenntnis einsetzen. Häufig werden alle drei genannten Verfahren zur Immobilienbewertung in einem Gutachten genutzt. Jedoch ist ein Verfahren nach den Gepflogenheiten des Immobilienmarkts meist das wertbestimmende. An erster Stelle ist wieder das Vergleichswertverfahren zu nennen: Aus den tatsächlich erzielten Verkaufspreisen der Objekte, die mit der zu bewertenden Immobilie möglichst gut übereinstimmen, wird der Verkehrswert der Immobilie abgeleitet. Das Ertragswertverfahren als zweites Verfahren findet bei allen vermieteten Objekten seine Anwendung. Aber dabei kommen eigentlich auch Vergleichswerte zum Tragen, da beim Ertragswertverfahren neben der Miete der sogenannte Liegenschaftszinssatz für die Kapitalisierung der Mieterträge wichtig ist.

Was sagt der Liegenschaftszinssatz genau aus?

Der Liegenschaftszinssatz ist die Rendite, mit der die Immobilie sich marktüblich verzinst. Der Gutachterausschuss leitet die Liegenschaftszinssätze durch Rückrechnung aus den Kaufpreisen der Ertragsimmobilien ab. Indirekt ist das Ertragswertverfahren somit auch ein vergleichendes Bewertungsverfahren. Je höher übrigens der anzuwendende Liegenschaftszinssatz, desto niedriger ergibt sich der Wert der Immobilie. Bei Ertragsobjekten, etwa Mietshäusern, ist das Sachwertverfahren das entbehrlichste. Denn es spielt de facto keine Rolle, was einmal in der Vergangenheit ausgegeben wurde, um die Immobilie zu errichten. Entscheidend ist, welche Miete in Zukunft mit der Immobilie zu erzielen ist.

Wie finde ich denn einen Gutachter, der meine Immobilie bewertet?

Empfehlenswert ist es, einen öffentlich bestellten und vereidigten Sachverständigen mit der Bewertung zu beauftragen. Die Industrie- und Handelskammern führen Listen mit den Namen der Sachverständigen. Auch die Gutachterausschüsse können mit der Immobilienbewertung beauftragt werden. Hier wird die Bewertung der Immobilie von mehreren Sachverständigen im Rahmen einer Sitzung durchgeführt und das Gutachten redaktionell von der Geschäftsstelle fertiggestellt.

Und was kostet das?

Es gibt zum Beispiel die Gebührenordnung des Bundesverbands öffentlich bestellter und vereidigter sowie qualifizierter Sachverständiger e. V. (BVS). Die Kosten richten sich nach dem Immobilienwert. So beträgt das Honorar für die Bewertung einer Eigentumswohnung im Wert von 400 000 Euro netto 2 300 Euro zuzüglich Mehrwertsteuer und Nebenkosten zum Beispiel für die überaus wichtige Auskunft aus der Kaufpreissammlung, die etwa 100 bis 150 Euro kostet. An einem qualifizierten Gutachten sollte nicht gespart werden, da fehlerhafte Bewertungen zu hohen Vermögensverlusten für die eine oder andere Partei führen können.

Steuerfreies Familienheim

Beim Familienheim sind Ehe- und eingetragene Lebenspartner, aber auch Kinder unter bestimmten Bedingungen privilegiert.

Um das Steuerprivileg für das Familienheim im Erbfall nutzen zu können, muss der Ehe- oder eingetragene Lebenspartner anschließend in dem Objekt für mindestens zehn Jahre wohnen. Die Immobilie darf also in der Zeit weder verkauft, vermietet oder verpachtet werden, sondern muss selbst genutzt sein. Dann bleibt der Ehepartner – unabhängig vom Wert der Immobilie – komplett von Erbschaftssteuer verschont. Außerdem muss der überlebende Ehegatte zivilrechtlich Eigentum an der Familienwohnung erwerben; der Erblasser muss zuvor als Eigentümer der Immobilie im Grundbuch eingetragen gewesen sein und die Immobilie als Familienheim genutzt haben.

Bekommt der überlebende Ehegatte dagegen testamentarisch nur ein dinglich gesichertes Wohnrecht zugesprochen, greift die Steuerbefreiung nicht (BFH-Urteil vom 3. Juni 2014 – II R 45/12). Auch wenn der Erbe zur Zeit des Erbfalls bereits selbst in einem Pflegeheim lebt, erwirbt er das Familienheim nicht von vornherein steuerfrei, da er es nicht selbst bewohnt.

Wenn Kinder erben

Auch Kinder können das Familienheim steuerfrei erben, wenn sie anschließend mindestens zehn Jahre darin wohnen. Sie müssen unverzüglich, normalerweise binnen sechs Monaten nach dem Erbfall, in die Immobilie einziehen (BFH-Urteil vom 28. Mai 2019 – II R 37/16). Neben der Selbstnutzung greift indes noch eine zusätzliche Beschränkung: Steuerfrei ist für sie nur eine Wohnfläche bis zu 200 Quadratmetern.

Vorsicht: Man kann die Steuerbefreiung rückwirkend verlieren, wenn man die Immobilie eine Zeit lang selbst bewohnt, dann innerhalb der zehnjährigen Nutzungsfrist auf die eigenen Kinder weiter überträgt und sich ein Nießbrauchrecht an der Immobilie vorbehält. Trotz fortgesetzter Selbstnutzung versagen die Finanzgerichte den Steuervorteil, weil die Eigentümerstellung nicht mehr gegeben ist.

Jeder Quadratmeter darüber hinaus ist steuerpflichtig, sofern die Freibeträge bereits ausgeschöpft wurden. Erben mehrere Kinder die Immobilie gemeinsam und nutzen sie diese dann auch gemeinsam, wird die steuerfreie Wohnfläche anteilig gemäß ihrer Erbquoten aufgeteilt. Verkaufen Hinterbliebene das Objekt vor Ablauf der zehn Jahre, vermieten sie es oder nutzen es als Zweitwohnsitz, ist der Steuervorteil futsch.

Zieht der Erbe vorher ohne wichtigen Grund aus, wird im Nachhinein noch Erbschaftssteuer fällig. Ausnahmen gelten zwar für Erben, die pflegebedürftig werden und ins Heim ziehen müssen, nicht aber, wenn man aus beruflichen Gründen wegziehen muss. Eine weitere Ausnahme greift, wenn ein minderjähriges Kind eine Immobilie erbt und daher aus rechtlichen Gründen noch gar keinen selbstständigen Haushalt führen kann.

Nur für ein Grundstück

Die Steuerbefreiung für das Familienheim gilt nur für das Grundstück, auf dem die Immobilie steht – nicht für ein zweites, direkt angrenzendes Flurstück, das im Grundbuch auf verschiedenen Blättern eingetragen ist und das zum Beispiel als Garten genutzt wird. Das geht aus einem Urteil des Finanzgerichts Düsseldorfs hervor (Az. 4 K 1063/17). Obwohl beide Flurstücke äußerlich eine Einheit darstellten, gewährte das Finanzamt nur für das bebaute Grundstück die Befreiung von der Erbschaftssteuer.

Gut zu wissen

Zweit- und Ferienwohnungen stehen nicht im Mittelpunkt des familiären Lebens und lassen sich daher grundsätzlich nicht erbschaftssteuerfrei wie ein Familienheim übertragen (BFH-Urteil vom 18. Juli 2013, Az. II R 35/11). Im Schenkungs- oder Erbfall von Zweitwohnungen zwischen Eheleuten greift dann nur der Freibetrag von bis zu 500 000 Euro, der alle zehn Jahre in Anspruch genommen werden kann.

Mit Schenkung das Familienheim übertragen

Bei Schenkungen von Immobilien an den Ehepartner greift ebenfalls eine wichtige Ausnahme: Ist das Objekt das selbst genutzte Familienheim und stellt den Lebensmittelpunkt der Familie dar, fällt dafür bei Schenkung an den Ehegatten zu Lebzeiten keine Schenkungssteuer an; für eine Schenkung an Kinder gibt es dieses Privileg nicht.

Die Steuerfreiheit ist unabhängig davon, wie viel das Familienheim tatsächlich wert ist. Unerheblich ist auch, ob ein Partner dem anderen das gemeinsame Haus ganz oder nur teilweise schenkt. Ist nur einer der Ehepartner im Grundbuch als Eigentümer eingetragen, erreicht er durch eine teilweise Schenkung, dass der andere Miteigentümer wird. Ein Ehegatte kann also dem anderen die Familienvilla im Millionenwert schenken, in der das Paar gemeinsam lebt – ganz oder in Teilen. Diese Schenkung wird nicht – wie andere Schenkungen – auf den sich alle zehn Jahre erneuernden Schenkungssteuerfreibetrag angerechnet.

Die Schenkung unter Ehegatten ist daher sehr attraktiv. Es ist übrigens möglich, auch mehrmals ein Familienheim zu verschenken, etwa nach Umzügen an einen neuen Wohnort.

> **Falls der eine Partner stirbt und der andere das Haus verkaufen möchte, kann er dies nach einer Schenkung sofort tun.**

Die Schenkung bietet noch einen weiteren Vorteil: Falls der eine Partner stirbt und der andere das Haus verkaufen möchte, kann er dies nach einer Schenkung sofort tun, auch wenn noch keine zehn Jahre vergangen sind. Hätte er das Familienheim dagegen erst ererbt, müsste er noch zehn Jahre im Haus wohnen bleiben, um die Steuerfreiheit bei der Erbschaftssteuer zu genießen.

Dieser Vorteil lässt sich für ein Steuersparmodell nutzen. Angenommen, einer der beiden Ehegatten ist erheblich vermögender als der andere, beide möchten ihr Vermögen ausgeglichener verteilen und eventuell in eine kleinere Wohnung ziehen, dann ist folgendes aus zwei Schritten bestehendes Konstrukt möglich:

- **Im ersten Schritt** überträgt der vermögende Partner dem anderen das Eigenheim vollständig steuerbefreit. Da es sich dabei um das Familienheim handelt, bleibt der Schenkungsfreibetrag von 500 000 Euro vollkommen unberührt.
- **Im zweiten Schritt** verkauft der zunächst beschenkte Ehepartner das Haus, das nun sein Eigentum ist, an einen Dritten. „Der Erlös steht dem Verkäufer dann frei zur Verfügung“, erläutert Professor Dr. Rolf Tilmes, der Vorstandsvorsitzende des Financial Planning Standards Board (FPSB) Deutschland, diese Lösung.

→ Attraktives Steuersparmodell

Durch eine Schenkung der eigengenutzten Immobilie und den anschließenden Verkauf des Objekts sind Geldübertragungen in unbegrenzter Höhe möglich, ohne dass der weniger vermögende Ehegatte Schenkungssteuer zahlen und der Freibetrag in Anspruch genommen werden muss. Gut zu wissen ist zudem, dass sich die Schenkungssteuerfreiheit beim Eigenheim auch mehrfach nutzen lässt.

Von Ketten und Schaukeln – weitere Möglichkeiten

Auch durch geschickte Gestaltungen lassen sich Immobilien steuerschonend an Ehegatten oder Kinder übertragen.

Eine andere Variante, um die Steuer gering zu halten, ist die sogenannte Kettenschenkung: Jeder Ehegatte kann seinen Kindern innerhalb der Zehnjahresfrist Vermögen in Höhe von 400 000 Euro schenkungssteuerfrei zuwenden. Ist nur einer der Ehepartner vermögend, kann man erwägen, sein Vermögen nicht direkt auf die Kinder zu verlagern, sondern zunächst einen Teil seinem Ehegatten zukommen zu lassen. Denn Übertragungen zwischen Eheleuten sind alle zehn Jahre bis zur Höhe von 500 000 Euro steuerfrei.

Mithilfe der Kettenschenkung lässt sich auch der Freibetrag des nicht vermögenden Ehepartners aktivieren und bei der Weiterschenkung von Immobilien an die Kinder nutzen. Der kann dann nämlich das an ihn übertragene Vermögen innerhalb des Freibetrags von 400 000 Euro ebenfalls steuerfrei an die Kinder weiterschenken. Das Finanzamt spielt mit, wenn der beschenkte Partner frei über das geschenkte Vermögen verfügen darf.

Zwischen den beiden Schenkungen sollte deshalb eine Schamfrist verstreichen. Bei Grundstücksübertragungen empfiehlt es sich, mindestens die Eintragung des Übertrags der Immobilie im Grundbuch abzuwarten. Experten raten dazu, vorsorglich ein Jahr oder mehr vergehen zu lassen. Sonst wittert das Finanzamt Gestaltungsmissbrauch (Urteil des Bundesfinanzhofs vom 18. Juli 2013, Az. II R 45/11).

Kinderlose: Adoption als Mittel der Steuergestaltung

Auch eine Adoption kann eine Möglichkeit sein, Erbschafts- und Schenkungssteuer zu sparen. Dazu ein Beispiel: Rolf verfügt über ein schuldenfreies Zweifamilienhaus und Sparvermögen im Gesamtwert von 1 Million Euro. Bekommen soll das alles nach seinem Tod Max – der Sohn seines verstorbenen Bruders und sein Patenkind. Das würde allerdings 294 000 Euro Steuern verursachen, da der Neffe in Steuerklasse II nur über einen Freibetrag von 20 000 Euro verfügt und der Steuersatz für das darüber hinausgehende Erbe 30 Prozent beträgt.

Der Trick: Rolf adoptiert sein Patenkind. Max fällt dann in Steuerklasse I und darf 400 000 Euro steuerfrei erben. Das Vermögen, das diesen Betrag übersteigt, wird nur noch mit 90 000 Euro Schenkungssteuer belastet (15 Prozent). Dieser juristische Clou spart also locker 204 000 Euro Steuern.

An Erwachsenenadoptionen werden allerdings hohe Hürden gestellt, zuständig für die Anerkennung sind die Familiengerichte. So muss etwa eine enge familiäre Bindung nachgewiesen werden.

Ehelichen Güterstand wechseln

Das Familienheim können Eheleute steuerfrei dem Ehepartner schenken. Aber was tun, wenn es beispielsweise um vermietete Immobilien geht? Mit einem legalen Trick können Ehegatten, die im gesetzlichen Güterstand der Zugewinngemeinschaft leben, enorme Vermögenswerte untereinander verschieben, ohne dass der Fiskus davon etwas erhält.

> **Die Hälfte des Zugewinns muss der vermögendere Partner abgeben – wohlgemerkt schenkungssteuerfrei.**

Das funktioniert mit der „Güterstandsschaukel". Dabei beenden die Eheleute ihren ehelichen Güterstand mit einem notariellen Ehevertrag und wechseln in die Gütertrennung. Der Clou: Mit dem Ende der Zugewinngemeinschaft muss der vermögendere Ehegatte seinem Partner per Gesetz einen finanziellen Ausgleich für das gemeinsam während der Ehe aufgebaute Vermögen leisten. Dabei wird das Anfangs- und Endvermögen der beiden Ehegatten festgestellt und verglichen. Die Hälfte des Zugewinns, der während der Ehe entstanden ist, muss der vermögendere Partner dem anderen dann abgeben – wohlgemerkt schenkungssteuerfrei. Der Bundesfinanzhof akzeptiert diese Gestaltungsmöglichkeit (Az. II R 29/02). Voraussetzung ist allerdings, dass der Güterstand tatsächlich beendet wird – selbst wenn die Ehegatten kurz danach wieder in die Zugewinngemeinschaft zurückwechseln.

Gegenleistungen und Belastungen mindern die Steuerlast

Wer sich bei der Schenkung von Immobilien ein Wohnrecht oder Nießbrauch vorbehält, kann die Steuerlast der Beschenkten deutlich drücken. Denn beides kann mit dem vollen Wert vom Wert der Schenkung abgezogen werden. Gerade wenn Schenker selbst noch vergleichsweise jung sind, macht sich die Einsparung stark bemerkbar, da dann der Wert des lebenslangen Rechts sehr hoch ausfällt. Zur Berechnung siehe „Nießbrauch und Wohnrecht", S. 68.

Gleiches gilt grundsätzlich auch bei Vereinbarung einer Leibrente oder dauernden Last. Hier kann allerdings folgendes Problem auftreten: Bei der Einkommensteuer wird beides nicht mehr berücksichtigt, das heißt, die Einnahme ist beim Übergeber nicht mehr zu versteuern, umgekehrt kann

Sechs Gestaltungstipps

Heiraten

Bei unverheirateten Paaren greifen bei der Erbschafts- und Schenkungssteuer nur die niedrigen Freibeträge von 20 000 Euro – wollen sie sich gegenseitig beschenken oder beerben, würde es sich aus steuerlicher Sicht lohnen zu heiraten.

Rechtzeitig schenken

Bei größeren Vermögen mit Immobilien lohnt es sich, alle zehn Jahre die Freibeträge auszunutzen. So lassen sich über mehrere Jahrzehnte auch mehrere Immobilien steuerfrei zum Beispiel auf die Kinder übertragen.

Schenkungswerte durch Vorbehalte senken

Insbesondere Schenkung unter Vorbehalt eines Nießbrauchs für den Schenker (und dessen Ehepartner), einer Leibrente oder dauernden Last senken die Steuern.

Erben und vermachen

Für den Erbfall kann man nicht nur einen Erben bestimmen, sondern einzelne Immobilien auch über Vermächtnisse übertragen, um möglichst viele Freibeträge nutzen zu können.

Eine Generation auslassen

Ihr Kind hat selbst bereits Immobilienvermögen? Vielleicht kommt für Sie infrage, dann bereits Ihren Enkeln etwas mit warmer Hand zu geben oder zu vererben.

Güterstandsschaukel und andere legale Gestaltungen nutzen

Wechselt ein Ehepaar aus dem Güterzustand der Zugewinngemeinschaft in die Gütertrennung, kann der Ehepartner, der dann zum Zugewinnausgleich verpflichtet ist, diesen Betrag dem anderen Ehepartner steuerfrei übertragen.

die Ausgabe beim Übernehmer auch nicht abgezogen werden. Mehr dazu siehe „Geld oder Pflege“, S. 76.

Auch im Todesfall lässt sich durch derartige Vereinbarungen im Testament oder im Erbvertrag der Nachlasswert nach Wunsch verteilen, den Gesamtwert senken kann man damit allerdings nicht. So kann zum Beispiel geregelt werden, dass die Kinder das Eigentum an der vermieteten Immobilie bekommen und der Ehegatte den Nießbrauch daran.

Oder ein Kind erhält die Immobilie, wird aber verpflichtet, einen Teil des Wertes oder einen festen Betrag an einen anderen Erben auszuzahlen.

Immobilien im Ausland

Sie haben schon ein Domizil im Ausland oder planen, sich eines zu kaufen? Dann sollten Sie sich frühzeitig mit den Regelungen zum Erbrecht und zur Erbschaftssteuer befassen. Je nachdem wo die Immobilie liegt, kann es sein, dass mehrere Länder kassieren wollen. Selbst Europa hat trotz EU-Erbrechtsverordnung keine einheitlichen Regeln.

Haben Sie im Ausland gelebt oder planen dies? Besitzen Sie oder ein nahestehender Verwandter eine Immobilie außerhalb Deutschlands oder haben vor, eine zu erwerben? Oder reisen Sie einfach nur gerne und erwägen, an einem schönen Fleck der Erde ein Häuschen beziehungsweise eine Wohnung zu kaufen? Gründe für Immobilienbesitz im Ausland gibt es viele. Kaufen, verwalten, versteuern, verschenken, übertragen, vererben oder erben kann jedoch schnell komplex werden, wenn mehrere Staaten oder Bürger unterschiedlicher Nationalität beteiligt sind. Oft hängt es zum Beispiel auch davon ab, ob jemand im In- oder Ausland lebt oder stirbt.

Sich rechtzeitig zu informieren lohnt, denn das Einkommens- und Umsatzsteuerrecht, das eheliche Güterrecht, das Erbrecht oder die Besteuerung von Erbschaften und Schenkungen ist von Land zu Land unterschiedlich geregelt. Wenn es ungünstig läuft, müssen die Erben in mehreren Ländern Steuer auf die gesamte Erbschaft bezahlen und sind dann möglicherweise gezwungen, das Erbe oder Teile davon zu verkaufen, um die Steuerschulden zu begleichen. Sicherlich ist das nicht im Sinne des Erblassers.

Klug, wer sich beizeiten informiert, frühzeitig plant und gezielt gegensteuert.

Selbst innerhalb der EU ist trotz Europäischer Erbrechtsverordnung (EuErbVO), die seit August 2015 gilt, nicht viel vereinheitlicht. Denn die Regelung bestimmt nur, welches Land für den Nachlass zuständig ist, sprich welches Erbrecht angewandt wird. Das Erbrecht selbst ist weiterhin Ländersache, also von Staat zu Staat unterschiedlich geregelt – die Regeln zur Erbschafts- oder Schenkungssteuer sind es ebenfalls.

Ähnlich ist dies bei der Europäischen Güterrechtsverordnung (EuGüVO) und der Europäischen Partnerschaftsverordnung (EuPartVO), die für Ehen sowie eingetragene Lebenspartnerschaften gelten, die ab 29. Januar 2019 geschlossen wurden. Sie ermöglichen die Wahl des Güterrechts. Relevant sind die Regelungen für binationale Paare, Menschen mit mehreren Staatsangehörigkeiten oder Paare, die in anderen EU-Staaten leben oder aus diesen stammen. Bislang gelten die Verordnungen in 18 EU-Ländern.

Besonders schwierig kann es bei Immobilien in Ländern außerhalb der EU werden oder wenn Domizile in EU-Ländern und außerhalb Europas vorhanden sind. Oder aber, wenn Staatsbürger oder Ehepartner aus Nicht-EU-Staaten in Deutschland leben. Im ungünstigsten Fall droht ein langwieriges Verfahren, und die Erben müssen hohe Steuern bezahlen – und das möglicherweise an mehrere Staaten. Klug, wer sich beizeiten informiert, frühzeitig plant und gezielt gegensteuert. Dieses Kapitel sollten Sie daher lesen, wenn Sie

1. **als Deutsche/r eine Immobilie** im Ausland besitzen oder eine erwerben möchten,
2. **als Deutsche/r im Ausland** leben und in Deutschland oder im Ausland eine Immobilie haben oder erben möchten,
3. **als ausländische/r Staatsbürger/in** in Deutschland leben und eine Immobilie hierzulande oder im Ausland besitzen,
4. **sich beispielsweise als Manager,** Grenzpendler, Wanderarbeitnehmer, Student, Diplomat überwiegend im Ausland aufhalten.

Auf den nachfolgenden Seiten finden Sie Musterfälle und eine Übersicht über die wichtigsten Regelungen in den Regionen, in denen Deutsche und Ausländer, die in Deutschland leben, häufig Immobilien besitzen. Zudem gehen wir auf steuerliche Besonderheiten ein und haben für Sie praktische Tipps zusammengestellt, wie Sie am besten die eigenen Wünsche und Vorstellungen umsetzen.

Immobilien in EU-Ländern

Die Europäische Erbrechtsverordnung regelt vieles, vereinheitlicht aber nicht das Erbrecht. Dabei sind die Regeln der einzelnen Länder höchst unterschiedlich.

Innerhalb der EU sind die Spielregeln in Sachen Erbrecht seit 17. August 2015 klar definiert: In Ländern der Europäischen Union – mit Ausnahme von Dänemark und Irland – gilt die EU-Erbrechtsverordnung. Damit hat sich vieles grundlegend verändert. Bis 2015 war in Deutschland die Staatsangehörigkeit entscheidend zur Beantwortung der Frage, welches Erbrecht Anwendung findet; jetzt ist es in der Regel der gewöhnliche Aufenthaltsort des Erblassers.

Ziel der neuen Regelung war es, eine Aufspaltung des Nachlasses zu verhindern, sprich Vermögen wie Immobilien und andere Werte einheitlich nach dem Recht eines Landes zu vererben. Vorher war es häufig der Fall, dass Geldvermögen nach dem Erbrecht des Landes, in dem der Erblasser seinen Wohnsitz hatte, vererbt wurden, Immobilien aber nach dem Lageort.

Mit der EuErbVO gilt nun: Wenn zum Beispiel spanisches Erbrecht Anwendung findet, gilt es für das gesamte Vermögen – von der Immobilie im In- und Ausland über die Konten bis zu sonstigen Wertgegenständen. Damit haben die Bürger zwar mehr Klarheit, welches Recht gilt, doch die vielen Neuerungen sorgen auch für Unsicherheit. Die Regelung betrifft theoretisch alle, die Bezug zu mehr als einem Staat haben.

Doch man muss wissen: Die EuErbVO vereinheitlicht nicht die rechtliche Erbfolge in den europäischen Mitgliedsländern oder

Gut zu wissen

Die EuErbVO regelt für alle teilnehmenden EU-Staaten das nationale wie das internationale Erbrecht weltweit, auch für Teile der Erbschaft, die außerhalb der Mitgliedsländer, wie zum Beispiel in der Schweiz, den USA, Großbritannien, Irland oder Dänemark, anfallen. Man nennt diese Staaten Drittstaaten. Das Problem ist, dass Drittstaaten ihre eigenen Regeln zur Bestimmung des Erbrechts und zur Zuständigkeit haben, was zur Nachlassspaltung und zu konkurrierenden Zuständigkeiten führen kann („Immobilien außerhalb der EU“, S. 159).

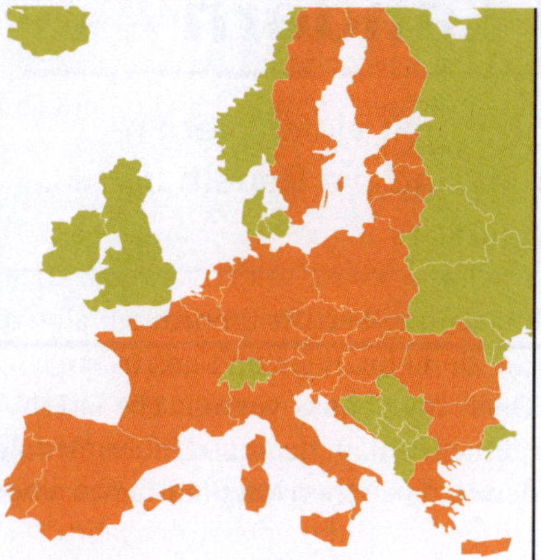

HÄTTEN SIE'S GEWUSST?

Die **Europäische Erbrechtsverordnung** gilt in 25 EU-Ländern, das sind: Belgien, Bulgarien, Deutschland, Estland, Finnland, Frankreich, Griechenland, Italien, Kroatien, Lettland, Litauen, Luxemburg, Malta, Niederlande, Österreich, Polen, Portugal, Rumänien, Schweden, Slowakei, Slowenien, Spanien, Tschechien, Ungarn und Zypern.

Keine Anwendung findet die EuErbVO in den EU-Staaten Dänemark und Irland.

das Erbschaftssteuerrecht, beides liegt weiterhin in der Hoheit der Länder. Das heißt, wer was erbt und zu welchen Anteilen wird weiter nach dem Recht des jeweiligen Landes geregelt. Ebenso, ob und wie viel Erbschaftssteuer fällig ist. Aber während früher jeder Staat selbst geregelt hat, ob das anzuwendende Erbrecht durch die Staatsangehörigkeit, den Wohnsitz, den gewöhnlichen Aufenthalt oder den Lageort einer Immobilie bestimmt wurde, ist dies nun in den Staaten der EuErbVO einheitlich. Seit 2015 ist der gewöhnliche Aufenthaltsort zum Todeszeitpunkt entscheidend, es sei denn, Sie haben dies zu Lebzeiten anders geregelt. Sie können nämlich, wenn Sie als EU-Bürger in einem anderen EU-Staat leben, auch das Erbrecht wählen, dessen Staatsangehörigkeit Sie besitzen. Dazu gleich mehr.
Beispiel: Frank ist gebürtiger Deutscher. Er lebt in seinem Haus in Österreich und besitzt zudem Immobilien in Deutschland, Italien und England. Sein einziger Sohn Thomas wohnt in Italien.

Im Falle seines Todes sind für Frank die Gerichte und Behörden in Österreich zuständig, da er dort zuletzt gelebt hat. Das österreichische Erbrecht ist für den gesamten Nachlass anwendbar. Allerdings hat Frank auch die Möglichkeit, deutsches Erbrecht zu wählen. Im Testament oder Erbvertrag können EU-Bürger aus 25 Ländern nun festlegen, dass das Erbrecht ihrer Staatsangehörigkeit angewendet werden soll. Man nennt dies „Rechtswahl".

→ Formulierungsvorschlag

Wer das Erbrecht seines gewöhnlichen Aufenthalts nicht mag oder einen unklaren gewöhnlichen Aufenthaltsort hat, sollte in seinem Testament das Landesrecht festlegen, etwa wie folgt: Ich, (Vorname Nachname) geboren am (Datum), bin deutscher Staatsangehöriger. Für meinen Erbfall wähle ich deutsches Erbrecht.

Beispiel: Das Ehepaar Luigi, italienischer Staatsangehöriger, und Maria, österreichische Staatsangehörige, lebt in Deutschland und besitzt neben dem Eigenheim in Deutschland eine Finca in Spanien und ein Ferienhaus in Südfrankreich. Welches Erbrecht können sie wählen?

Ohne eine Regelung gilt für beide grundsätzlich deutsches Erbrecht. Denn liegt keine Rechtswahl vor, bestimmt der gewöhnliche Aufenthaltsort maßgeblich, welches Landesrecht angewandt wird. Durch Rechtswahl kann Luigi italienisches Erbrecht anstelle des deutschen wählen und Maria österreichisches Erbrecht. Sie können jedoch kein anderes Erbrecht wählen, Maria kann also nicht italienisches Erbrecht oder beide ein gemeinsames Erbrecht wählen. Das Paar kann nicht bestimmen, dass zum Beispiel für die Finca in Spanien spanisches Erbrecht gelten solle. Würde das Paar später dauerhaft in Frankreich leben, gälte das deutsche Erbrecht nicht mehr, sondern das französische. Weiterhin ist für den jeweiligen Staatsangehörigen die Rechtswahl des italienischen beziehungsweise des österreichischen Erbrechts möglich, das deutsche aber nicht mehr.

Beispiel: Die deutsche Rentnerin Irene besitzt ein Haus an der Mosel und eine Finca auf Mallorca, wo sie seit 20 Jahren lebt. Sie verstirbt dort. Welches Erbrecht gilt?

Hat sie keine Regelung getroffen, wird ihr Besitz nach spanischem Recht vererbt – das gilt sowohl für das Haus in Spanien als auch für das in Deutschland. Wie eben beschrieben, gilt das auch umgekehrt: Lebt ein spanischer Staatsbürger in Deutschland, gilt deutsches Erbrecht. Und zwar auch dann, wenn er eine Reise in ein anderes Land antritt und zum Beispiel zum Todeszeitpunkt in Polen war.

Rechtswahl für Mallorca-Rentner

Strittiger wird es beim typischen Mallorca-Rentner, der im sonnigen Süden überwintert und den Sommer in Deutschland verbringt, also etwa eine Hälfte des Jahres hier, die andere Hälfte dort. In diesem Fall ist es besonders wichtig, zu Lebzeiten sein „Heimatrecht“ durch Rechtswahl zu wählen, da nur so die Unklarheit, welches Recht im Erbfall gilt, beseitigt wird. Der gewöhnliche Aufenthalt erfordert eine „besonders enge und feste Beziehung“ zu einem Staat.

Die Bestimmung des gewöhnlichen Aufenthalts kann schwierig sein, wenn keine feste Beziehung zu einem einzigen Staat besteht oder etwa gleich feste Beziehungen zu zwei oder mehr Staaten. Dies kann auch beispielsweise Manager, Grenzpendler, Wanderarbeitnehmer, Studenten oder Diplomaten betreffen. Sie verbringen oft die Zeit von Montag bis Freitag in einem anderen Land und besitzen möglicherweise sogar eine Immobilie dort, sehen aber ihren Lebensmittelpunkt in Deutschland, wo Freunde und Familie leben.

Für Entscheidungen in Erbangelegenheiten ist, wie bereits betont, im Normalfall das Gericht des Mitgliedstaates zuständig, in dem die Person zum Zeitpunkt des Todes ihren gewöhnlichen Aufenthalt hatte. Stirbt zum Beispiel eine Deutsche, die in Frankreich lebt, sind für die Nachlassregelung die französischen Gerichte zuständig. Liegt keine Rechtswahl vor, wird das französische Nachlassgericht beziehungsweise der zuständige Notar nach dem Erbrecht Frankreichs entscheiden – und zwar auch, wenn sich der Großteil des Vermögens und alle Erben in Deutschland befinden. Damit vereinfacht die EuErbVO alle Erbangelegenheiten in den 25 EU-Staaten, in denen sie Anwendung findet.

Für die eigentliche Abwicklung der Erbschaft, wie die Umschreibung des Immobilieneigentums auf die Erben, sind die jeweiligen Behörden am Ort der Immobilie zuständig. Eintragungen in Grundbücher und sonstige Register richten sich nach den lokalen Regeln. Ist man als Erbe neuer Eigentümer der Immobilie geworden, muss man das den zuständigen Behörden nachweisen.

→ Dokument für (fast) alle Fälle

Die EuErbVO hat für den Nachweis, dass ein Erbe Eigentümer geworden ist, ein einheitliches Dokument für grenzüberschreitende Erbschaften eingeführt. Das europäische Nachlasszeugnis (ENZ) ist europaweit gültig und das Pendant zum deutschen Erbschein, der nur innerhalb Deutschlands gilt. Das europäische Nachlasszeugnis kann ausschließlich in dem für alle Erbfragen zuständigen Mitgliedstaat beantragt werden.

Jedes Land hat seine Eigenheiten

Unterschiedliche Erbregeln in den einzelnen Ländern können gravierende Folgen haben. Denn die Vorschriften können von Land zu Land ganz verschieden sein. In vielen Ländern unzulässig sind zum Beispiel Verträge über das Erbrecht, sprich das Versprechen bestimmter Erbregelungen wie im deutschen Erbvertrag oder auch durch das deutsche gemeinschaftliche Testament, insbesondere das Berliner Testament. Auch Erb- und Pflichtteilsverzichte können nicht wirksam vereinbart werden. Und Pflichtrechte, insbesondere von Abkömmlingen, sind oft viel stärker ausgeprägt, sodass eine Enterbung im deutschen Sinne nicht funktioniert. Deshalb ist es in internationalen Fällen oft wichtig und richtig, die Rechtswahl zu treffen und ausdrücklich zu erklären, dass man deutsches Erbrecht wählt.

Im Ausland ist manches anders geregelt:

1. **Gemeinschaftliche Testamente** und Erbverträge sind nicht bekannt. Sie sind zwar nicht notwendigerweise ungültig, haben aber nicht die Bindung, die sie nach dem deutschen Recht hätten, das heißt jeder Beteiligte kann sie beliebig ändern.
2. **Vor- und Nacherbfolge** oder Vor- und Nachvermächtnis sind oft unbekannt.
3. **Erb- oder Pflichtteilsverzicht,** wie in Deutschland möglich, ist in manchen Ländern – zum Beispiel in Frankreich – verboten.
4. **In Deutschland** geht das Vermögen beim Tod direkt auf die Erben über. Das ist nicht überall so: In Österreich hingegen erbt zum Beispiel zunächst die sogenannte Verlassenschaft, wodurch der Staat die Kontrolle über die Erbschaft und deren Abwicklung übernimmt. Zum Abschluss des sogenannten Verlassenschaftsverfahrens wird der Nachlass beziehungsweise werden einzelne Nachlasssachen den Erben und Vermächtnisnehmern durch „Einantwortung" übertragen.
5. **Das eheliche Güterrecht** ist in vielen Ländern anders geregelt. In Italien ist zum Beispiel der gesetzliche Güterstand die Errungenschaftsgemeinschaft. Wer in diesem Güterstand lebt, kann zwar alleine ein Grundstück kaufen, es wird aber in der Regel gemeinsames Eigentum beider Ehegatten – außer, wenn das Geld dafür aus einer Schenkung oder Erbschaft stammt.
6. **Testamentsvollstreckung** im deutschen Umfang ist in zahlreichen Staaten unbekannt. Andere Rechtsordnungen verlangen dagegen die Einbeziehung eines Testamentsvollstreckers.
7. **Im angloamerikanischen** Rechtskreis nimmt sich zwingend ein Verwalter („Executor") der Abwicklung des Nachlasses an.

Gut zu wissen

Haben Sie vor August 2015, also vor Inkrafttreten der EuErbVO ein Testament geschrieben, ist dieses weiterhin gültig. Da es aber sein kann, dass es nicht mehr zum anwendbaren Erbrecht passt, ist es ratsam, das Testament zu überprüfen und gegebenenfalls zu ändern, wenn Sie Immobilien im Ausland besitzen. Beachten Sie, dass die EuErbVO zwar in 25 Ländern gilt, aber nicht in Dänemark und Irland. Diese beiden EU-Länder werden daher wie Drittstaaten behandelt. Mehr zu Drittstaaten siehe „Immobilien außerhalb der EU", S. 159.

Tücken der Besteuerung

Die Besteuerung des Erbes ist bei Auslandsimmobilien oft vielschichtig. Ziemlich überrascht sind Erben oft, wenn sie in mehreren Ländern Erbschaftssteuer bezahlen müssen. Manche Staaten – auch Deutschland – tendieren dazu, jede Zugriffsmöglichkeit auf Schenkungen und Erbschaften auszunutzen. Erbschaftssteuern werden daher in einigen Ländern auf die Hinterlassenschaft erhoben, wenn die Erblasser ihren steuerlichen Wohnsitz dort hatten, aber auch Erben erhalten einen Erbschaftssteuerbescheid, wenn sie ihren steuerlichen Wohnsitz dort haben, oder es wird nach dem Lageort der Immobilie besteuert, wenn diese dort liegt.

Erbschafts- und Vermögenssteuer werden in der Regel entweder nach dem Territorialprinzip oder nach dem Welteinkommensprinzip erhoben. Die Bezeichnungen lassen erahnen, worum es geht: Beim Territorialprinzip wird alles innerhalb des Staatsgebiets besteuert, beim Welteinkommensprinzip dagegen alles. Ist der steuerliche Wohnsitz des Erblassers entscheidend, wird üblicherweise das Weltvermögen besteuert, geht es dagegen um die Lage einer Sache, greift eher das Territorialprinzip. Sind die steuerlichen Wohnsitze von Erblasser und Erbe und die Lage der Immobilien unterschiedlich, wird von mehreren Staaten nach beiden Prinzipien besteuert. Doppelbesteuerungsabkommen begrenzen diesen mehrfachen Zugriff, sie sind im Erbschafts- und Schenkungssteuerrecht aber selten.

→ Doppelbesteuerungsabkommen

Deutschland hat nur mit wenigen Ländern ein Doppelbesteuerungsabkommen (DBA) über die Erbschafts- und Schenkungssteuer: Dänemark, Frankreich, Griechenland, die Schweiz und die USA. Mit Schweden existiert ebenfalls ein Abkommen, da Schweden die Erbschafts- und Schenkungssteuer aber 2004 abgeschafft hat, sind Erbschaften in Schweden ohnehin steuerfrei. Durch die Abkommen zwischen den Ländern können Erben die im Ausland fällige Erbschafts- oder Schenkungssteuer auf die in Deutschland fällige Erbschafts- oder Schenkungssteuer anrechnen.

Beispiel: Nach dem Studium in Berlin zog Charlotte nach Paris. Ihr Vater, der ein Haus am Stadtrand von Potsdam besitzt, kaufte 2010 eine Eigentumswohnung in Frankreich auf seinen Namen, in der die Tochter seither lebt. Der verwitwete Vater kommt im September 2023 bei einem Verkehrsunfall ums Leben. Charlotte ist die einzige Tochter. Welches Erbschaftssteuerrecht gilt und was sind die Folgen?

In Charlottes Beispiel muss die Erbschaft sowohl in Frankreich als auch in Deutschland versteuert werden, dabei sind die Freibeträge jedoch unterschiedlich: In Frankreich sind 100 000 Euro von der Erbschaftssteuer befreit, in Deutschland kann sie den gleichen Freibetrag von 400 000 Euro beanspruchen wie ein Erbe mit inländischem Wohnsitz. Den vollen Freibetrag erhält sie aber nur, weil der deutsche Fiskus die gesamte Erbschaft besteuern darf. Dieses Recht leitet Deutschland aus dem bestehenden Doppelbesteuerungsabkommen mit Frankreich ab. Frankreich besteuert hingegen nur die Immobilie in Frankreich oder kann (Wahlrecht) auch das ganze Vermögen besteuern, weil Charlotte ihren steuerlichen Wohnsitz in Frankreich hat.

Im Detail kann es sehr kompliziert werden: Deutschland rechnet nämlich auf seine Erbschaftssteuer die Steuer an, die Charlotte für die Wohnung in Paris zahlt – allerdings nur bis zur Höhe der deutschen Steuer, die auf die französische Immobilie anfällt. Wenn die französische Steuer diese übersteigt, wird sie also nicht vom deutschen Finanzamt zurückerstattet. Besteuert Frankreich nur die Wohnung, wird auf diese Besteuerung nichts angerechnet. Will der französische Staat jedoch das gesamte Erbe versteuern, muss er die gesamte Steuer anrechnen, die Charlotte in Deutschland zahlt.

Wenn kein Doppelbesteuerungsabkommen besteht

Würde Charlotte hingegen in einem Land leben, mit dem Deutschland kein spezielles Erbschaftssteuerabkommen getroffen hat, wäre in Deutschland nur das Inlandsvermögen aus der Erbschaft von ihrem Vater steuerpflichtig. Dann würde ihr der Freibetrag nur anteilig gewährt, soweit er auf das Inlandsvermögen entfällt. Angenommen, Charlotte erbt insgesamt 1 Million Euro von ihrem Vater, inklusive dem Haus in Potsdam, das 400 000 Euro wert ist. Dann würde der deutsche Fiskus nur einen Freibetrag von 160 000 Euro gewähren (40 Prozent des Erbes entfallen auf Deutschland, daher beträgt ihr Freibetrag 40 Prozent von 400 000 Euro = 160 000 Euro).

Mit vielen anderen Ländern, wie Italien oder Spanien, besteht kein Abkommen. Liegt eine Schenkung oder eine Erbschaft vor, muss zum Zeitpunkt des Übergangs Steuer entrichtet werden – und zwar sowohl in Deutschland als auch im Ausland. Auf Antrag kann die im Ausland gezahlte Steuer aber in Deutschland in Grenzen angerechnet werden.

Länder mit tendenziell hoher Erbschaftssteuer – auch für nahe Verwandte – sind neben Deutschland zum Beispiel Frankreich (hiermit gibt es ein DBA), Irland oder Spanien. Allerdings bleiben die Ehegatten in Frankreich meist verschont.

Ist die Immobilie aber besonders werthaltig, kann Erben in Frankreich auch die seit 2018 geltende Immobilienvermögenssteuer („Impôt sur la fortune immobilière", IFI) treffen, die die ehemalige Vermögenssteuer abgelöst hat. Auch in Spanien kann das der Fall sein. In Spanien sind die Steuern sogar regional unterschiedlich, in vielen Regionen werden Ehegatten und Kinder als Erben nicht oder nur minimal besteuert.

Beispiel: Edith lebt seit Jahren in Palma de Mallorca (Spanien) und verstirbt dort. Sie vererbt ihrem einzigen Sohn Mark, der in Berlin lebt, neben ihrer spanischen Wohnung mit einem Verkehrswert von 380 000 Euro eine vermietete Immobilie in München. Mark verkauft die Wohnung in München; ihr für die Steuer maßgeblicher Wert beträgt 850 000 Euro.

Bei Immobilien in Deutschland und Spanien kassieren in der Regel beide Länder Steuern. Die Höhe der spanischen Erbschaftssteuer hängt jedoch stark von der Region ab, in der die Immobilie liegt. Auf den Balearen wurde die Erbschaftssteuer innerhalb von Familien weitgehend abgeschafft, für Direktverwandte wie Mark gilt etwa für die Wohnung auf Mallorca ein niedriger Erbschaftssteuersatz von 1 Prozent. Neben dem Verwandtschaftsgrad und der Lage der Immobilie entscheiden über die Steuerpflicht vor allem der Wohnsitz des Erblassers und des Erben. In unserem Beispiel lebte Edith in Spanien und der Sohn in Deutschland, weshalb das deutsche Finanzamt 1 230 000 Euro ansetzt und die spanischen Steuerbehörden 380 000 Euro ansetzen. In Deutschland profitiert Mark vom Freibetrag von 400 000 Euro, da er in Deutschland lebt. Die in Spanien gezahlte Steuer kann auf die in Deutschland für die spanische Immobilie gezahlte Steuer angerechnet werden. Genauso würden die Finanzbehörden übrigens verfahren, wenn die verstorbene Mutter ihren Hauptwohnsitz ebenfalls in Deutschland gehabt hätte. Aber wie wäre die Sachlage, wenn Erblasserin und Erbe in Spanien leben?

Dann könnte Deutschland nur das inländische Immobilienvermögen von 850 000 Euro besteuern. Der Freibetrag von 400 000 wird anteilig berücksichtigt, das heißt zu 69,1 Prozent (850 000 von 1 230 000). Damit würde Marks Freibetrag noch 276 400 Euro betragen und es bliebe in Deutschland ein steuerpflichtiges Erbe von 573 600 Euro (850 000 minus 276 400 Euro). In Spanien wären die gesamten 1 230 000 Euro steuerpflichtig. Nach spanischem Recht wäre die in Deutschland gezahlte Erbschaftssteuer anrechenbar.

Wie Sie sehen, kann die Konstellation Deutschland/Spanien sehr kompliziert sein. Steuerlich noch ungünstiger wäre es, wenn die Verstorbene ihren Hauptwohnsitz noch in Deutschland und der Erbe in Spanien hätte. Dann wären in beiden Ländern 1 230 000 Euro steuerpflichtig. Die Besteuerung der genannten Beträge erfolgt nach den jeweils nationalen Vorschriften und Abzug geltender Freibeträge.

→ Keine Erbschaftssteuer

Einige Länder verlangen keine Erbschaftssteuer wie zum Beispiel Österreich, Portugal oder Schweden. Wenn die Immobilie in diesen Ländern erworben wurde, läuft es für Erben besonders gut.

Immobilien außerhalb der EU

Andere Länder, andere Sitten. Die meisten Staaten außerhalb der EU bestimmen eigenständig, wann sie welches Erbrecht anwenden.

In Ländern außerhalb der EU sind die Regeln sehr unterschiedlich und müssen daher für jeden Staat gesondert betrachtet werden. Relativ vertraut ist das Vorgehen der Schweizer Nachbarn. Es gilt grundsätzlich das Recht des letzten Wohnsitzes , was sich zumeist mit dem letzten gewöhnlichen Aufenthalt des Erblassers deckt. Wohnt etwa ein Deutscher in der Schweiz, kann er stattdessen sein Heimatrecht, das heißt das Erbrecht seiner Staatsangehörigkeit, letztwillig wählen. Ganz anders sieht das aber in ferneren Ländern aus, in denen viele Deutsche ebenfalls gern ein Häuschen besitzen, wie in der Türkei oder den USA.

Richtig kompliziert kann es auch bei gemischtnationalen Ehen werden. Hier kann das Erbrecht davon abhängen, welcher Partner zuerst stirbt. Ist es der deutsche Partner, findet in der Regel deutsches Erbrecht Anwendung. Stirbt jedoch der Partner mit der anderen Nationalität zum Beispiel der Schweiz zuerst, wäre Schweizer Erbrecht entscheidend. Abhängig vom Land kann das zu ganz anderen Ergebnissen führen.

Beispiel: Der in der Türkei gebürtige Ahmed lebt seit 1985 in Deutschland in einem eigenen Haus, ist seit 1996 mit einer deutschen Frau verheiratet und besitzt die türkische Staatsbürgerschaft. Das Paar hat zwei Kinder, die in Deutschland leben. Für Urlaube und zum Überwintern im Alter hatte das Paar 2005 eine Immobilie in der Türkei gekauft. Nachdem Ahmed Mitte 2019 an Herzversagen starb, verkaufte die Familie die Immobilie in der Türkei und erlöste umgerechnet rund 420 000 Euro.

Der Übergang von Immobilien in der Türkei ist klar: Die Lage entscheidet, ganz unabhängig von der Staatsangehörigkeit des Verstorbenen oder der Erben. Da Ahmed kein Testament hinterlassen hat, gilt türkisches Erbrecht. Die Rechtsnachfolge ist anders als in Deutschland: Kinder gelten als Erben erster Ordnung. Neben ihnen erhält der Ehepartner ein Viertel des Erbes. Sprich die Ehefrau, der eine Hälfte ohnehin gehört, erhält von der anderen Hälfte ein Viertel (52 500 Euro), die beiden Söhne jeweils drei Achtel (je 78 750 Euro).

Außer Betracht soll hier bleiben, dass der daneben durchzuführende Zugewinnausgleich nach deutschem Recht zusätzliche Fragen aufwerfen kann. Sowohl die Kinder als auch die Ehefrau müssen Erbschaftssteuer an den türkischen Staat entrichten, und zwar auf das gesamte Weltvermögen des Verstorbenen.

Für Ahmeds Immobilie in Deutschland, die mit rund 340 000 Euro bewertet ist, gilt deutsches Recht, hier erhält die Ehefrau die Hälfte, die Kinder bekommen jeweils ein Viertel. Gleiches gilt für in Deutschland belegenes Geld oder sonstiges bewegliches Vermögen. Auch Deutschland besteuert das Weltvermögen. Da aber die Freibeträge in Deutschland (Ehefrau 500 000 Euro, jedes Kind 400 000 Euro) nicht überschritten werden, fällt hier keine Erbschaftssteuer an.

Liegen zusätzlich auf Ahmeds Bankkonto in Deutschland 200 000 Euro, die für den Erwerb einer Wohnung für die Kinder geplant waren, kassiert die Türkei auf dieses Vermögen ebenfalls Erbschaftssteuer, in Deutschland reichen die Freibeträge immer noch (Ehefrau: 52 500 + 170 000 + 100 000 = 322 500 Euro, jedes Kind 78 750 + 85 000 + 50 000 = 213 750 Euro).

Noch komplexer kann es in anderen Ländern werden oder wenn mehrere Immobilien in verschiedenen Staaten liegen. In Ländern wie den USA wird auf Landes- und Bundesebene besteuert, die Rechtsnachfolge regeln die einzelnen Bundesstaaten, sprich in Kalifornien oder Texas gelten andere Gesetze als etwa in Florida. Für unbeschränkt steuerpflichtige Personen, also US-Staatsangehörige und solche, die in den USA wohnen, gibt es hohe Freibeträge. Niedriger sind diese, wenn nur Vermögen, das in den USA liegt, besteuert wird. Zwischen Deutschland und den USA gilt ein Doppelbesteuerungsabkommen.

Beispiel: Peter will vor seinem 60. Geburtstag die Erbschaftsangelegenheiten regeln. Er ist verheiratet und hat zwei erwachsene Kinder, die seit Jahren in den USA und der Schweiz leben. Neben dem Haus in München besitzt er unter anderem eine Ferienwohnung in Kroatien und ein Haus in Florida, wo er im Ruhestand überwintern will.

Klug ist es, die Sache beizeiten anzugehen, denn gerade die US-Immobilie kann zum Problem werden. Erstellt Peter kein Testament, würde die Wohnung in Kroatien wie die Immobilie in Deutschland nach der EuErbVO nach deutschem Erbrecht verteilt werden, sprich die Ehefrau erhält die Hälfte, die Kinder je ein Viertel. Das Haus in Florida kann ein aufwendiger Übertragungsprozess werden, wenn Peter nichts regelt. In Florida wird das komplette Erbe zu einer Vermögensmasse zusammengefasst, indem Schulden gegen Vermögen aufgerechnet, und dann in einem Nachlassverfahren durch einen Nachlassverwalter („Executor" oder „Personal Representative") abgewickelt werden. Das kostet.

Wer vorsorgen will, hat diverse Möglichkeiten. Häufig wird in den USA die Immobilie an einen Trust, eine Art Treuhandgesellschaft, übertragen und vertraglich geregelt, wer den Trust zu einem späteren Zeitpunkt oder nach dem Tod erhalten soll. Weitere Ideen finden Sie im folgenden Abschnitt.

Lösungsansätze für alle Fälle

Hier erfahren Sie, was Sie tun können, um Überraschungen zu vermeiden. Das Wichtigste: Kümmern Sie sich frühzeitig!

Nichts ist wichtiger bei Auslandsimmobilien, als sich über die rechtlichen und steuerlichen Konsequenzen im Erbfall schlau zu machen und die Dinge frühzeitig zu regeln. Idealerweise informieren Sie sich bereits vor dem Kauf über das Erb- und Steuerrecht des jeweiligen Landes oder vereinbaren einen Termin bei einem Steuerberater, Notar oder Fachanwalt, um sich beraten zu lassen. Es kann sinnvoll sein, die Frage, wer die Immobilie erwirbt und wer welche Rechte daran bekommt, schon am Erbfall auszurichten. Passende Lösungen sind von Land zu Land und von Fall zu Fall verschieden.

Ein Testament ist als Minimum ratsam, wenn Sie eine andere als die gesetzliche Erbfolge des Landes wählen, in dem Sie sich gewöhnlich aufhalten. Bürger mit mehreren Wohnsitzen oder Mallorca-Rentner sollten frühzeitig das gewünschte Erbrecht per Rechtswahl festlegen. Das Testament muss zwar nicht in dem Land errichtet werden, in dem die Immobilie steht, doch es muss dort anerkannt werden und wirksam sein. Dabei sind die Formvorschriften des jeweiligen Landes zu beachten. In Deutschland hat ein handschriftliches unterschriebenes Testament Gültigkeit, doch im Ausland nicht immer. Und was innerhalb Europas nicht empfehlenswert ist, kann außerhalb der EU durchaus sinnvoll sein. Für komplexe Fälle sollten Sie immer qualifizierte Berater hinzuziehen, um formale Fehler auszuschließen. Da jeder Fall und die persönlichen Prämissen verschieden sind, sollten Sie sich gerade bei Auslandsimmobilien, die außerhalb der Gültigkeit der EuErbVO liegen, eingehend beraten lassen.

Die wichtigsten Praxistipps

Es ist ratsam, die folgenden Tipps schon frühzeitig zu beherzigen:

1. **Internationalisierung vermeiden.** Vermeiden Sie so weit es geht die Internationalisierung des Erbfalls, etwa indem Sie die Ferienimmobilie zu Lebzeiten überschreiben, sie gegebenenfalls verkaufen oder sie in eine Gesellschaft oder in eine andere Rechtsform einbringen, die den Erbfall vereinfacht.
2. **Vollmacht prüfen.** Prüfen Sie vorab, ob mit Vollmachten auch nach dem Tod eine Überschreibung oder ein Verkauf erfolgen kann.
3. **Mehrere Wohnsitze meiden.** Vermeiden Sie mehrere steuerliche Wohnsitze, da jeder eine unbeschränkte

Steuerpflicht mit dem Weltvermögen auslösen kann.

4 **Absicherung des Ehegatten regeln.** Die Absicherung des Ehegatten kann in einigen Ländern einfacher und steuergünstiger über einen Ehevertrag erfolgen. Befragen Sie Experten vor Ort.

5 **Rechtswahl treffen.** Güterrecht und Erbrecht haben bei Ehegatten Wechselwirkungen. Oft wird es kompliziert, wenn die Rechte verschiedener Staaten aufeinandertreffen. Droht dies, sollten Sie versuchen, durch Rechtswahlen – sofern möglich – dasselbe Recht für beide Bereiche anwendbar zu machen.

6 **Zahl der Testamente prüfen.** Prüfen Sie, ob es besser ist, ein Testament für alles oder für jedes Land ein eigenes zu haben. Im Anwendungsbereich der EuErbVO, aber auch im Verhältnis zur Schweiz, sollte ein Testament genügen. Treffen der angloamerikanische und der kontinentaleuropäische Rechtsraum aufeinander, empfiehlt sich eher für jeden Rechtskreis ein eigenes Testament. Der Inhalt beider Testamente sollte aufeinander abgestimmt sein.

7 **Informieren Sie sich vor Ort.** Prüfen Sie vor Ort, ob für Ihre Immobilie im Erbfall besondere Regelungen gelten. Beispiel: Bei Eigentumswohnungen in Österreich gelten vorrangig vor allen Erbrechten die Regeln der sogenannten Eigentümerpartnerschaft. Sie bestimmen zum Beispiel, dass maximal zwei Personen Eigentümer einer Wohnung werden dürfen und was mit dem Eigentumsanteil eines verstorbenen Partners geschieht.

8 **Erwarten Sie auch das nicht Vorstellbare.** Erwarten Sie keinesfalls, dass Erbregelungen aus Deutschland stets in vergleichbarer Weise in anderen Staaten existieren. Kommt ausländisches Recht in Betracht, benötigen Sie einen Experten für dieses Recht.

→ Keine Fertiglösungen

Gehen Sie – vor allem, was die Erbfolge betrifft – nicht mit einer fertigen Lösung im Kopf, die Sie gelesen haben oder von Dritten kennen, zu einem Berater. Idealerweise schildern Sie diesem die Sachlage und Ihre Wünsche. Lassen Sie sich Lösungsvorschläge unterbreiten! Oft bestehen Möglichkeiten, die man nicht in Betracht gezogen hat, da die Landesrechte unterschiedlich sind und die Lösung des Bekannten vielleicht für diesen passt, aber nicht die beste für Ihre Situation sein muss.

Zugegeben, das kostet etwas Zeit und Geld – und manchmal auch Überwindung, um das Thema anzugehen. Doch eine frühzeitige Regelung verhindert lange rechtliche Auseinandersetzungen und kann die im Erbfall drohenden Steuern, die schon so manchen Erben zum Verkauf zwangen, verhindern.

Wichtige Länder in Kürze

Hier erfahren Sie in Kurzform die gesetzlichen Regelungen für Länder, in denen Deutsche oft Immobilien besitzen.

Die folgende Übersicht erhebt keinen Anspruch auf Vollständigkeit. Dafür sind die Vorschriften zum Erb- und Steuerrecht der einzelnen Länder zu detailliert. Die hier in Kurzform angegebene Erbfolge gilt, sofern kein Testament erstellt wurde. Um ein wirksames Testament zu errichten, muss es – abhängig vom Land – den Vorgaben des Haager Übereinkommens über das auf die Form letztwilliger Verfügungen anwendbare Recht vom 5. Oktober 1961 oder Art. 27 EuErbVO entsprechen. Beide sind inhaltlich nahezu identisch.

Der Pflichtteilsanspruch nach deutschem Recht ist ein Anspruch auf Zahlung eines Geldbetrags als Entschädigung dafür, kein Erbe zu erhalten. Viele Länder gewähren stattdessen ein echtes „Noterbrecht" oder Pflichterbrecht, das heißt, ein enterbter Berechtigter erhält eine Erbquote als Mindestbeteiligung (keine Auszahlung wie in Deutschland, sondern ein echter Anteil).

Wenn hinter dem Ländernamen nichts anderes angegeben ist, gilt die EuErbVO.

Frankreich. Ohne Ehepartner erben 1. Kinder und deren Nachfahren, 2. Eltern und Geschwister und deren Nachfahren. Bei Verheirateten erfolgt zuerst die Auseinandersetzung des Güterstands, danach erbt der Ehegatte alles, wenn keine Kinder oder Eltern leben. Leben Kinder aus der Ehe oder Eltern, darf der Partner das gesamte Vermögen bis zum Tod nutzen (Nießbrauch), alternativ ein Viertel Volleigentum beanspruchen. Kinder und deren Nachfahren sowie Ehegatten haben ein echtes Noterbrecht. Ehegatten können sich durch einen Ehevertrag im Todesfall gegenüber gemeinsamen Kindern besserstellen (kein Noterbrecht). Doppelbesteuerungsabkommen für Erbschafts- und Schenkungssteuer.

Griechenland. Erben 1. Ordnung sind Kinder und deren Nachfahren. Ein überlebender Ehegatte gilt als Erbe 1. Ordnung und erhält ein Viertel. Erben 2. Ordnung sind Eltern und Geschwister sowie deren Nachfahren. Der überlebende Ehegatte wird auch der 2. Ordnung zugerechnet und erhält die Hälfte des Nachlasses. Gesetzliche Erben (Abkömmlinge und Eltern sowie der überlebende Ehegatte) haben ein Noterbrecht.

Erbvertrag oder gemeinschaftliches Testament sind unwirksam. Ein Vertrag über eine Schenkung auf den Todesfall ist möglich. Ein Doppelbesteuerungsabkommen besteht, es gilt aber nicht für Immobilien, sondern nur für bewegliches Vermögen wie zum Beispiel Bankguthaben.

Italien. Gesetzlich vorgesehene Erben sind der Ehegatte, die Kinder, die Eltern, die Geschwister sowie Familienmitglieder bis zum sechsten Verwandtschaftsgrad. Sind Kinder vorhanden, werden die Eltern, Geschwister sowie weiter entfernten Familienmitglieder vom Nachlass ausgeschlossen. Ehegatten, Kinder und (falls Kinder und Gatten nicht vorhanden) die Vorfahren haben ein echtes Noterbrecht. Ein gemeinschaftliches Testament oder ein Erbvertrag sind unwirksam.

Kroatien. Abkömmlinge und Ehepartner sind gesetzliche Erben 1. Ordnung. Gibt es keine Nachkommen, kommen die Erben 2. Ordnung, die Eltern und der Ehepartner zum Zuge. Leben diese nicht mehr, werden Geschwister und deren Abkömmlinge zu Erben 2. Ordnung. Nichteheliche Partner und Lebenspartner können Ehepartnern gleichgestellt sein und Adoptivkinder den leiblichen Kindern. Nur Kinder, Ehegatten und Partner einer verschiedengeschlechtlichen faktischen Lebensgemeinschaft haben ein echtes Noterbrecht, Eltern nur ein „relatives Noterbrecht", wenn sie arbeitsunfähig und bedürftig sind. Ein gemeinsames Testament ist zwar möglich, aber unwirksam, wenn sich Partner gegenseitig bedenken.

Niederlande. Bei Unverheirateten ohne Kinder: Eltern erben, ersatzweise deren Abkömmlinge. Unverheiratete mit Kindern: Kinder erben zu gleichen Teilen. Verheiratete ohne Kinder: Der gesamte Nachlass geht an den überlebenden Ehepartner über. Verheiratete mit Kindern: Ehepartner und Kinder erben zu gleichen Teilen, der Ehegatte wird aber durch gesetzliche Verteilungsregelungen bevorzugt. Nur Kinder und deren Abkömmlinge sind pflichtteilsberechtigt, der enterbte Ehegatte hat ein Recht auf Nießbrauch an der Ehewohnung und am Hausrat. Ehegatten können sich durch einen Ehevertrag im Todesfall gegenüber Kindern besserstellen (kein Pflichtteilsrecht).

Österreich. Bei unverheirateten, kinderlosen Erblassern steht das Erbe den Eltern der Verstorbenen und ihren Nachkommen (Geschwister der Verstorbenen) zu. Hinterlassen Verstorbene Kinder, jedoch keinen Ehegatten, so erben ihre Kinder zu gleichen Anteilen. Bei Verheirateten ohne Kinder gilt: Der überlebende Ehegatte erbt neben Eltern, Geschwistern und Großeltern zwei Drittel. Er hat zudem das Recht, in der Ehewohnung weiter zu wohnen und erhält die zum ehelichen Haushalt gehörenden beweglichen Sachen.

Haben Verstorbene Ehegatten und Kinder, erben diese. Eingetragene Partner sind Gatten gleichgestellt. Die gesetzlichen Erben (Nachkommen, Ehegatten oder eingetragene Lebenspartner) haben einen Pflichtteilsanspruch. Erbschafts- und Schenkungssteuer wurde 2008 abgeschafft, es fällt auf Immobilien und Grundstücke aber Grunderwerbssteuer an.

Portugal. Erben sind 1. Ehegatte und Abkömmlinge, 2. Ehegatte und Verwandte in aufsteigender Linie, 3. Geschwister und deren Abkömmlinge, 4. andere Seitenverwandte bis zum vierten Grad, 5. der Staat. Ehegatten, Abkömmlinge oder Vorfahren an deren Stelle haben ein Noterbrecht. 2004 hat Portugal die Erbschaftssteuer abgeschafft, Schenkungen sind steuerpflichtig.

Schweden. Bei Unverheirateten: Gesetzliche Erben 1. Ordnung sind Kinder und die Enkelkinder des Erblassers. Gesetzliche Erben der 2. Ordnung sind die Eltern und die Geschwister des Erblassers, gesetzliche Erben der 3. Ordnung die Großeltern des Erblassers und deren Kinder. Bei Verheirateten: Der überlebende Ehegatte erhält zunächst den ganzen Nachlass. Nach dem Tod des hinterbliebenen Ehegatten erben die Kinder und Enkelkinder gemeinschaftlich, und wenn keine Kinder oder Enkelkinder vorhanden sind, erben die Erben der 2., beziehungsweise 3. Ordnung. Nur Kinder und Enkel haben ein echtes Noterbrecht. Doppelbesteuerungsabkommen besteht, ist aber nicht relevant, da keine Erbschaftssteuer erhoben wird.

Schweiz. (Die EuErbVO gilt nicht, Wohnsitzprinzip entscheidet; Rechtswahl ist möglich.) Erben 1. Ordnung sind der überlebende Ehegatte oder die überlebenden eingetragenen Partnerinnen oder Partner sowie die Nachkommen wie Kinder, Enkel und Urenkel. War der Erblasser unverheiratet und kinderlos, erben die Eltern und deren Nachkommen. Leben diese nicht mehr, erben Großeltern und deren Nachkommen. Ehegatte oder eingetragene Partner und Kinder haben einen Pflichtteilsanspruch. Doppelbesteuerungsabkommen besteht. Kantone regeln die Besteuerung, daher existieren regionale Unterschiede.

Spanien. Gesetzliche Erben sind in dieser Reihenfolge: Kinder, Eltern, in beiden Fällen in Konkurrenz mit dem Ehegatten. Gesetzliche Erben (Ehepartner, Kinder und deren Abkömmlinge und die Eltern) haben ein echtes Noterbrecht. Das Erbrecht Spaniens kennt sieben verschiedene Rechtssysteme. Regelungen sind regional unterschiedlich, die Rechtslage für Ausländer strittig.

Türkei. (Die EuErbVO gilt nicht, Lageort der Immobilie entscheidet.) Gesetzliche Erben 1. Ordnung sind Kinder und deren Nachfahren (auch uneheliche oder adoptierte Kinder). Erben 2. Ordnung sind die Eltern des Erblassers und deren Abkömmlinge; Erben 3. Ordnung sind die Großeltern und deren Abkömmlinge. Neben diesen hat auch der überlebende Ehepartner ein gesetzliches Erbrecht. Gesetzliche Erben (Nachkommen, Eltern, Ehepartner, auch Geschwister) haben ein echtes Noterbrecht. Immobilien in der Türkei werden nach türkischem Recht vererbt. Gemeinschaftliche Testamente sind nicht zulässig.

USA. (Die EuErbVO gilt nicht, Lageort der Immobilie entscheidet.) Keine landesweit einheitliche Regelung, minderjährige Kinder und Ehepartner sind in den USA in der Regel gut geschützt. Das Erbrecht wird von den einzelnen Bundesstaaten geregelt und ist daher uneinheitlich. Ein Doppelbesteuerungsabkommen existiert.

Hilfe

Kosten und Gebühren

Selbstverständlich sollten die Kosten nicht den Ausschlag geben, auf welchem Wege Sie Ihre Immobilien verschenken oder vererben. Dennoch sollte man einen Blick darauf nicht vergessen.

Kosten beim Vererben

Beim Vererben entstehen teilweise notwendige, teilweise fakultative Kosten für:

- **das Verfassen** eines Testaments oder Erbvertrags,
- **die amtliche Verwahrung** des Dokuments beim Nachlassgericht, sie kostet pro Dokument einmalig 75 Euro,
- **die Registrierung des Dokuments** im zentralen Testamentsregister, diese kostet pro zu registrierendem Erblasser einmalig 15 Euro,
- **die Eröffnung des Testaments** durch das Nachlassgericht, das kostet als Verfahren beim Nachlassgericht einmalig 100 Euro, egal ob eines oder mehrere Testamente zu eröffnen sind,
- **den Antrag auf Erteilung** eines Erbscheins, gegebenenfalls auch auf Erteilung eines Testamentsvollstreckerzeugnisses, der Antrag kann beim Notar oder beim Nachlassgericht gestellt werden, beim Notar kommen zu den Kosten noch 19 Prozent Mehrwert-

steuer hinzu, das Gericht erhebt hingegen keine Mehrwertsteuer.

- **die Erteilung des Erbscheins**/des Testamentsvollstreckerzeugnisses,
- **die Berichtigung** des Grundbuches,
- **die Erfüllung von Vermächtnissen** (notarielle Beurkundung der Auflassung),
- **die Eintragung** der Vermächtniserfüllung im Grundbuch.

Kosten beim Verschenken

Beim Verschenken entstehen stets obligatorische Kosten für die notarielle Beurkundung des Vertrags und für die Eintragungen im Grundbuch. Unterschiedliche weitere Kosten können je nach Bedürfnis und Fall hinzukommen, zum Beispiel Kosten der Steuerberatung, Vermessungskosten (obligatorisch), Kosten einer Aufteilung in Wohnungseigentum (Notar- und Grundbuchkosten, obligatorisch).

Kosten sparen

Auch wenn sich die Kosten unterscheiden und bei größeren Werten nicht unerheblich sind: Die Differenz ist meistens nicht so groß, dass Kosten den Ausschlag dafür geben sollten, welcher Weg der richtige ist. Notarielle Schenkungsverträge, Testamente und Erbverträge, Eintragungen im Grundbuch, der Antrag auf Erteilung eines Erbscheins oder eines europäischen Nachlasszeugnisses (ENZ, siehe „Immobilien in EU-Ländern, S. 151) und der Erbschein und das ENZ lösen Gebühren aus, deren Höhe vom Geschäftswert abhängt, das heißt im Grundsatz ähnlich kalkuliert sind.

Einige Faktoren können aber zu erheblichen Unterschieden führen, zum Beispiel: Für Immobilienübertragungen und die zugehörige Grundbucheintragung ist (nur) der Wert der Immobilie beziehungsweise der einzutragenden Rechte maßgeblich. Bei Testament, Erbvertrag, Erbschein und ENZ ist hingegen das gesamte Vermögen Berechnungsgrundlage. Dies kann erhebliche Unterschiede ausmachen, wenn neben dem Immobilienvermögen ein hohes sonstiges Vermögen besteht. Besonders krass kann hier das Missverhältnis werden, wenn für eine einzige Auslandsimmobilie ein ENZ vor deutschen Gerichten beantragt werden muss.

Bei Erbdokumenten kann umgekehrt der Kostenwert durch die Berücksichtigung der Schulden bis zur Hälfte des Aktivvermögens um einiges sinken, bei der Übertragung von Immobilien sind Schulden hingegen nicht abziehbar, das heißt, es wird stets der volle Wert angesetzt.

Die erste Grundbucheintragung aufgrund eines Erbfalls ist in den ersten zwei Jahren nach dem Erbfall kostenfrei, Rechte wie ein Nießbrauch gelangen naturgemäß viel seltener zur Eintragung, da der bisherige Eigentümer nach seinem Tod keine mehr benötigt.

Anwälte, Notare und Gerichte arbeiten bei der Berechnung bestimmter Leistungen mit Tabellen, in denen genau festgelegt ist, wie hoch eine Gebühr im Verhältnis zum Vermögenswert ausfällt (siehe Tabelle „Was ein Notar kostet", S. 172). Welche Kosten genau entstehen, hängt vom Einzelfall ab. Vermögensverhältnisse und Werte ändern sich ständig, sodass es unrealistisch ist anzunehmen, die Verhältnisse seien zum Zeitpunkt einer geplanten Schenkung identisch mit denen zum Todeszeitpunkt. Zudem kann die Änderung von Verhältnissen Korrekturen erforderlich machen, die wiederum ganz unterschiedliche Kosten auslösen. Die Notarkosten sind nur die Gebühr für die Urkunde. Hinzu kommen stets (geringfügige) Kosten und Auslagen für Kopien, versendete Dateien und Porto.

Hierzu ein Beispielsfall:
Die Ehegatten Markus und Hilde, beide 60 Jahre alt, haben ein gemeinsames eheliches Wohnhaus im Wert von 600 000 Euro. Markus hat außerdem eine Mietimmobilie, die 800 000 Euro wert ist. Darüber hinaus verfügt das Ehepaar über ein Geldvermögen von 500 000 Euro. Die beiden möchten regeln, dass der überlebende Ehegatte das Wohnhaus und das Geld bekommt beziehungsweise behält. Die Kinder sollen vorab die Mietimmobilie bekommen, die Mieteinnahmen sollen allerdings bei den Eltern verbleiben. Später stirbt Markus im Alter von 70 Jahren, Hilde im Alter von 80 Jahren. Der Einfachheit halber unterstellen wir, dass sich die Vermögenswerte nicht ändern. Wie sieht nun eine geeignete Regelung aus – und welche Kosten kommen auf das Ehepaar und die Kinder zu? Wie so häufig führen mehrere Lösungen zum Ziel. Details dazu finden Sie in den folgenden Musterlösungen für Markus und Hilde.

❶ Sie machen ein privatschriftliches gemeinsames Testament. Darin setzen sie sich gegenseitig als Erben ein. Hilde wird mit einem Vermächtnis der Mietimmobilie zugunsten der Kinder belastet, erhält als Untervermächtnis hieran allerdings einen Nießbrauch zugebilligt. Die Kinder werden zu Schlusserben nach dem letzten Ehegatten eingesetzt.

❷ Sie machen ein gemeinsames notarielles Testament oder einen Erbvertrag mit gleichem Inhalt wie unter ❶.

❸ Sie überlassen das Mietshaus vorher den Kindern und behalten sich den Nießbrauch vor. Zusätzlich errichten sie wie bei Lösung ❶ ein gemeinsames privatschriftliches Testament ohne Mietimmobilie.

❹ Sie wählen die gleichen Regelungen wie bei ❸, machen aber ein notarielles gemeinsames Testament oder einen Erbvertrag.

Sie werden sehen, dass sich die Kosten zwar unterscheiden, aber letztlich dann nicht so gravierend, dass man nur aus Kostengründen eine bestimmte Variante wählen sollte.

❶ Privates gemeinsames Testament

Kosten des Testaments (ohne Beratungskosten)	**0 Euro**

Kosten nach Markus' Tod

Testamentseröffnung	100 Euro
Erbscheinantrag (Wert 1 350 000 Euro =)	2 295 Euro zuzüglich USt.
Erbschein	2 295 Euro
Eigentumsumschreibungen im Grundbuch	0 Euro
Notarkosten für die Übereignung der Mietimmobilie	2 830 Euro zuzüglich Auslagen und USt.
Nießbraucheintrag im Grundbuch für Hilde (Wert 160 000 Euro =)	381 Euro
Gesamt ohne Auslagen und USt.	**7 901 Euro**

Kosten nach Hildes Tod

Testamentseröffnung	100 Euro
Erbscheinantrag (Wert 1 100 000 Euro =)	1 895 Euro ggf. zuzüglich USt.
Erbschein	1 895 Euro
Eigentumsumschreibungen im Grundbuch	0 Euro
Notarkosten	0 Euro
Gesamt ohne Auslagen und USt.	**3 890 Euro**
Gesamt für beide Fälle	**11 791 Euro**

❷ Notarielles gemeinsames Testament oder Erbvertrag gleichen Inhalts wie ❶

Kosten des Testaments (Wert 1 900 000 Euro =)	**6 350 Euro** zuzüglich Auslagen und USt.

Kosten nach Markus' Tod

Testamentseröffnung	100 Euro
Erbscheinantrag (entbehrlich)	0 Euro
Erbschein (entbehrlich)	0 Euro
Eigentumsumschreibungen im Grundbuch	0 Euro
Notarkosten für die Übereignung der Mietimmobilie	1 415 Euro zuzüglich Auslagen und USt.
Nießbraucheintrag für Hilde im Grundbuch	Wert 160 000 Euro = 381 Euro
Gesamt ohne Auslagen und USt.	**8 246 Euro**

Kosten nach Hildes Tod

Testamentseröffnung	100 Euro
Erbscheinantrag (entbehrlich)	0 Euro
Erbschein (entbehrlich)	0 Euro
Eigentumsumschreibungen im Grundbuch	0 Euro
Notarkosten	0 Euro
Gesamt ohne Auslagen und USt.	100 Euro
Gesamt für beide Fälle	**8 346 Euro**

❸ Sie schenken das Mietshaus vorab den Kindern mit Nießbrauchvorbehalt für Markus und danach für Hilde und machen ein privates gemeinsames Testament ohne Mietshaus.

Notarkosten Überlassung Mietimmobilie	2 830 Euro (zuzüglich Auslagen und USt.)
Eigentumsumschreibungen im Grundbuch	1 415 Euro (in Bayern + 30 % Katasterfortführung)
Nießbraucheintrag für beide im Grundbuch (Wert je 320 000 Euro = 2 x 635 Euro, also)	1270 Euro
Gesamt ohne Auslagen und Ust	**5 515 Euro**
+ privatschriftliches gemeinsames Testament ohne Beratungskosten	0 Euro

Kosten nach Markus' Tod

Testamentseröffnung	100 Euro
Erbscheinantrag (Wert 550 000 Euro =)	1 015 Euro (ggf. zuzüglich USt.)
Erbschein	1 015 Euro
Eigentumsumschreibungen im Grundbuch	0 Euro
Gesamt ohne Auslagen und USt.	**2 130 Euro**

Kosten nach Hildes Tod

Testamentseröffnung	100 Euro
Erbscheinantrag (Wert 1,1 Mio. Euro =)	1 895 Euro (ggf. zuzüglich USt.)
Erbschein	1 895 Euro
Eigentumsumschreibungen im Grundbuch	0 Euro
Notarkosten	0 Euro
Gesamt ohne Auslagen und USt.	**3 890 Euro**
Gesamt für beide Fälle	**11 535 Euro**

❹ Notarielles gemeinsames Testament oder Erbvertrag mit gleichem Inhalt wie bei Variante ❸

Kosten des Testaments (Wert 1 100 000 Euro)	**= 3 790 Euro** (zuzüglich Auslagen und USt.)

Kosten nach Markus' Tod

Testamentseröffnung	100 Euro
Erbscheinantrag (entbehrlich)	0 Euro
Erbschein (entbehrlich)	0 Euro
Eigentumsumschreibungen im Grundbuch	0 Euro
Gesamt ohne Auslagen und USt.	**3 890 Euro**

Kosten nach Hildes Tod

Testamentseröffnung	100 Euro
Erbscheinantrag (entbehrlich)	0 Euro
Erbschein (entbehrlich)	0 Euro
Eigentumsumschreibungen im Grundbuch	0 Euro
Notarkosten	0 Euro
Gesamt ohne Auslagen und USt.	**100 Euro**
Gesamt für beide Fälle	**3 990 Euro**
+ Immobilienübertragung 5 515 Euro =	**9 505 Euro**

Fazit: Die Kostenspanne bei diesem Transfer von 1 900 000 Euro über zwei Erbfälle liegt zwischen rund 8 400 Euro und 11 800 Euro zuzüglich Umsatzsteuer. Etwa 3 400 Euro Kostenunterschied sind zwar viel Geld, verglichen mit dem, was sonst auf dem Spiel steht, ist der Betrag aber gering. Deshalb sollte daran nicht gespart werden.

Was ein Notar kostet

Wer einen Notar in Anspruch nimmt, zahlt Gebühren. Diese richten sich nach dem Wert des Nachlasses.

Gegenstand	Kosten[1] (Euro) bei einem Nachlasswert von …		
	500 000 Euro	1 000 000 Euro	2 000 000 Euro
Notarielles Einzeltestament	935,00	1 735,00	3 335,00
Gemeinschaftliches Testament	1 870,00	3 470,00	6 670,00
Erbvertrag	1 870,00	3 470,00	6 670,00
Erbverzicht	1 870,00	3 470,00	6 670,00
Widerruf eines gemeinschaftlichen Testaments	467,50	867,50	1 667,50
Vollständige Aufhebung eines Erbvertrags	935,00	1 735,00	3335,00
Rücktritt vom Erbvertrag	467,50	867,50	1 667,50

[1] Zuzüglich Auslagen wie Porto und Kopien sowie Umsatzsteuer

Abkürzungen

Az. Aktenzeichen

BauGB Baugesetzbuch

BewG Bewertungsgesetz

BFH Bundesfinanzhof

BGB Bürgerliches Gesetzbuch

BGH Bundesgerichtshof

DBA Doppelbesteuerungsabkommen

ErbStG Erbschaftsteuer- und Schenkungsteuergesetz

EuErbVO Europäische Erbrechtsverordnung

EuGH Europäischer Gerichtshof

ENZ Europäisches Nachlasszeugnis

GNotKG Gerichts- und Notarkostengesetz

SGB Sozialgesetzbuch

USt. Umsatzsteuer

Stichwortverzeichnis

H, I

K, L

M, N

O, P

R, S

T

U, V

W, Z

Die Stiftung Warentest wurde 1964 auf Beschluss des Deutschen Bundestages gegründet, um dem Verbraucher durch vergleichende Tests von Waren und Dienstleistungen eine unabhängige und objektive Unterstützung zu bieten.

Die Autoren: Dr. Gisela Baur, Hans G. Linder, Antonie Klotz und Brigitte Wallstabe-Watermann sind freie Journalisten und Gründer von finanzjournalisten.de. Sie sind auf Geldanlage- und Immobilienthemen spezialisiert. Für die Stiftung Warentest haben Sie unter anderem die Ratgeber „Anlegen mit ETF", „Geldanlage für Mutige" und „Die Finanztest-Strategie" geschrieben.
Dr. Stefan Bandel ist Notar in Passau.

2, aktualisierte Auflage, 1. Nachdruck

Stiftung Warentest
Lützowplatz 11–13
10785 Berlin
Telefon 0 30/26 31–0
Fax 0 30/26 31–25 25
www.test.de
email@stiftung-warentest.de

USt-IdNr.: DE 136725570

Vorständin: Julia Bönisch
Weitere Mitglieder der Geschäftsleitung:
Dr. Holger Brackemann, Daniel Gläser und Dr. Birger Venn-Hein

Programmleitung: Niclas Dewitz

Autoren: Dr. Stefan Bandel, Dr. Gisela Baur, Hans G. Linder, Antonie Klotz und Brigitte Wallstabe-Watermann
Projektleitung/Lektorat: Ursula Rieth
Mitarbeit: Merit Niemeitz
Korrektorat: Dirk Drews
Fachliche Beratung: Jürgen Bächle, Fachberater für internationales Steuerrecht; Michael Degethof, Diplom Finanzwirt (FH); Prof. Dr. Michael Sohni, vereidigter Sachverständiger für die Bewertung von Grundstücken

Titelentwurf: Phillip Hailperin, Berlin
Layout: Büro Brendel, Berlin
Grafik, Satz: Florian Brendel
Bildredaktion: Anne-Katrin Körbi
Bildnachweis: Gettyimages/Westend61 (Titel); Innen: F1online: S. 3, S. 8 simon katzer/imageBROKER; Gettyimages: S. 2 Alex Storn, S.3, U4, S. 44, Westend/Roger Richter, S. 90 Frank Herfort, S. 128 Maskot, S. 2, S. 148 Johner Bildbyra, U4 Elex Neize,
Infografiken/Diagramme: Anne-Katrin Körbi

Produktion: Daniela Greven
Verlagsherstellung: Rita Brosius (Ltg.), Romy Alig, Susanne Beeh
Litho: tiff.any, Berlin
Druck: MEO MEDIA, eine Marke der Meinders & Elstermann GmbH & Co. KG, Belm

ISBN: 978-3-7471-0694-5

Wir haben für dieses Buch 100 % Recyclingpapier und mineralölfreie Druckfarben verwendet. Stiftung Warentest druckt ausschließlich in Deutschland, weil hier hohe Umweltstandards gelten und kurze Transportwege für geringe CO_2-Emissionen sorgen. Auch die Weiterverarbeitung erfolgt ausschließlich in Deutschland.